中國學術思想 研究輯刊

三十編
林慶彰 主編

第 8 冊

孔子心性概念分析

楊晨輝 著

花木蘭文化事業有限公司

國家圖書館出版品預行編目資料

孔子心性概念分析／楊晨輝 著 — 初版 — 新北市：花木蘭文
化事業有限公司，2019〔民 108〕
目 4+226 面；19×26 公分
（中國學術思想研究輯刊 三十編：第 8 冊）
ISBN 978-986-485-863-7（精裝）
1.（周）孔丘　2. 學術思想　3. 儒學
030.8　　　　　　　　　　　　　　　　　108011712

ISBN-978-986-485-863-7

9 789864 858637

中國學術思想研究輯刊
三十編　第 八 冊　　　　　　　　ISBN：978-986-485-863-7

孔子心性概念分析

作　　者　楊晨輝
主　　編　林慶彰
總 編 輯　杜潔祥
副總編輯　楊嘉樂
編　　輯　許郁翎、王筑、張雅淋　美術編輯　陳逸婷
出　　版　花木蘭文化事業有限公司
發 行 人　高小娟
聯絡地址　235 新北市中和區中安街七二號十三樓
　　　　　電話：02-2923-1455 ／傳眞：02-2923-1452
網　　址　http://www.huamulan.tw 信箱 hml810518@gmail.com
印　　刷　普羅文化出版廣告事業
封面設計　劉開工作室
初　　版　2019 年 9 月
全書字數　186847 字
定　　價　三十編 18 冊（精裝）新台幣 39,000 元

孔子心性概念分析

楊晨輝 著

作者簡介

楊晨輝，1968年生，台南市人。中國文化大學中國文學系學士，國立中正大學哲學系碩士，東海大學哲學系博士。碩士班跟從鄧育仁教授撰寫學位論文《隱喻之哲學內涵》，探討語言哲學中之隱喻理論。博士班追隨蔡仁厚先生撰寫學位論文《孔子心性概念分析》，研究孔子使用心性概念之實質意涵。學成後曾在多所大學通識教育中心兼任教職，現爲兼任助理教授；學術研究興趣領域主要爲儒家思想、語言哲學、美學。

提　要

　　這本博士論文研究主題是孔子使用心性概念之實質意涵；運用以語言文字探討爲基礎之概念分析，和以理論結構探討爲目標之邏輯分析，研究以《論語》相關章句爲核心之關鍵文本，參照比較傳統及當代經典論述，建立全新論述方案；目的在解決針對這項研究主題及關鍵文本所衍生的學術課題。

　　《論語》中之「心」字可見於五章，「性」字可見於二章，皆直接間接相關於孔子。對此章句進行概念分析，可使孔子「心」「性」概念內容獲得堅實的立論基礎。

　　朱熹足以代表傳統觀點，徐復觀、唐君毅、牟宗三、蔡仁厚四位先生皆爲當代大家。各家從不同思考徑理理解並詮釋孔子之「心」「性」，其論理中或多或少尚有可再議之處。針對於此，本文重建關鍵問題進行討論，並提出新的解決方案。

　　本文主張：孔子之「心」具有「認知力」、「記憶力」、「判斷評價力」、「意志力」、「欲求力」、「意向力」等功能作用；孔子之「性」乃是不學而能、不思而得，先天實踐德行之潛能。孔子之「心」「性」概念體系，其架構是以「心」「性」爲雙核心，再連接「天」、「命」、「道」、「天命」、「天道」、「學」、「習」和以「仁」爲首之眾多德行。

　　孔子之教即是立基於人人皆有之共同「心」「性」，強調一生不斷正確「學」「習」之重要，於生活中努力實踐以「仁」爲首之眾多德行，向上體證通達「天」、「命」、「道」、「天命」、「天道」；最終徹盡「性」中之德行潛能，進而臻至「從心所欲，不踰矩」之完美人格。

謝　辭

　　每一個結束都是另一個開始，每一項完成都爲助益另一項完成。宇宙之廣大恆久，生命之侷限轉瞬，人生之意義即在不斷發覺意義並實現意義。

　　聖賢者，完人也；人心之完善者、人性之完成者、人格之完美者也。希聖希賢者，志于學完人也。若有志于學，則需要先明瞭所學者何。此即是這本論文冀望之貢獻，盼能提供志士仁人一種新觀點，參照比較現今既有的看法，或許可在管窺蠡測中，得入萬仞宮牆之門。

　　學位是榮耀，也是責任。這分榮耀建立在父母雙親無怨無悔的辛勞、兄弟家人義無反顧的支持；這分責任歸屬於我的未來。

　　研究學問，蔡仁厚先生指示道路，引領我前行。先生才學淵博，而能尊重歧見；指導學術方法，而能包容異議。先生所傳承者眞乃正大之道，所發揚者實爲光明之理。先生之氣度風範讓這本論文之觀點得以伸展、論述得以完成。

　　學習課業，系上其他老師對學業之教授和鞭策，也督促我日新又新。謝仲明老師、鄺錦倫老師、魏元珪老師、鄺芷人老師、陳榮波老師、譚家哲老師、林顯庭老師、俞懿嫻老師、何淑靜老師、蔡家和老師等，諸位老師在各自的專長領域擴大我的胸襟。

　　論文審查，口試委員老師對論文之提點和建議，爲我思考之不足解答疑惑。謝仲明老師、曾春海老師、楊祖漢老師、劉錦賢老師，各位老師從不同方向開拓我的視野。

　　直諒多聞之友和情眞意摯之伴，漫漫長路上砥礪切磋。他們豐富了我的生活、琢磨了我的思想。

　　自今往後，我將懷抱誠心的感謝，承擔自許之責任，繼續邁進。跨越每一個結束，朝向下一個開始。

目次

第壹章 緒 論

　　至聖先師孔子繼承堯舜禹湯文武周公等歷代聖王修身治世之道，發展為思慮周詳、體悟精微的實證學說。後代以儒家名之，彰顯孔子教誨人應立志於學之用意。經孔子諸多弟子及再傳弟子之傳揚發展，孔子所創立之儒家學統成為先秦百家齊鳴時代中之翹楚，其地位不待漢帝而自得肯定。

　　然而，自孔子之後，傳承其學說的弟子即因所習重點不同，而區分為幾個不同派別。愈到後世，學者所傳孔子學說之內容愈見分歧。固然一般見地皆謂同屬儒家思想，但是儒者立基於宗奉孔子之共同立場，卻仍不斷發展出新穎而獨特的個別觀點。

第一節 研究宗旨

　　依今日哲學思考之要求，兩千多年來的儒家學說發展，有必要進行系統化的分判工作，俾使儒家思想之歷史脈絡清晰分明。一方面可使歷朝各代的儒學精華重新獲得新時代的詮釋意義，另方面可讓當代儒學研究者擁有批判與創造之共同基礎。就這兩方面的目的而言，孔子哲學思想同時具有無可置疑的核心地位。一方面孔子哲學思想是歷朝各代儒學之思惟起點和終點，儒者論學必稱自承孔子且歸宗於孔子；另方面孔子哲學思想是當代儒學批判創造之根本，儒學學者進行哲學深入研究，最終必涉及以孔子做為論述合理性之標準。

　　於是，對兩千多年來的儒家學說發展進行系統化的分判，首要的關鍵工作即在對孔子哲學思想進行合乎現代哲學思考要求的思想內容整理。

　　後世所稱之儒家哲學思想，固然並不侷限於孔子哲學思想內容，但孔子無疑不僅是開宗立派者，更是奠定儒家二千多年思想流傳基礎之核心思想家。集合孔子及其弟子語錄之《論語》一書，正是儒家哲學思想最重要的文獻；其他思想著作內容若不能在《論語》內容中得到印證，便難以被承認為儒家之學。

　　繼之以吾人今日要系統化整理儒家哲學思想，先秦儒家與宋明理學是兩大主要部分，後者又以前者為基礎。先秦儒家之主要思想文獻除了《論語》之外，如《孟子》、《荀子》、《中庸》、《易傳》、《大學》、《禮記》等等，它們相互之間或許有著思想上的差異，但其共同點是都相容於《論語》所記載之孔子思想。於是吾人可以這樣看，《論語》可說是二千多年來所有儒家思想著作之最大公約數。今日若要系統化整理儒家哲學思想，《論語》所記載的孔子思想還未得以系統化之前，必定無法克竟全功。

　　牟宗三先生認為儒家全部的思想菁華在「心性之學」，歷朝各代的儒學發展莫不圍繞著「心性之學」這一主軸。他所說「心性之學」亦即「內聖之學」，亦即「成德之教」；也就是唐君毅先生所說的「性理之學」。〔註1〕這許多不同名詞，不過是從不同角度來解釋同一內容；也就是說它們固然有著不盡相同的意涵，卻指稱著同一個對象。這個對象即是以心性為核心的修身成德之道。此一修身成德之道，在先秦時代已為後世儒家立下宏規，至今尚無儒家思想家能超越此宏規。或者換個方式說，所謂儒家，就是以此在先秦時代即已奠立之宏規，做為思想歸屬之判準。符合此宏規者，才能被視為屬於儒家者流。

　　先秦儒家心性之學雖是由眾多後繼者所共同完成，而其奠基者仍是孔子。所謂心性之學之內容面向包含甚廣，而其根源當在「心」「性」之概念內容上。於是，孔子之「心」「性」概念不僅應是其哲學思想之中心點，亦應為儒家心性之學之發源地。然而，由於《論語》中關於孔子「心」「性」概念之直接正面談論付之闕如；僅有極少的章句談及「心」「性」，但卻非直接論述「心」「性」之內容，只可說是直接側面談論。其它被後人認為屬於孔子心性之學之概念，如大量談及「天」、「命」、「道」、「仁」、「智」、「勇」、「孝」、「忠」、「義」、「禮」、「信」等等之章句，都只能說是間接談論「心」「性」概念。這

〔註1〕　參閱：牟宗三，《心體與性體》（一）（台北：聯經，2003年），頁4～9。唐君
　　　　毅，《中國哲學原論：導論篇》（台北：臺灣學生書局，1986年），頁21～24。

使得歷來學者對孔子之「心」「性」概念內容，若非著墨不深，便是含糊以對。甚至彼此之間可能因觀點不同而時生齟齬，乃至不能互相容受。

　　做為現代的儒學研究者，吾人今日所面對之重要挑戰之一乃是如何將儒家思想現代化。所謂現代化應蘊涵兩方面意義，一者是將歷朝各代之儒學發展，以符合於現代哲學要求之方式，重新系統化地論述；另者是依據儒家思想之根本原則，對現代世界諸般問題提供解答。追本溯源，這兩方面現代化意義都與孔子之「心」「性」概念有著密切關係；因為孔子之「心」「性」概念是其心性之學之核心，亦是先秦時期儒家心性之學之樞紐，而先秦儒家之心性之學乃是後世儒學發展之軸心，於是其中也就包含著儒家思想之根本原則。是故，吾人今日若要迎接儒家思想現代化挑戰，首要工作即在徹底探究孔子之「心」「性」概念內容；以符合現代哲學要求的方式，重新系統化地論述，並進一步抽繹出其中之儒家思想根本原則。

第二節　研究範圍和研究方法

　　這項工作工程浩大，需要眾多研究者從不同面向進行分工，而後才可望綜合整理出符合吾人期待之研究成果。本文將從語言詮釋、概念分析之研究路徑，探究孔子「心」「性」概念之底蘊。研究範圍主要為《論語》書中直接論及「心」「性」概念之章句，進而擴至間接論及「心」「性」概念之篇章。研究對象設定為傳統注解《論語》之經典代表學者朱熹，以及現代新儒家之四位代表學者：徐復觀先生、唐君毅先生、牟宗三先生、蔡仁厚先生。

　　徐復觀先生在其鉅作《中國人性論史：先秦篇》中，曾指出從語言研究進路研究哲學思想問題之重要性及關鍵處：

　　……治思想史，當然要從語言訓詁開始；同時即使僅就語言訓詁的本身來說，也應從上下相關連的文句，與其形其聲，互相參證，始能確定其意義，而不能僅靠孤立地形與聲，以致流於胡猜亂測。〔註2〕

他並且以「性」字研究為例，清楚說明了從語言進路進行哲學研究之幾項重要基本原則，包括充分運用歸納法、考慮先行觀念、文本解釋優先等等：

　　……從思想史的立場來解釋性字，只能由它的上下文來加以決定；

〔註 2〕徐復觀，《中國人性論史：先秦篇》（臺北：臺灣商務印書館，1969 年），頁11。

只能從一個人的思想，從一部書的內容，用歸納的方法來加以決定。用歸納方法決定了內容以後，再由內容的涵蓋性，以探索其思想的內在關連。由內容與內容的比較，以探索各思想相互間的同異。歸納的材料愈多，歸納得愈精密，我們所得出的結論的正確性愈大。站在思想史的立場，僅採用某家某人某書中的一兩句重要話，以演繹成一家、一人、一書的全部思想結構，常易流於推論太過，已經是很危險的方法。……就性字說：有的與造字時的原義相合，有的係由原義所引伸，有的則與原義毫無關涉。某人某書，所用的性字大概會與他先行的性字觀念有關；也可能給後起的人們以影響，甚至由後人加以疏釋；正因為如此，才有人性論史的「史」之可言。但在可能範圍之內，對性字內容的規定，應當先讓本人本書本文講話，而不可讓先行的，或後起的觀念佔了先，去作預定式的解釋。性字的內容，豈僅因時代，因學術流別而各有不同；即在一人、一書的裡面，同一性字，也常有不同的內容。每一個重要的學術性地名稱名詞，……而是要就有關文獻中上下關連的文句，以歸納的方法，條理出一個理論線索來，再用以確定某一學術性地名稱名詞的定義或內容。〔註3〕

　　唐君毅先生在其偉著《中國哲學原論：原性篇》裡談到進行哲學研究之態度與方法，他所謂「仁義禮智」之「智」和「義」，即是從語言文字探討著手，加之以意義之分析綜合：

吾今之所謂即哲學史以為哲學之態度，要在兼本吾人之仁義禮智之心，以論述昔賢之學。古人往矣，以吾人之心思，遙通古人之心思，而會得其義理，更為之說，以示後人，仁也。必考其遺言，求其詁訓，循其本義而評論之，不可無據而妄臆，智也。古人之言，非僅一端，而各有所當，今果能就其所當之義，為之分疏條列，以使之各得其位，義也。義理自在天壤，唯賢者能識其大。尊賢崇聖，不敢以慢易之心，低視其言，禮也。吾人今果能兼本此仁義禮智之心，以觀古人之言，而論述之，則情志與理智俱到，而悟解自別。〔註4〕

〔註3〕 徐復觀，《中國人性論史：先秦篇》，頁12。
〔註4〕 唐君毅，《中國哲學原論：原性篇》（台北：臺灣學生書局，1989年），頁9。

由此即進一步可以透過語言文字意義之深入探究，對義理內容有著表面衝突之哲學觀點進行異同判斷：

> 然吾人眞欲由哲學義理之流行於歷史，以指陳其眞實不虛者，咸能相與融和；即必須指陳一切眞實哲學義理間，其表面上之衝突矛盾，見於諸人之相非之言中者，皆貌似衝突矛盾，而實莫不可由吾人之分疏，而加以解消。此中之疏解之方法，吾意要在就諸哲人所用名言之似同者，而知其所指之實不同；兼知其所指之同者，其所以觀之之觀點或不同，而所觀之方面亦不同；更知其所觀之方面同者，所觀入之層次，又或不同。以不同爲同，遂以同爲不同，則觸途成滯，無往非衝突矛盾；以不同還之不同，乃能以同者還之同，而衝突矛盾乃無不可解，斯可如莊生所謂「不同而同之」「不齊而齊之」矣。〔註5〕

他也在另一偉著《中國哲學原論：原道篇》卷一中，表達了他認爲建立中國哲學思想系統，需要適合的語言文字意義研究方法，以及恰當的建構系統形式：

> 一般之見，以中國哲學思想之著述，爲缺乏形式系統，故吾人須選取編集其言，以成一形式系統，而論述之。吾意則以爲今若以一著述，必先自對其所用一一名言，一一與以一指定之定義，並將其所述之內容，加以分類，使綱目具足，方爲有形式系統；則中國哲學思想之著述，其形式系統，誠不如西方哲學思想著述之顯明。然一名言不必只有一指定之定義，而可有各方面之義，同以此名言，爲其輻轅之中心。又一系統，可由類分而使綱目具足以成，亦可唯由此系統中之諸義理之依次序先後、或層位高下之連結而成。系統更至少有直線系統、與圓周系統之分，及單一系統與交攝系統之分。系統若爲唯依次序先後，層位高下而結成者，或若爲一圓周系統或交攝系統者，皆不能只對其義理加以類分，使綱目具足之道爲之。中國哲學之著述，對其所述義理，缺乏「類分使綱目具足」之系統形式，然亦非無依義理之次序、層位等，加以編次之系統形式。〔註6〕

〔註5〕 唐君毅，《中國哲學原論：原性篇》，頁10。

〔註6〕 唐君毅，《中國哲學原論：原道篇》卷一（台北：臺灣學生書局，1986年），頁22。

　　牟宗三先生則在其重要著作之一《中國哲學十九講》裡提及語言分析方法，分判以這種方法探究哲學思想之優缺點。首先是關於缺點及其發生缺失之原因：

> 所以顯然地，現在英美的分析哲學只是最狹義的分析哲學，他們認為他們說的只是一種方法，不代表任何主張；但事實上它不只是一種方法，它本身就是個主張或圈套。而壞也就壞在他們的主張（teaching，doctrine）上，因為如果把分析哲學只當作方法看，那麼就沒有任何色彩，這我是贊成的；……
>
> ……
>
> 由此可知分析哲學家所說的，事實上是最狹義的分析，他們並沒有把分析只當作一個方法來表現。假定純粹當方法表現時，不管你用的是什麼語言，一樣都可以分析。就是老子所說的「道可道，非常道。」這也是一種語言，你先不管贊成或不贊成，至少要把這句話講清楚，好讓人明白什麼叫「道可道，非常道。」因為這也是一個句子，一種語言，應該先把這個語言的意義表示清楚，然後再來下判斷。自己先還沒弄清楚，馬上就下判斷，動不動就說人家meaningless，或說人家沒有表達清楚；其實並不是人家表達不清楚，而是你自己沒有確實了解，沒有弄清楚人家所說的。
>
> 現在講分析哲學的人，常常犯這種毛病，也就是把主觀方面的不了解，當作客觀方面的不清楚，這是不公平的。……〔註7〕

其次是關於優點及其恰當的運用方式：

> 所以，把分析真正只當作方法看，是分析的解放，也就是從邏輯分析、語言分析等分析哲學中解放出來。而我現在所說的分別說與非分別說，就是解放意義下的分別說與非分別說，這是廣義的分析哲學。廣義的分析是指一種方法而不是任何立場，如果要講立場則是決定於講佛性、般若或是講上帝之處。但是，不論講什麼立場，首先必須把字義分析清楚，這只是一種分析的方法，而不含有任何立場，這就是解放出來的、廣義的分析方法。〔註8〕

〔註7〕　牟宗三，《中國哲學十九講》（台北市：臺灣學生書局，1983 年），頁 341～343。
〔註8〕　牟宗三，《中國哲學十九講》，頁 344。

在這種恰當的運用方式下，亦就是他所謂之「分別說」與「非分別說」之區別，分析方法可以普遍地使用於哲學思想中，不論西方或中國：

> 從最狹義的邏輯分析往上看，西方哲學中，柏拉圖、亞里士多德、萊布尼茲以及康德的系統，都是分析的；因為要有所說，就要用分析的方式來解說，若不用分析的方式，就無法告訴我們一個概念是什麼。必須先告訴我們這個概念是什麼，才能進一步告訴我們這個概念如何可能；又假定是可能，是在什麼層面上為可能？假定不可能，又是在什麼層面上為不可能？關於這些問題的解答，都是分別說，它可以立教，可以告訴我們一些教義。簡單地說，凡是關於「是什麼」（what……？）的問題，都是分別說，譬如什麼是仁、義、禮、智、信……等，儒家可以分別告訴我們這些義理，因為儒家在這方面有「是什麼」的問題。而道家在這方面則沒有「是什麼」問題，只有「如何」（how……？）的問題，也就是只有「如何可能」的問題；但道家雖然在這方面只告訴我們如何可能的問題，他仍然只是分別說。〔註9〕

不止於此，牟先生更肯定表示「分別說」是中國哲學十分重要的思惟方式，並特別強調分析方法即使瑣碎仍然不可或缺：

> 進一步，我們再擴大地說分析。在中國，聖人立教就是分別說，因為不用分別的方式，就不能立教。好比論語所強調之智、仁、勇三達德，以及其中所包含之零零散散的觀念，本身就是分別說；也因為是分別說，我們才能知道聖人所立之教，並為我們自己的生命決定一個方向，立下一些規範。道家老子的道德經雖與儒家所用之方式不同，但仍然是分別說。……
>
> 又有些人討厭講分析，認為講分析的結果是支離破碎，這種態度也是不對的。分析方法是不能反對的，聖人立教也講分析。至於分析得瑣碎不瑣碎是另一回事，如果與問題相干而且中肯，那麼就是分析得瑣碎一些，又有什麼關係呢？講分析時，瑣碎不瑣碎是沒有一定的，你也可以簡單化。所以不能因為有些分析瑣碎支離，因此就厭棄分析方法。
>
> 照我剛才的解說，凡是有所立教，就是分別說。因此，先秦儒家是

〔註 9〕　牟宗三，《中國哲學十九講》，頁 344。

分別說，老子道德經也是分別說；釋迦牟尼佛之說三法印、苦集滅

道四聖諦、五蘊以及八正道等，亦是分別說；而宋明儒之有所立、

有所說更是分別說。……〔註10〕

　　本文即將會參照如同徐復觀先生、唐君毅先生、牟宗三先生以及諸多鴻儒學者之指導見解，一方面盡力搭配中文漢字意義研究之精神和成果，一方面盡力兼顧哲學語言思惟之現代性要求。期許能以符合現代哲學學術要求之研究論述，條理出孔子「心」「性」概念內容之思想脈絡。

　　關於孔子「心」「性」概念之研究，除了傳統經典之朱熹《論語集注》以外，近幾十年來，中華學術圈內也有諸多具代表性的研究成果。本文將從其中選擇幾位最受當代學界肯定，也是最常被提出討論的知名學者觀點，即是徐復觀先生、唐君毅先生、牟宗三先生、蔡仁厚先生，來做為參照研究討論的對象；期望能以上列諸位鴻儒觀點所進行之研討為核心，凝鑄成具有普遍價值的論點，未來再擴及其他亦有豐富成績的學者觀點。

　　本文討論方式，是將諸位鴻儒學者之相關論述，先予以條理分析，整理出他們的論證架構，再根據《論語》書中直接論及「心」「性」之章句文本分析，對他們的論證內容進行判斷評論。最終本文希望能在這些分析判斷的基礎上，提出一種更具備廣泛理性說服力的詮釋角度，能針對孔子之「心」「性」概念內容，發展出更少主觀臆測成分、更多客觀檢證內容之解釋說明。進而能利用當代哲學分析技術，深入孔子心性之學之脈絡底蘊，據以統整出一個更符合當代哲學論述要求的成德之教。

第三節　研究預設和研究目標

　　為有效集中研究討論之焦點，避免無謂的爭議，本文之研究預設三項基本原則。實際上，本文認為這三項基本原則誠為所有研究孔子哲學思想者所必須共同承認：一、孔子思想具系統性；二、孔子措辭用語具嚴謹性；三、孔門弟子纂集《論語》具忠實性。第一項原則：孔子乃儒家聖人，其思想為二千多年來儒門學者所一致宗奉；若謂其思想不具系統性，實在不可思議。第二項原則：孔子成春秋而亂臣賊子懼（《孟子·滕文公下》），乃因其尚微言大義、一字寓褒貶；若謂其談學論道之措辭用語不具嚴謹性，實在不可理

〔註10〕　牟宗三，《中國哲學十九講》，頁345～346。

解。第三項原則：纂集《論語》者之身分即使還可再議，無疑是孔門高弟及再傳高弟；若謂其成書之過程不具忠實性，實在不可想像。

上述三項基本原則卻也並非金科玉律，只要擁有足夠的證據、有效的論證，仍然可以推翻打破。孔子思想有可能其中某部分缺系統，孔子措辭用語有可能其中某言詞少嚴謹，孔門弟子纂集《論語》有可能其中某章句不忠實；但這些可能性都需要強而有力的考證探討來支持，否則，輕易便可主張這些可能性，將使得孔子之哲學思想體系研究變成各說各話，莫衷一是。在此之前，這三項基本原則仍將應該是所有研究孔子哲學思想者之共同預設。

本文之研究即奠立在此三項基本原則上，期許能精確分析孔子之「心」「性」概念內容，嚴密綜合孔子之「心」「性」概念體系。具體的研究目標有三：

第一：系統運用語言文字探討和概念分析之研究方法，以最少理論負載的論述觀點，形成可以重複操作檢驗的論證，進行詮釋文獻文本之可能意義。

第二：回顧檢視傳統及現代經典理論，依據文獻分析進行評論，進一步建構關鍵問題之解決方案，以闡明孔子「心」「性」概念之內容意涵。

第三：基於孔子「心」「性」概念內容和《論語》章句文本，建立孔子「心」「性」概念體系之架構模型，並詳述體系內概念相互間之關係。

第貳章　孔子之心之詮釋建構

　　至聖先師孔子上承二帝三王禮樂之治的遺緒，下開儒家內聖外王之學的傳統。他的教法以「仁」為中心，周圍環繞著修身治世的各種理念；「仁」同時也是最高理想，其下帶領著人文精神的諸般價值判斷。孔子之仁教引導人們走向實踐完美人格之路，讓人們在屈服神威與順從流俗之間，還有一項肯定自我意義的選擇。

　　仁教的內容統括而言，包含著內聖外王兩個面向，但其究竟實踐的方式，仍然以內聖成德之教為入手處。於是，心性的修養即可說是孔子仁教的根本。然而，由於時代風氣的不同，孔子對弟子的教誨並不經常直接論及心性的概念，而是著眼在對弟子為人處世態度的訓示。儘管如此，整部《論語》仍有七個篇章直接使用了「心」「性」語詞概念，其中論及「心」者凡五章，論及「性」者凡二章。固然這裡面還包括了孔子弟子子貢的感歎、據信出自《尚書》的文獻內容、以及當時一位隱士高人的評語，但其內容確實都或直接或間接與孔子的思想有所關連。

　　從思想史的角度來說，《論語》乃是由孔子門人與門人弟子合作完成，書中內容包含了孔子與孔子門人和其他人之言行溝通互動等等。雖然孔子本人可能並未來得及校閱書中內容，但由於吾人對於孔子門人與門人弟子應當十分忠於所見所聞之信心，是以關於《論語》書中所記載孔子言行，後人皆視為實是孔子當時所親言親行。既然如此，書中所載非孔子本人之言行，應當亦與孔子之言行思想具有緊密的關連。在這種信心與觀點之上，本文進一步認為，關於《論語》書中所記載孔了門人及他人之言行，皆與孔子思想能夠產生合乎理性意義的互動。這也就是說，既然《論語》是研究孔子思想最重

要的文獻，那麼，探討《論語》書中所錄孔子門人及他人之言行，其價值應僅次於直接探究《論語》書中記載之孔子言行。

上述這七個篇章既然是《論語》中所僅有直接提到心性語詞的內容，它們在探究孔子的心性概念上，顯然具有無可取代的討論價值。甚至可以這樣說，這七章正是研究孔子心性概念內容最重要的文本。

以下即分別根據論及心之五章來探討孔子的心概念，根據論及性之二章來探討孔子的性概念。接著再深入探討兩者有關形上的意義，以及兩者有關倫理上的價值。

第一節　孔子之心概念之文本

《論語》全書共有五章直接使用「心」字，其中僅只三章出自孔子之口，另兩章則出自他人之口及尚書文字。這五章原文條列如下：

1、《論語・爲政第二》：子曰，吾十有五而志于學。三十而立。四十而不惑。五十而知天命。六十而耳順。七十而從心所欲，不踰矩。〔註1〕

2、《論語・雍也第六》：子曰，回也，其心三月不違仁。其餘則日月至焉而已矣。〔註2〕

3、《論語・憲問第十四》：子擊磬於衛。有荷蕢而過孔氏之門者，曰，有心哉，擊磬乎。既而曰，鄙哉，硜硜乎。莫己知也，斯已而已矣。深則厲，淺則揭。子曰，果哉，末之難矣。〔註3〕

4、《論語・陽貨第十七》：子曰，飽食終日，無所用心，難矣哉。不有博弈者乎，爲之猶賢乎已。〔註4〕

5、《論語・堯曰第二十》：堯曰，咨，爾舜。天之曆數在爾躬。允執其中。四海困窮，天祿永終。舜亦以命禹。曰，予小子履，敢用玄牡，敢昭告于皇皇后帝，有罪不敢赦。帝臣不蔽，簡在帝心。朕躬有罪，無以萬方。萬方有罪，罪在朕躬。周有大賚，善

〔註1〕〔宋〕朱熹集注，《四書集注・論語集注》（臺北縣：漢京文化，1983年，吳志忠刻本），頁135。

〔註2〕〔宋〕朱熹集注，《四書集注・論語集注》，頁203。

〔註3〕〔宋〕朱熹集注，《四書集注・論語集注》，頁364～365。

〔註4〕〔宋〕朱熹集注，《四書集注・論語集注》，頁414。

人是富。雖有周親，不如仁人。百姓有過，在予一人。謹權量，
審法度，修廢官，四方之政行焉。興滅國，繼絕世，舉逸民，天
下之民歸心焉。所重民，食喪祭。寬則得眾，信則民任焉。敏則
有功，公則說。〔註5〕

　　在學界對先秦儒家心性之學的研究成果中，關於孔子「心」概念之討
論，相對其他研究議題，無論量或質都比較爲少。根據本文所設定研究討論
之鴻儒學者範圍，朱熹集注之內容勉強可算間接涉及孔子之「心」概念，徐
復觀先生和唐君毅先生並未曾正面言及，牟宗三先生與蔡仁厚先生則略有探
討。以下則依序先闡述並評論朱熹、牟宗三、蔡仁厚之理論觀點，進而再深
入探討《論語》文本所可能蘊含之內容。

第二節　朱熹之觀點與討論

　　朱熹對《論語》這五章之注語如下：

1、《論語・爲政第二》：【子曰，吾十有五而志于學。】古者十五而
　　入大學。心之所之謂之志。此所謂學，即大學之道也。志乎此，
　　則念念在此而爲之不厭矣。【三十而立。】有以自立，則守之固
　　而無所事志矣。【四十而不惑。】於事物之所當然，皆無所疑，
　　則知之明而無所事守矣。【五十而知天命。】天命，即天道之流
　　行而賦於物者，乃事物所以當然之故也。知此則知極其精，而不
　　惑又不足言矣。【六十而耳順。】聲入心通，無所違逆，知之之
　　至，不思而得也。【七十而從心所欲，不踰矩。】從如字。從，
　　隨也。矩，法度之器，所以爲方者也。隨其心之所欲，而自不過
　　於法度。安而行之，不勉而中也。程子曰，孔子生而知之也。言
　　亦由學而至，所以勉進後人也。立，能自立於斯道也。不惑，則
　　無所疑矣。知天命，窮理盡性也。耳順，所聞皆通也。從心所欲
　　不踰矩，則不勉而中矣。又曰，孔子自言其進德之序如此者，聖
　　人未必然，但爲學者立法。使之盈科而後進，成章而後達耳。胡
　　氏曰，聖人之教亦多術，然其要使人不失其本心而已。欲得此心
　　者，惟志乎聖人所示之學，循其序而進焉。至於一疵不存，萬理

明盡之後，則其日用之閒，本心瑩然，隨所意欲，莫非至理。蓋心即體，欲即用。體即道，用即義。聲爲律而身爲度矣。又曰，聖人言此，一以示學者當優游涵泳，不可躐等而進。二以示學者當日就月將，不可半途而廢也。愚謂聖人生知安行，固無積累之漸。然其心未嘗自謂已至此也。是其日用之閒，必有獨覺其進而人不及知者，故因其近似以自名。欲學者以是爲則而自勉，非心實自聖而姑爲是退託也。後凡言謙辭之屬，意皆放此。〔註6〕

他說「心之所之謂之志」，又於「耳順」處說「聲入心通，無所違逆」，最後說「隨其心之所欲，而自不過於法度。」可見朱熹至少間接認同孔子於此章表達了「心」概念有三項功能：「之」、「通」、「欲」。

    2、《論語・雍也第六》：【子曰，回也，其心三月不違仁。其餘則日月至焉而已矣。】三月，言其久。仁者，心之德。心不違仁者，無私欲而有其德也。日月至焉者，或日一至焉，或月一至焉，能造其域而不能久也。程子曰，三月，天道小變之節，言其久也。過此則聖人矣。不違仁，只是無纖毫私欲。少有私欲，便是不仁。尹氏曰，此顏子於聖人，未達一閒者也。若聖人則渾然無閒斷矣。張子曰，始學之要，當知三月不違與日月至焉，内外賓主之辨，使心意勉勉循循而不能已。過此幾非在我者。〔註7〕

他說「仁者，心之德。」「心不違仁者，無私欲而有其德也。」可見朱熹至少間接認同孔子於此章表達了「心」可以表現而擁有德行，且亦有「私欲」之功能。

    3、《論語・憲問第十四》：【子擊磬於衛。有荷蕢而過孔氏之門者，曰，有心哉，擊磬乎。】荷，去聲。磬，樂器。荷，擔也。蕢，草器也。此荷蕢者，亦隱士也。聖人之心未嘗忘天下。此人聞其磬聲而知之，則亦非常人矣。【既而曰，鄙哉，硜硜乎。莫己知也，斯已而已矣。深則厲，淺則揭。】硜，苦耕反。莫己之己音紀，餘音以。揭，起例反。硜硜，石聲，亦專確之意。以衣涉水曰厲，攝衣涉水曰揭。此兩句，衛風匏有苦葉之詩也。譏孔子人不知己而不止，不能適淺深之宜。【子曰，果哉，末之難矣。】

〔註6〕〔宋〕朱熹集注，《四書集注・論語集注》，頁135～136。
〔註7〕〔宋〕朱熹集注，《四書集注・論語集注》，頁203。

果哉，歎其果於忘世也。末，無也。聖人心同天地，視天下猶一家，中國猶一人，不能一日忘也。故聞荷蕢之言而歎其果於忘世，且言人之出處若但如此，則亦無所難矣。〔註8〕

他於「有心哉」處說「聖人之心未嘗忘天下」，可見朱熹至少間接認同此章之「心」可有「忘」或「不忘」之功能。

4、《論語・陽貨第十七》：【子曰，飽食終日，無所用心，難矣哉。不有博弈者乎，爲之猶賢乎已。】博，局戲也。弈，圍棋也。已，止也。李氏曰，聖人非教人博弈也。所以甚言無所用心之不可爾。〔註9〕

他引李氏注語云：「聖人非教人博弈也。所以甚言無所用心之不可爾。」可見朱熹至少間接認同孔子此章所言之「博弈者」可以「用心」，孔子之「心」概念可以有「博弈」之功能。

5、《論語・堯曰第二十》：【堯曰，咨，爾舜。天之曆數在爾躬。允執其中。四海困窮，天祿永終。】此堯命舜，而禪以帝位之辭。咨，嗟歎聲。曆數，帝王相繼之次第，猶歲時氣節之先後也。允，信也。中者，無過不及之名。四海之人困窮，則君祿亦永絕矣。戒之也。【舜亦以命禹。】舜後遜位於禹，亦以此辭命之。今見於虞書大禹謨，比此加詳。【曰，予小子履，敢用玄牡，敢昭告于皇皇后帝。有罪不敢赦。帝臣不蔽，簡在帝心。朕躬有罪，無以萬方。萬方有罪，罪在朕躬。】此引商書湯誥之辭。蓋湯既放桀而告諸侯也。與書文大同小異。曰上當有湯字。履，蓋湯名。用玄牡，夏尚黑，未變其禮也。簡，閱也。言桀有罪，己不敢赦。而天下賢人皆上帝之臣，己不敢蔽。簡在帝心，惟帝所命。此述其初請命而伐桀之辭也。又言君有罪非民所致，民有罪實君所爲。見其厚於責己薄於責人之意。此其告諸侯之辭也。【周有大賚，善人是富。】賚，來代反。此以下述武王事。賚，予也。武王克商，大賚于四海。見周書武成篇。此言其所富者皆善人也。詩序云，賚所以錫予善人。蓋本於此。【雖有周親，不如仁人。百姓有過，在予一人。】此周書大誓之辭。孔氏曰，周，至也。

〔註8〕〔宋〕朱熹集注，《四書集注・論語集注》，頁364～365。
〔註9〕〔宋〕朱熹集注，《四書集注・論語集注》，頁414。

言紂至親雖多，不如周家之多仁人。【謹權量，審法度，修廢官，四方之政行焉。】權，稱錘也。量，斗斛也。法度，禮樂制度皆是也。【興滅國，繼絕世，舉逸民，天下之民歸心焉。】興滅繼絕，謂封黃帝堯舜夏商之後。舉逸民，謂釋箕子之囚，復商容之位。三者皆人心之所欲也。【所重，民，食，喪，祭。】武成曰，重民五教，惟食喪祭。【寬則得眾，信則民任焉。敏則有功，公則說。】說音悅。此於武王之事無所見，恐或泛言帝王之道也。楊氏曰，論語之書皆聖人微言，而其徒傳守之，以明斯道者也。故於終篇具載堯舜咨命之言，湯武誓師之意，與夫施諸政事者，以明聖學之所傳者，一於是而已。所以著明二十篇之大旨也。孟子於終篇，亦歷敘堯舜湯文孔子相承之次，皆此意也。〔註10〕

他於「簡在帝心」處說「簡，閱也。」「簡在帝心，惟帝所命。」又於「天下之民歸心焉」處說「三者皆人心之所欲也」。可見朱熹至少間接認同此章之「心」概念可有「閱」和「欲」兩種功能。

第三節 牟宗三之觀點與討論

牟宗三先生於其鉅作《心體與性體》中說到：

> 孔子未說「心」字，亦未說「仁」即是吾人之道德的本心，然孔子同樣亦未說仁是理、是道。心、理、道都是後人講說時隨語意帶上去的。實則落實了，仁不能不是心。仁是理、是道，亦是心。孔子由「不安」指點仁，不安自是心之不安。其他不必詳舉。故孟子即以「不忍人之心」說仁。理義悅心，亦以「理」說仁。「仁者人也，合而言之，道也」，亦以「道」說仁。這些字都是自然帶上去的，難說非孔子意之所涵，亦難說孔子必不許也，是以孟子即以道德的本心攝孔子所說之仁。〔註11〕

牟宗三先生所謂「孔子未說心字」，其意應是孔子並未正面積極地給予「心」概念一個說明解釋，而非孔子從未提及「心」字。牟先生在這裡主張：孔子雖然從來沒有直接定義「心」概念，但「仁」概念落實下來，則必與「心」

〔註10〕〔宋〕朱熹集注，《四書集注·論語集注》，頁441～443。
〔註11〕牟宗三，《心體與性體》（一），頁26。

概念緊密相連。其證據則指出《論語・陽貨第十七》所記載之對話：

> 宰我問，三年之喪，期已久矣。君子三年不爲禮，禮必壞。三年不
> 爲樂，樂必崩。舊穀既沒，新穀既升，鑽燧改火。期可已矣。子
> 曰，食夫稻，衣夫錦，於女安乎。曰，安。女安則爲之。夫君子之
> 居喪，食旨不甘，聞樂不樂，居處不安。故不爲也。今女安則爲
> 之。宰我出。子曰，予之不仁也。子生三年，然後免於父母之懷。
> 夫三年之喪，天下之通喪也。予也有三年之愛於其父母乎。(〈陽貨
> 第十七〉)〔註12〕

孔子責備宰我「不仁」，因爲宰我以「安」回答孔子「食夫稻，衣夫錦，於女
安乎。」之問題。此處之「安」一般通解爲「心安」，朱熹注：「夫子欲宰
我反求諸心，自得其所以不忍者。」〔註13〕所以「心安」爲「不仁」，於是，
「仁」可以和「心」概念關連起來。

　　牟先生的詮解合情合理，就一般對孔子「心」概念理解之需要而言，已
是十分足夠。但就本文所設定的目標需求而言，似乎還有再加以詳細討論之
必要。首先，設使「安」就是「心安」，孔子因而責備宰我「不仁」，反面言
之，君子於居親喪三年期間，若是食稻衣錦，應當「心不安」才是「仁」。這
也就是說，「仁」概念在此只是指：「心」在居親喪三年期間若食稻衣錦，則
應當處於「不安」的狀態；並未指「仁」就是「心」概念之內容。所以牟
先生說：「心、理、道都是後人講說時隨語意帶上去的。……這些字都是自然
帶上去的，難說非孔子意之所涵，亦難說孔子必不許也，……。」立場十分
保守。

　　其次，此處之「安」未必定是「心安」。孔子回應宰我說：「女安則爲
之。夫君子之居喪，食旨不甘，聞樂不樂，居處不安，故不爲也。今女安則
爲之。」明白表示：君子不爲之因是「食旨不甘，聞樂不樂，居處不『安』」，
若宰我眞「安」則自爲之，但實已違反君子之道。假使「女安則爲之」之「安」
乃是「心安」，則「居處不安」之「安」亦當爲「心安」，但如此之語意十分
不通暢。這彷彿是說，孔子認爲君子居喪期間，於生活起居時時處處不心
安。而這樣一來，一則似乎對君子的道德標準要求太高且沒有必要，因爲這
樣的君子即使事事已遵守禮節，仍必須時時處處心不安；另一則是造成孔子

〔註12〕〔宋〕朱熹集注，《四書集注・論語集注》，頁411～413。
〔註13〕〔宋〕朱熹集注，《四書集注・論語集注》，頁412。

先前所說的「食夫稻，衣夫錦」意義消失，因為既然君子居喪已經應當時時處處心不安，則是否食稻衣錦又有何重要關係？

　　根據這句話上下文脈絡，「甘」是「食旨」之味，「樂」是「聞樂」之感，則「安」當是「居處」之狀。進而言之，「旨」之字意依《說文解字》為「美也」，朱熹注語亦云：「旨，亦甘也。」〔註14〕可知「旨」在此處已指「美食」。「聞樂」之「樂」固然是「音樂」，但並不僅只於此，更應是指「美樂」；否則，難聽的音樂本不足以讓人快樂，又何必特別強調！由此可知，孔子之意乃是要表達真正的君子於居喪期間由於內心哀苦，即使吃了美食也不覺甘美，即使聽了美樂也不覺快樂，所以都不去做。「食旨」可「甘」而不覺「甘」，「聞樂」可「樂」而不覺「樂」；同理，「安」既是「居處」之狀，當該也是「居處」可「安」而不覺「安」，皆因內心哀苦之故。

　　於是，本文認為「居處不安」之「安」，應當解為「安適」；那麼，「女安則為之」之「安」也應當同樣解為「安適」。此一「安適」自然包含身心兩方面，即同時指身之安適和心之安適。但與一般見解不同的是：本文不主張孔子於此已斷言「心」與「仁」之某種固定的特殊關係。如此一來，孔子反問宰我「於女安乎」當是要求宰我反躬自省，於居親喪未滿三年之時即食稻衣錦，是否感到「安適」？而因為宰我竟然回答「安適」，所以孔子再以君子之道教導宰我，告訴他一位君子在居喪期間，食旨不覺甘美，聞樂不覺樂趣，居處不覺「安適」，是故才不食稻衣錦。

　　若是有人主張「女安則為之」與「居處不安」兩個「安」字意義不同，則他將必須圓滿解釋為何如此，以及應如何分辨何者該如何解釋？

　　在本文這種詮釋之下，「仁」之意義乃是孔子責備宰我缺乏人子應有的對父母三年之愛，因而責其「不仁」；「仁」在此之概念內容顯然與「愛」結合。固然當要追根究柢時，「仁」之展現仍是與「心」相關，但孔子於此章之意，應當並無直指「心」概念內容為「仁」之意。牟先生以十分保守的立場來論斷此章，亦當是有見於此。

第四節　蔡仁厚之觀點與討論

　　蔡仁厚先生於牟先生論點基礎上，在《中國哲學史》中更進一步發揮對

〔註14〕〔宋〕朱熹集注，《四書集注・論語集注》，頁413。

孔子「心」概念之說明：

> 心，作爲一個觀念字，在孔子之時尚不明顯。但孔子以「不安」指
> 點仁，正是就「心」而言仁。《論語・陽貨》載宰我問三年之喪時，
> 認爲三年之喪太久，孔子反問他，喪期未滿，你就「食夫稻，衣乎
> 錦，於女安乎？」宰我回答說「安」。孔子訝異之餘，無奈地說「女
> 安則爲之」。但君子居喪之時，是「食旨不甘，聞樂不樂，居處不安」
> 的。而你竟能心安，那你就去做罷。等宰我離開教室，孔子對弟子
> 們慨歎道：「予之不仁也」云云。

> 從這段話，可知孔子言「仁」是從「心」上說的。到孟子便直說
> 「仁，人心也。」孟子正是順承孔子之意而言之，而且將心開爲四
> 面，而說四端之心。〔註15〕

蔡仁厚先生指出孔子之「心」概念並未曾明白說出，但仍然藉由宰我問喪的
機會，表示了「心」與「仁」之密切關連。他認爲：「但孔子以『不安』指點
仁，正是就『心』而言仁。……從這段話，可知孔子言『仁』是從『心』上
說的。」正確地表明孔子於此章之語意蘊涵，最多乃是由「心」來說明「仁」
概念，而非相反。這也就是說，孔子在此章中透過「心」之作用，令吾人對
「仁」概念有了更多的認識，但反之未必然。那麼，單單從這一章來看，吾
人最多只能瞭解「心」可「安」可「不安」，而「心安或不安」關連著「不仁
或仁」；但孔子之「心」概念內容仍是不夠明朗。

　　在《儒家心性之學論要》書中，蔡先生對孔子之「心」概念有進一步闡
述：

> 孔子說：「飽食終日，無所用心，難矣哉！」可見人不可以不用心。
> 仁心乃不安不忍、憤悱不容已的道德心，它當然要隨時發用，故人
> 必須有所用心（必有事焉）。但有所用心，卻不是有心而爲、有意而
> 爲，而是孟子所謂「由仁義行」（天理流行）。所以，一落實於生活
> 行事，就必須「毋意、毋必、毋固、毋我」（孔子），必須「勿忘、
> 勿助」、「行所無事」（孟子）。在這裡，正顯示出用心之道本就含攝
> 一層以「不用」用之的方式。昔賢有云：「無心恰恰用，恰恰用心
> 時；恰恰無心用（或作：恰恰不用心），用心恰恰時。」這一類的說
> 法，正是以「不用」用之。在儒家，實有層上的「有」和作用層上

〔註15〕 蔡仁厚，《中國哲學史》（上）（臺北市：臺灣學生書局，2009 年），頁 120。

的「無」，可以說是相順相成的；而自覺地用心（擇善固執）與自覺地以不用用之（不執不滯不著），亦兩不相礙。正以此故，儒家對於道家之「無」的智慧、佛教之「空」的智慧，皆可以了解而加以欣賞。至於從認知方面說，便必須是用心，而無所謂以不用用之。在這裡，有心有意的執著，正可以成就知識，並無劣義。〔註16〕

蔡先生在此將「心」概念分爲兩層，一爲「道德心」一爲「認知心」。解釋孔子所說「用心」之義，包含發用道德心和認知心兩者。並進一步詮釋發用道德心需要以一種不執著的態度堅持住，而發用認知心的態度則純然需要執著。蔡先生如此之詮解完全能切合吾人對孔門之教的一般認識；本文擬從語言分析的角度，再加以深入探討。

第五節　《論語》文本分析

《論語》全書中直接提及「心」字之五章如上所列，其中第 1、2、4 章是由孔子親口所說出，第 3、5 章則是重要參考資料。再進一步看，第 4 章是孔子對一般常人狀態的敘述；第 2 章是孔子對得意弟子顏回的評價；第 1 章則是夫子自道；第 3 章出自旁人對孔子之批評，而孔子有所回應；第 5 章則是據信出自《尚書》之文獻記載，爲《論語》編著者所收錄。本文以下將依此順序，逐一分析討論。

一、第4章

《論語·陽貨第十七》：子曰，飽食終日，無所用心，難矣哉。不有博弈者乎，爲之猶賢乎已。〔註17〕

〔註16〕 蔡仁厚，《儒家心性之學論要》（臺北市：文津，1990 年），頁 16～17。按，宋朝普濟禪師所集《五燈會元·卷二》記載唐朝牛頭山法融禪師以八句偈回應博陵王「恰恰用心時，若爲安隱好。」之問，偈云：「恰恰用心時，恰恰無心用。曲譚名相勞，直說無繁重。無心恰恰用，常用恰恰無。今說無心處，不與有心殊。」唐朝永嘉玄覺禪師所撰《禪宗永嘉集·奢摩他頌第四》則以此四句偈起始：「恰恰用心時，恰恰無心用。無心恰恰用，常用恰恰無。」牛頭法融年代稍早於永嘉玄覺，然而《五燈會元》一書集於宋朝，甚晚於《禪宗永嘉集》。其間偈語流傳之早晚先後歷程，尚待進一步考訂。蔡先生於文中引「昔賢」之語，當是本之於此偈。或曾觀覽不同改寫流傳版本，行文隨處信手拈來，佐以申明儒家原本亦有以不用用之與一般用心之別。

〔註17〕 〔宋〕朱熹集注，《四書集注·論語集注》，頁 414。

　　孔子於此章對一般人之日常生活狀態，有一普遍性的評論。孔子此處所發之感嘆，乃針對一般人而言，其說出之「心」字也應當具有普遍性的意義。從文意脈絡上來看，根據吾人今日的知識，一般人的日常生活無論食衣住行各方面，或行住坐臥各種時刻，除非已經意識昏迷或不清，即使睡眠之時，心靈之正常功能作用也不曾有半刻停歇。考慮到孔子時代之一般背景知識，吾人可以推定孔子的認知是：人在日常生活中之清醒時分，甚至包含某些夢中時刻，例如夢見周公，心靈之功能都持續作用著。但孔子仍說出「飽食終日，無所用心」這句話，顯見孔子所指「用心」之「心」概念，不完全相同於吾人所知一般日常生活之心靈概念；至少兩者所指涉之概念內容會有某些差異。

　　這其中的差異，可以由章中下半段的句意推斷一二。孔子以「博弈者」來作為對照，其意是博弈者之「用心」好過於無所用心的飽食終日者。那麼從博弈者之「用心」何在，便能夠反推出孔子所謂「無所用心」之實義了。博弈者「用心」為何呢？大約是專注思考、計較得失利害。如此，這裡的「心」概念就與專注思考、計較得失利害有關了。而「心」的何種功能可以產生專注思考、計較得失利害之作用？應該是認知功能和判斷、評價功能。認知功能使博弈者得以認識眼前局戲、棋戲之各方面實際情況；判斷、評價功能使博弈者得以決定獲勝目標並採行獲勝策略與行動。如前所述，由此可反推孔子所謂「無所用心」之「心」，也是至少包含了認知功能和判斷、評價功能。於是，本文認為，孔子於此章已經間接但仍然十分明白地表示了，他認為「心」概念至少應有的兩大內容：認知與判斷評價。這兩大內容是「心」之兩種作用能力，本文稱之為「認知力」與「判斷評價力」。自然從孔門之教的整體內容來看，孔子的理想聚焦在人品的提升與天下太平上，故而「心」之判斷評價功能主要作用在道德範圍。所以，孔子「心」概念的這兩大內容，「認知力」與「判斷評價力」所產生之「心」的作用，亦即是牟先生與蔡先生所指出之一層認知心與一層道德的本心或道德心。

二、第2章

　　《論語・雍也第六》：子曰，回也，其心三月不違仁。其餘則日月至焉而已矣。〔註18〕

〔註18〕〔宋〕朱熹集注，《四書集注・論語集注》，頁203。

　　孔子在這一章讚美弟子顏回，說他的「心」能夠三個月不違背仁。由於這裡孔子是針對自己的得意門生所發出的讚歎，並且是孔子唯一同時提及「心」與「仁」關係的章句，是以其重要性特別顯著。從語意上來看，孔子認爲顏回的「心」在一段長時間內不違背「仁」，這也就等於是認爲，「心」能夠違背也能夠不違背「仁」。這意思即是：「心」的功能作用可以符合也可以不符合「仁」之要求。在這裡的解讀下，「仁」是一種「心」功能作用之標準，「心」具有一種能力可以決定要符合或不符合它。配合上一小節所分析，「心」之兩大功能作用是認知和判斷評價，也就是認知心和道德心，而「心」所具有的可以決定要不要符合「仁」之能力，亦即是可以決定要不要令認知心與道德心符合「仁」之能力。

　　這種能力，本文根據《論語・里仁第四》：「子曰，苟志於仁矣，無惡也。」〔註19〕稱之爲「爲仁」之「意志力」。此種「意志力」堅強者，即可決定認知心和道德心要符合「仁」之標準，亦即「不違仁」；此種「意志力」薄弱者，即可決定認知心和道德心不要符合「仁」之標準，亦即「違仁」。認知心要符合「仁」之標準，需要對「仁」之內容有充分足夠之瞭解；道德心要符合「仁」之標準，需要對「仁」之內容能充分足夠地實踐。若是只要求在單一事件上符合「仁」，難度並不高，人人都具備足夠的「爲仁」之「意志力」；

> 《論語・里仁第四》：子曰，我未見好仁者，惡不仁者。好仁者，無
> 以尚之。惡不仁者，其爲仁矣，不使不仁者加乎其身。有能一日用其
> 力於仁矣乎。我未見力不足者。蓋有之矣，我未之見也。〔註20〕

正因爲孔子認爲人人都具備足夠「爲仁」的能力，是以「子曰，仁遠乎哉。我欲仁，斯仁至矣。」（〈述而第七〉）〔註21〕

　　而依據孔子在這一章所發出的讚美與感歎，此種「爲仁」之「意志力」甚是難得堅強。他最滿意的弟子也只能夠連續維持三個月，而其他弟子能夠連續維持的時間則相差甚遠。從這一章，吾人也就能夠看見，孔子教導弟子之主要核心目標，也就在培養、鍛鍊此「爲仁」之「意志力」，令其日日愈益堅強。當此「爲仁」之「意志力」愈是堅強，愈是能夠在任何時機場合認識和實踐「仁」之內容：

〔註19〕　〔宋〕朱熹集注，《四書集注・論語集注》，頁168。
〔註20〕　〔宋〕朱熹集注，《四書集注・論語集注》，頁169～170。
〔註21〕　〔宋〕朱熹集注，《四書集注・論語集注》，頁234。

《論語‧里仁第四》：子曰，富與貴是人之所欲也，不以其道得
之，不處也。貧與賤是人之所惡也，不以其道得之，不去也。君子
去仁，惡乎成名。君子無終食之間違仁，造次必於是，顚沛必於
是。〔註22〕

做爲理想人格境界之一的君子，上去賢聖境界尙有相當距離，仍必須盡力避
免在任何時機場合中，意志薄弱超過一頓飯的時間。而正是由於此等「爲仁」
之「意志力」甚難堅強，所以孔子才不輕易許人以仁吧！

三、第 1 章

《論語‧爲政第二》：子曰，吾十有五而志于學。三十而立。四十
而不惑。五十而知天命。六十而耳順。七十而從心所欲，不踰矩。
〔註23〕

　　此章是夫子自道修養提升自我人格境界之歷程。其中最後也是最高的階
段即是「七十而從心所欲，不踰矩。」於此，吾人可知孔子學習之修養終極
目標即在「心」，這應當也是他教導弟子的修養目標；而依據上二小節所述，
「心」又同時是人格修養的入門著手之處。於是對孔子而言，「心」似乎即是
他一生用力之所在。「從心所欲，不踰矩」所表達的既是孔子修養的最高階
段，自然不僅僅限於心靈活動的範圍，也包括身軀活動的範圍。凡人日常生
活中之視聽言動，莫不有著某種內心活動做爲觸發的動機。此「心」之「所
欲」，即是內心所渴求的對象。既然這種對象的範圍涵蓋了心靈和身軀活動，
那麼，有的純然只是心靈的想望，有的卻更是會伴隨著行動之渴求，亦即是
將發爲外在言行之內在動機。那麼，「從心所欲」之意，自然也就包括純然心
靈的想望和外在言行舉止。

　　如此，由「從心所欲，不踰矩」這句話，可以看出孔子「心」概念具有
的另一內容，當是「心」能夠渴求想望某些對象。本文稱這種渴求想望的能
力爲「心」之「欲求力」。孔子終身修養的最高目標，即在能令自己隨從自己
「心」之渴求想望，卻仍毫不踰越規矩。這裡再做進一步探討，乍看之下，
似乎可以有兩種不同的詮釋。一是，孔子至七十歲時，「心」之「欲求力」所
渴求想望的對象包含「是非、對錯、好壞」等等，而孔子此時之境界能夠隨

〔註22〕　〔宋〕朱熹集注，《四書集注‧論語集注》，頁 168～169。
〔註23〕　〔宋〕朱熹集注，《四書集注‧論語集注》，頁 135。

從其「心」之欲求，發而為不論是純然心靈的想望或外在言行舉止，都不會踰越規矩；二是，孔子至七十歲時，「心」之「欲求力」所渴求想望的對象只包含「是、對、好」等等，而孔子此時之境界一旦隨從其「心」之欲求，發而為不論是純然心靈的想望或外在言行舉止，自然都不會踰越規矩。

　　這兩種不同詮釋表面看來彷彿差異不大，一時難定孰是孰非。實則，前一種詮釋將「不踰矩」之結果視為是在「心」之「欲求力」發揮以後，另有一種能力對欲求內容進行篩汰所獲致；後一種詮釋則將「不踰矩」之結果視為是「心」之「欲求力」發揮同時，立即已然獲致。姑不論人是否有此另一種篩汰能力，前一種詮釋使得純然心靈的想望這部分活動，變得複雜矛盾而不易理解，因為這裡必須說明「心」已經欲求某一對象之後，卻還不是屬於心靈的想望活動，必須等到「心」之某種篩汰能力把關之後，才能算是。相對而言，後一種詮釋即顯得自然合理得多，「心」欲求了某一對象，就同時可以是心靈的想望。朱熹注：「隨其心之所欲，而自不過於法度，安而行之，不勉而中也。」〔註24〕朱熹引程子注：「孔子生而知之也。……從心所欲，不踰矩，則不勉而中矣。」〔註25〕所謂「安而行之」、「不勉而中」也只有在後一種詮釋裡，才能得到比較完整通暢的理解。

　　於是由此可知，孔子終身修養的最高目標，即在「心」所「欲求」的對象完全純粹屬於「是、對、好」等等；這些孔子「心」概念中之「欲求力」的對象，發而為或是心靈的想望，或是外在的言行，都能自然符合於「矩」之要求。

四、第3章

　　《論語・憲問第十四》：子擊磬於衛。有荷蕢而過孔氏之門者，曰，有心哉，擊磬乎。既而曰，鄙哉，硜硜乎。莫己知也，斯己而已矣。

　　深則厲，淺則揭。子曰，果哉，末之難矣。〔註26〕

　　此章之「心」字雖然並非出自孔子之口，但卻是用來形容孔子，而且最終孔子也有所回應。所以本文認為此處之「心」概念，仍能夠與孔子自身之「心」概念相互呼應。章句中之荷蕢者聞孔子擊磬之聲，聽出孔子於磬聲中

〔註24〕〔宋〕朱熹集注，《四書集注・論語集注》，頁136。
〔註25〕〔宋〕朱熹集注，《四書集注・論語集注》，頁136。
〔註26〕〔宋〕朱熹集注，《四書集注・論語集注》，頁364～365。

所寄託的情懷，於是有所評述。首先他只是發出贊賞感歎之語，繼而才以一番他所認同的道理來批評孔子。最後孔子得知荷蕢者的說法，給予了簡短回應。荷蕢者在第一段話中，贊賞感歎孔子擊磬之聲「有心」。但何謂「有心」，他並沒有直接多做說明，而是在第二段話中表達對孔子不以爲然的批評。因爲荷蕢者之不以爲然，所以他說出自己所認同的立身處世之道，以此方式來貶抑孔子。

荷蕢者既在第二段話以自己的立身處世之道來批評孔子，顯然是不滿意於孔子的立身處世之道。那麼，第一段話發出的贊賞感歎必然與孔子立身處世之道有某種關連。於是可以得知，荷蕢者所謂孔子「有心」，乃是針對孔子有著某種令其欣賞的情懷，而此一情懷又關係著立身處世。既欣賞孔子關係著立身處世之情懷，卻又不滿意孔子立身處世之道，荷蕢者從孔子的擊磬聲中究竟聽出了什麼內容，使得他兩段話中的評價態度不一致？這一點需要從荷蕢者的第二段話分析起。

荷蕢者自述立身處世之道是「莫己知也，斯已而已矣。深則厲，淺則揭。」既然他用以批評孔子，也就是說他認爲孔子的立身處世之道與其不同；甚至由於荷蕢者在同一段話中褒己貶人，可以推知他應該是認爲孔子的立身處世之道與其恰恰相反。他所認爲的孔子立身處世之道即應該大約是：「莫己知而不能已，未能深厲淺揭。」而從荷蕢者與他所認爲的孔子之立身處世之道，抽繹出兩者所共同指向的語意內涵，即知這是關於投入人群、獻身社會的理想。由於這理想是關於投入人群，所以當他人「莫己知」時，可以有「已」與「不已」兩種態度；由於這理想是關於獻身社會，所以當所處環境或「深」或「淺」時，可以選擇也可以不選擇「厲」或「揭」。而正因爲這理想也是荷蕢者本人所認同，所以他第一段話才帶著贊賞感歎的語氣；但因爲他對待此理想的立場態度與孔子相反，所以第二段話才毫不留情地貶低孔子。

經由上述分析，可以推論荷蕢者所說「有心」，即是懷抱投入人群、獻身社會的理想；〔註27〕或者較爲保守地說，是懷抱理想。那麼荷蕢者之「心」概念即含有可以懷抱理想之內容，而這內容實際延續到第二段話裡。孔子在此章所說的話，是針對荷蕢者之言提出反駁。孔子不同意荷蕢者第二段話之

〔註27〕朱熹於此處注：「聖人之心未嘗忘天下，此人聞其磬聲而知之，則亦非常人矣。」亦當是有見於此。

批評；但孔子之不同意並非全然拒斥對方所說的內容，而是在彼此共識之基礎上，部分地不同意。此一彼此共識之基礎，即是荷蕢者之第一段話。於是，吾人可以判斷孔子也接受荷蕢者所使用「心」概念之內容，即是可以懷抱理想。將此內容更一般性來看，本文稱此內容為「心」之「意向力」，亦即「心」可以將意念指向某一目標；當「心」之「意向力」朝向某一高遠而美善之目標時，吾人即常稱之為一種理想。

「心」之「意向力」與上述「心」之「欲求力」之間，應當是具有十分密切的關連性。依本文前述之分析，本文認為，「意向力」是一種將意念指向某一特定目標之活動能力，「欲求力」則是一種渴求想望某一對象之活動能力。兩者之間的主要差別，應是在後者需要得到滿足，而前者則未必。

五、第 5 章

《論語・堯曰第二十》：堯曰，咨，爾舜。天之曆數在爾躬。允執其中。四海困窮，天祿永終。舜亦以命禹。曰，予小子履，敢用玄牡，敢昭告于皇皇后帝，有罪不敢赦。帝臣不蔽，簡在帝心。朕躬有罪，無以萬方。萬方有罪，罪在朕躬。周有大賚，善人是富。雖有周親，不如仁人。百姓有過，在予一人。謹權量，審法度，修廢官，四方之政行焉。興滅國，繼絕世，舉逸民，天下之民歸心焉。所重，民，食，喪，祭。寬則得眾，信則民任焉。敏則有功，公則說。〔註28〕

此章匯集《尚書》中多篇之章句，表達了孔門之教乃上承堯舜禹湯文武周公一脈相傳之道統。這裡面雖然無法得知哪些章句是孔子曾經親口傳授，但列為《論語》之一章，且是可能具備嚴肅重大意義之最末篇，其與孔子親身教誨之緊密關連不言可喻。朱熹引楊氏注：「論語之書，皆聖人微言，而其徒傳守之，以明斯道者也。故於終篇，具載堯舜咨命之言，湯武誓師之意，與夫施諸政事者。以明聖學之所傳者，一於是而已。所以著明二十篇之大旨也。孟子於終篇，亦歷敘堯舜湯文孔子相承之次，皆此意也。」〔註29〕所以本文認為此章中所出現之兩「心」字，其意義必與孔子「心」概念之內容有所呼應。

〔註28〕〔宋〕朱熹集注，《四書集注・論語集注》，頁441～443。
〔註29〕〔宋〕朱熹集注，《四書集注・論語集注》，頁443。

　　第一個「心」字使用在「帝臣不蔽，簡在帝心。」朱熹注：「簡，閱也。……
天下賢人，皆上帝之臣，己不敢蔽。簡在帝心，惟帝所命。」〔註30〕按《尚
書・商書・湯誥》原文爲「各守爾典，以承天休。爾有善，朕弗敢蔽。罪當
朕躬，弗敢自赦。惟簡在上帝之心。」「簡」之篆文寫法上竹下閒，《爾雅・
釋器》記載「簡，謂之畢」，《爾雅・釋詁上》中則記載「簡，大也」，《爾雅・
釋訓》亦記載「簡簡，大也」。《說文解字》則記載「簡，牒也。從竹，閒聲。」
「畢，田网也。」根據這些解釋記載，《論語》引用《尚書》之此章「簡」字
意義難以立即斷定，但其直接之文意仍應當大約是：屬於上帝之臣不受遮蔽，
「簡」之事由上帝之心爲之。進一步說，無論「簡」字何解，上帝之「心」
在此至少需要能瞭解群臣之作爲，並能作出某種賞罰之決定，前後文意才能
連貫。如此，此章第一個「心」字至少表達了具備一些功能作用之內容，而
這些功能作用乃是與認知活動和判斷評價活動有關，亦即是上述之「認知力」
和「判斷評價力」。換句話說，本文認爲此章第一個「心」概念蘊涵著認知心
與道德心之內容。

　　第二個「心」字使用在「興滅國，繼絕世，舉逸民，天下之民歸心焉。」
直接的文意大約是：做了興滅國、繼絕世、舉逸民三件事後，天下人民就會
把「心」歸向於此。既然是說「心」有所歸向，即是說「心」能夠以意念指
向某一特定目標，亦即是說，此處「心」概念內容中蘊涵著意向力之作用。
朱熹注：「三者皆人心之所欲也。」〔註31〕其意是該三者都符合天下民「心」
之欲求，於是天下人民就會把「心」歸向於此。以欲求來解釋歸向，這裡朱
熹應該就是體會到「心」之「意向力」與「欲求力」之間的緊密關連。

第六節　孔子之心之形上面向

　　孔子之「心」概念做爲修養之最高境界目標，其所關連之形上內容，也
應可由這五章文本中探得奧義一二。

一、第1章

　　　《論語・爲政第二》：子曰，吾十有五而志于學。三十而立。四十而不

〔註30〕〔宋〕朱熹集注，《四書集注・論語集注》，頁442。
〔註31〕〔宋〕朱熹集注，《四書集注・論語集注》，頁443。

惑。五十而知天命。六十而耳順。七十而從心所欲，不踰矩。〔註32〕

孔子自道其一生修養之歷程，總共六個階段之間，後一階段都承續著前一階段而更加發展進步。「從心所欲」既是最後階段，必然涵蓋融合了前面五個階段，其中則包含了「知天命」。孔子「心」概念裡蘊涵有認知能力，即認知心；「知天命」是認知天命之內容，自是由認知心對天命內容進行認識。不論天命之內容為何，這種認識都屬於形上之認識無疑。這也就是說，孔子「心」概念之認知能力能夠認識形上之物；本文主張，孔子雖未明講，但事實上認為人之認知心，亦即「心」概念之「認知力」可以直接認識形上界之事物。

二、第2章

《論語·雍也第六》：子曰，回也，其心三月不違仁。其餘則日月至焉而已矣。〔註33〕

孔子敘述弟子顏回的修養功力，能夠令其心連續三個月不違反仁之原則，其他弟子則只能以一數日或一月為單位來估算。由此可見，孔子對於「心」之修養要求，乃是在時間的連續過程中，絲毫沒有放鬆。而「心」不違仁是因「意志力」決定「為仁」，這也就是說，孔子「心」概念中之「意志力」需要持續地在時間連續過程中發揮作用，而非遭遇每一單一事件之時刻才發揮作用。《論語·里仁第四》記載：「子曰，……君子無終食之間違仁，造次必於是，顛沛必於是。」〔註34〕亦是表示了同樣的意思。

第七節　孔子之心之倫理面向

孔子修練「心」之重點在道德範圍，這五章文本自然也提供了一些關於倫理之內容。

一、第4章

《論語·陽貨第十七》：子曰，飽食終日，無所用心，難矣哉。不有

〔註32〕　〔宋〕朱熹集注，《四書集注·論語集注》，頁135。
〔註33〕　〔宋〕朱熹集注，《四書集注·論語集注》，頁203。
〔註34〕　〔宋〕朱熹集注，《四書集注·論語集注》，頁168～169。

博弈者乎，爲之猶賢乎已。〔註35〕

　　孔子認爲博弈者之用心，好過於飽食終日無所用心者。值得注意孔子用「賢」字，乃是具有道德評價的意義，而非只是一般價值高低之判斷。也就是說，孔子認爲運用「心」之認知能力和判斷評價能力，即便只是使用在博弈上，相對於完全不運用，也具有較高的道德價值和道德意義。依此類推，本文認爲，孔子之「心」概念蘊涵著這樣一種主張：運用「認知力」和「判斷評價力」愈多量或愈精熟，其本身即具有愈高的道德上之價值與意義。

二、第2章

　　《論語・雍也第六》：子曰，回也，其心三月不違仁。其餘則日月至焉而已矣。〔註36〕

　　如上一節所述，孔子教導學生修養的成果，需要在時間連續的過程裡「心」不違背仁。並以此「心」能夠持續的時間長短，來做爲評估修養成果好壞的標準。固然在《論語》其他許多篇章中，孔子都提到「爲仁」之方法與實際作爲，但從此章看來，「爲仁」之「意志力」之培養與鍛鍊才是最核心且必不可少的層面。「意志力」之展現自然會涉及視聽言動等外在活動項目，因而也會關係到社會文化中之禮樂儀範。但若是缺少了「爲仁」之「意志力」，則這些外在活動也就沒有多大修養的意義了。《論語・八佾第三》有章句：「子曰，人而不仁，如禮何。人而不仁，如樂何。」〔註37〕當即是此意。朱熹引游氏注：「人而不仁，則人心亡矣，其如禮樂何哉。言雖欲用之，而禮樂不爲之用也。」〔註38〕強調人心之重要，亦應是有見於此。

三、第1章

　　《論語・爲政第二》：子曰，吾十有五而志于學。三十而立。四十而不惑。五十而知天命。六十而耳順。七十而從心所欲，不踰矩。〔註39〕

　　孔子自述其修養經歷，最高階段到達「從心所欲，不踰矩。」如前所

〔註35〕〔宋〕朱熹集注，《四書集注・論語集注》，頁414。
〔註36〕〔宋〕朱熹集注，《四書集注・論語集注》，頁203。
〔註37〕〔宋〕朱熹集注，《四書集注・論語集注》，頁150。
〔註38〕〔宋〕朱熹集注，《四書集注・論語集注》，頁150。
〔註39〕〔宋〕朱熹集注，《四書集注・論語集注》，頁135。

論，此時孔子之「心」之「欲求力」僅只渴求想望符合於「矩」標準之對象。相對而言，在此之前五個階段，都還未能將「心」修養提升至這般境界。這也就是說，孔子在七十歲以前，其「心」之「欲求力」尚未能完全僅只依照「矩」之標準產生作用。如此，七十歲以前的孔子，道德的標準還未完全內化進入「心」中，或說至少有一部分道德標準處於「心」之外。這些還處於「心」外的道德標準，是「認知力」之認識對象，是「判斷評價力」之評估對象，是「意志力」之決定對象，甚至也可以是「意向力」之指示對象，但可能還不是「欲求力」之內在渴望對象。這當然並不是說七十歲以前的孔子無法渴望某些道德標準，而是指出孔子七十歲以前對某些道德標準，還需要配合上述「心」之其他各種作用能力，才能使自己「不踰矩」。而到了七十歲這階段時，孔子僅依靠「心」之「欲求力」即可以達成「不踰矩」之修養目標。那麼，到此時，所有的道德標準都已內化進入孔子之「心」，所有「欲求力」所發出的渴求想望都自然而然符合「矩」之標準，亦即是道德標準。

　　孔子以其自身之經驗教導弟子，成為孔門之教的核心訓誨內容。朱熹引胡氏注：「聖人之教亦多術，然其要使人不失其本心而已。欲得此心者，惟志乎聖人所示之學，循其序而進焉。至於一疵不存，萬理明盡之後，則其日用之間，本心瑩然，隨所意欲，莫非至理。蓋心即體，欲即用，體即道，用即義，聲為律而身為度矣。」〔註40〕所見之意即同於此。《論語‧顏淵第十二》記載：

> 顏淵問仁。子曰，克己復禮為仁。一日克己復禮，天下歸仁焉。
> 為仁由己，而由人乎哉。顏淵曰，請問其目。子曰，非禮勿視，
> 非禮勿聽，非禮勿言，非禮勿動。顏淵曰，回雖不敏，請事斯語
> 矣。〔註41〕

所謂「為仁由己，而由人乎哉。」是強調道德標準在己自身之內，而非取自於外在之他人。至於視聽言動之符合禮儀規範，則是發自內在道德標準之外部活動。而《論語‧述而第七》則記載：「子曰，仁遠乎哉。我欲仁，斯仁至矣。」〔註42〕朱熹注：「仁者，心之德，非在外也。放而不求，故有以為遠者。

〔註40〕〔宋〕朱熹集注，《四書集注‧論語集注》，頁136。
〔註41〕〔宋〕朱熹集注，《四書集注‧論語集注》，頁304～305。
〔註42〕〔宋〕朱熹集注，《四書集注‧論語集注》，頁234。

反而求之，則即此而在矣。夫豈遠哉。」〔註43〕又引程子注：「爲仁由己，欲之則至，何遠之有。」〔註44〕皆當是同一見地。

〔註43〕　〔宋〕朱熹集注，《四書集注・論語集注》，頁 234。
〔註44〕　〔宋〕朱熹集注，《四書集注・論語集注》，頁 234。

第參章　孔子之性之經典理論

　　孔子之「性」概念比諸其「心」概念，歷來更受學者重視而投注更多精力探討。原因可能在於：一方面《論語》中有著關於孔子談論「性」之明確記載；另方面關於「性」概念之內容及屬性實際成為日後儒家核心的課題之一。

　　本文以下先概述孔子「性」概念問題和傳統解答；接著將個別討論徐復觀、唐君毅、牟宗三、蔡仁厚四位先生之論述，呈現其觀點之特長，並評估其解答問題之有效程度。

第一節　孔子之性概念問題

　　「性」之概念其後成為二千多年來儒家學說發展的重要核心之一，究其源頭自是在孔子。然而《論語》全書記載之中，「性」字之使用僅只兩見，一處由孔子直接談論性概念，另一處由子貢提及孔子關於性之學說。雖然文本稀少，但因為其中旁涉多個重要語詞，仍有許多觀念內容值得深入探討。《論語》提及「性」字之記錄如下：

　　　1、《論語·公冶長第五》：子貢曰，夫子之文章，可得而聞也。夫
　　　　子之言性與天道，不可得而聞也。〔註1〕

　　　2、《論語·陽貨第十七》：子曰，性相近也，習相遠也。〔註2〕

兩者之中，自然以第 2 章更為重要；因在此處，孔子直接對「性」之某些特

〔註 1〕　〔宋〕朱熹集注，《四書集注·論語集注》，頁 187。
〔註 2〕　〔宋〕朱熹集注，《四書集注·論語集注》，頁 400。

質有所表示。但由於此章孔子所說之話語實難確詁，卻又對孔子「性」概念之詮釋至爲關鍵，所以歷來最引爭議。

首先是分章問題。自古注解《論語》之注家及版本極多，學界一般認爲較爲重要的注家包含魏何晏集解、梁皇侃義疏、北宋邢昺疏、南宋朱熹集注、清劉寶楠正義等。其中除了朱熹之版本將此一章獨立以外，其他諸家之版本都將此章與下章「子曰，唯上知與下愚不移。」合併爲一。而朱熹雖將之分立兩章，仍在下章之注語云：「此承上章而言。……程子曰，……或曰，此與上章當合爲一。子曰二字，蓋衍文耳。」〔註3〕由此可知兩章之關係在歷代注家心目中實密切非常。但基於本文所設定之研究範圍，將先採取朱熹版本之分章進行探討，稍後才討論第2章與其下章也許應合併詮釋之問題。

其次是關於「相近」之意。上列諸家除了何晏集解云：「孔安國曰，君子慎所習也。」〔註4〕並未直接涉及如何說明「相近」，其他各家莫不深入用心解釋爲何孔子要於此處說「性」「相近」。皇侃義疏云：「性者，人所稟以生也。……人俱稟天地之氣以生，雖復厚薄有殊，而同是稟氣，故曰相近也。」〔註5〕邢昺注云：「性謂人所稟受以生而靜者也。未爲外物所感，則人皆相似，是近也。」〔註6〕朱熹集注云：「此所謂性，兼氣質而言者也。氣質之性固有美惡之不同矣，然以其初而言，則皆不甚相遠也。……程子曰，此言氣質之性，非言性之本也。若言其本，……何相近之有哉。」〔註7〕劉寶楠正義云：「戴震孟子字義疏證，性者，分於陰陽五行，以爲血氣心知，品物區以別焉。……故易曰，成之者性也。氣化生人生物以後，各以類滋生久矣。……中庸曰，天命之謂性。……大戴禮記曰，分於道之謂命，形於一之謂性。……然性雖不同，大致以類爲之區別，故論語曰，性相近也。此就人與人近言之也。……」〔註8〕各家之解釋內容雖然各自稍有不同，方向上卻同樣都是從「氣」來談「性」。但這一解釋方向運用孔子未曾在《論語》裡明白表達之

〔註3〕　〔宋〕朱熹集注，《四書集注·論語集注》，頁401。

〔註4〕　〔魏〕何晏集解，〔梁〕皇侃義疏，《論語集解義疏》（臺北市：世界書局，1963年，《論語注疏及補正》），卷九，頁176。

〔註5〕　〔魏〕何晏集解，〔梁〕皇侃義疏，《論語集解義疏》，卷九，頁176。

〔註6〕　〔魏〕何晏注，〔宋〕邢昺疏，《論語注疏》（臺北市：臺灣中華書局，1966年，據阮刻本校刊），卷十七，第一葉。

〔註7〕　〔宋〕朱熹集注，《四書集注·論語集注》，頁400～401。

〔註8〕　〔清〕劉寶楠正義，《論語正義》（臺北市：臺灣中華書局，1966年，據南菁書院續經解本校刊），卷二十，第二葉。

「氣」概念，至少在表面上明顯不符一般所認識孔子之思想範疇，故而當代學界紛紛轉向其他可能的解釋途徑。上列各注家以朱熹之注解影響最大，最具代表性，雖然其觀點尚難稱為已形成一完整論述，本文仍將視其為傳統觀點之代表而討論之。

當代學者對孔子之「性」概念儘管討論不少，但因文本限制，所討論的內容固然可以在表面上言之成理，卻似乎不儘能建立堅實不移的論證，總是或多或少留下足堪質疑的空間。於是，關於孔子「性」概念的內容，學界雖則可以形成某種程度的共識，彼此卻仍存有相當多難以消除的歧異見解。

以下本文將討論當代對孔子「性」概念具獨到見解之代表性學者觀點，包括徐復觀先生、唐君毅先生、牟宗三先生、蔡仁厚先生等四位。根據其代表性著作中之文本論述，探究其觀點中所蘊含之推理論證，並依照《論語》相關內容之分析來進行衡量。

第二節 朱熹

一、觀點

朱熹的論點明白表示在《四書章句集注‧論語集注》中。他對《四書》章句解釋之觀點幾乎支配著南宋以降之學術界，但也一直在個別方面持續受到個別研究者之質疑詰難。即使直到今日，雖然朱熹之理論觀點已然不再如權威般不可動搖，但吾人若欲深入探討《四書》之內容，仍然毫無疑問地需要優先參考朱熹之《集注》。而直接相關於孔子「性」概念的這兩章句，朱熹是有著明確的立場和頗為深入的解釋。

朱熹在《論語集注》中對第 2 章，亦即孔子所說「性相近也，習相遠也。」一章之注釋如下：

> 此所謂性，兼氣質而言者也。氣質之性，固有美惡之不同矣。然以其初而言，則皆不甚相遠也。但習於善則善，習於惡則惡，於是始相遠耳。程子曰，此言氣質之性，非言性之本也。若言其本，則性即是理，理無不善，孟子之言性善是也。何相近之有哉。〔註9〕

朱熹在這章之注釋裡，前半段主張孔子此處所說之「性」是義理之性兼氣質

〔註9〕 〔宋〕朱熹集注，《四書集注‧論語集注》，頁400～401。

之性兩者合而言之，後半段則援引二程主張全然只是氣質之性的看法做為補充。〔註 10〕可見朱熹至少是認為二程的看法尚有參考的價值，甚至可能他之主張是直接修正自二程之意見。

二程與朱熹都認為此處孔子所說「相近」便應直接理解為「相近」，但為何孔子會說「性相近」的理由則他們所持不同。二程主張人性即是天理，而天理全然是善，人人所有皆同，所以不可以「相近」說之。二程在這裡將此即是天理之人性稱為「性之本」，而孔子此處所說之「性」乃全屬氣質之性，如此便能解釋為何孔子說「性相近」。

朱熹則著眼在「習相遠」一句之對照上，認為當人慣習於善或惡後，人性善惡之差距便愈來愈遠。在朱熹來說，人與人之義理之性是沒有差別的，可以有差別的只能是氣質之性。所以會在慣習於善惡後產生遙遠距離的人性，也只能是氣質之性。而又因為氣質之性在人與人之間本就有各種差異，所以孔子才會說「相近」。然而朱熹的主張卻相對比二程保守一些，雖然同樣主張孔子所說「相近」的是氣質之性，但朱熹認為此處之「性」兼含義理之性與氣質之性兩者之意涵。不過他為何採取此一比二程保守的立場，注釋之中並沒有明白表示。

朱熹在《論語集注》中對第 1 章，亦即子貢所說關於孔子之「不可得而聞也」一章之注釋如下：

> 文章，德之見乎外者，威儀文辭皆是也。性者，人所受之天理；天道者，天理自然之本體。其實一理也。言夫子之文章，日見乎外，固學者所共聞；至於性與天道，則夫子罕言之，而學者有不得聞者。蓋聖門教不躐等，子貢至是始得聞之，而歎其美也。程子曰，此子貢聞夫子之至論而歎美之言也。〔註11〕

朱熹此章之注釋顯然是在發揮二程之意見，擴展成為完整的論點。二程之簡短注語只強調這章是子貢之歎美，而對象是孔子之至論。二程此所謂至論或可單指孔子對性與天道之言，或可兼指孔子之文章。但絕非單指孔子之文章，否則二程注語之意思就會成為說子貢對孔子之文章視為至論而發出歎美之辭，卻對孔子性與天道之言因為毫無所聞或不能理解而不予歎美。既不予歎

〔註10〕依牟宗三先生對《二程遺書》義理之分判，朱熹在此兩章句之注文中所引之「程子曰」，皆應是屬於程頤之觀點。然而由於文獻上之證據尚待進一步補足，為求謹慎故，本文仍暫稱「二程」。

〔註11〕〔宋〕朱熹集注，《四書集注・論語集注》，頁 187～188。

美卻又以相對照的措辭法附言於歎美之辭的後面，豈不是一種帶有反襯歎美之辭功能的反面語，那也就是一種帶有貶低感嘆意味的評價語。或是貶低感嘆孔子不言或不多言性與天道，或是貶低感嘆孔子關於性與天道之言難以理解。作為優秀弟子而談及恩師之言行，子貢之語之後半段豈會是如此這般的用意！二程又豈會是如此這般的解釋子貢之語！而若是說子貢前半段話歎美孔子，後半段話是自哀自傷，則又非常不符此章文句之行文語氣。由此可見，二程理解這一章的重點落在關於「不可得而聞也」這後半部分。

朱熹必定是讀出了二程注語的深意，於是按其思路，順著章句脈絡詳加剖析。由於認定子貢之語重點在後半段的歎美之辭，所以朱熹之解釋方向即在於說明子貢為何以這樣曲折的講法來歎美孔子。他主張孔子之文章即是其外在的行為威儀與言語文字等，所以學生弟子得以日日見聞。性與天道是天理在人與在其自身之間的關係，孔子教學循序漸進、因材施教，所以只對特定弟子才講解如此深奧困難的思想，平日極少談及。於是，當子貢終於獲得孔子認可，對其講說性與天道的關係時，不免發出衷心的讚歎。

二、討論

朱熹和二程對第 2 章章句之解釋，歷來最引起爭議的一點便是：孔子「性」概念是否蘊含有「義理之性」和「氣質之性」兩個部分？對朱熹和二程來說，答案無疑是肯定的；但對其他許多研究者來說，朱熹和二程在這裡明顯有著以自己的「性」概念強加於孔子之上的嫌疑。所謂「義理之性」和「氣質之性」的差異，是一種十分細緻的區分。姑且不論朱熹和二程他們本身對這區分是如何解說，但很明白的是孔子並沒有任何關於這種區分直接的說明。朱熹和二程如此地解釋這一章句，顯然是主張孔子在這章句中間接地暗示了這一區分，證據就是孔子以「相近」來說「性」。他們認為若是孔子「性」概念中不包含這樣的區分，那麼就該只是純粹的「義理之性」，而「義理之性」當該是人人相同，則孔子不應當會講出「性相近也」。反之，既然孔子已經講出「性相近也」，那麼也就可以合理地推論，孔子「性」概念之內容除了「義理之性」以外，必定還包含有未必人人相同的其他部分，而這對朱熹和二程來說，就是「氣質之性」。

暫時不深論孔子「性相近也」一語應當如何理解才好，即使吾人於此同意朱熹將其理解為「人性互相近似」，朱熹在這裡對「性」內容的解釋仍然非

常可疑。首先，便是上述提及，就算孔子原意是「人性互相近似」，這其中不相同的部分人性，是否就必定是所謂氣質之性，或就必定存在於所謂氣質之性中？孔子之「性」概念或許可能包含有人人未必相同的部分，但卻未必非如朱熹和二程所說之氣質之性不可。即使孔子之「性」概念包含有人人未必相同的部分，但所謂氣質之性仍然是朱熹和二程自己的「性」概念，仍然只是朱熹和二程用來解釋孔子「性」概念的一種創造發明。不管這個解釋有多麼合乎邏輯，吾人從「人性互相近似」這個語句的意思裡，最多也只可推論孔子認為人性中包含有未必人人相同的部分；凡是超出這個範圍的解釋，在缺乏其他證據支持下，都是解釋者未必合乎孔子思想之創造發明，不管這項創造發明有著多麼新穎的創意。

其次，孔子之「性」概念是否會因此而飄蕩在善惡之間？依照朱熹的解釋，孔子之「性」概念可以分成原初狀態與日後慣習狀態兩個階段，而孔子認為人性在其慣習狀態與其原初狀態相比，有著善惡之間之巨大差別。如此一來，關於孔子「性」概念之屬善屬惡，就成為一個十分複雜難解的問題。若是要將此問題涵蓋兩個階段來看，則孔子之「性」概念乃是有善有惡；若是要將此問題僅限於原初狀態來看，則孔子之「性」概念或許基本屬善，但同時具有發展為惡之可能。這樣將使得孔子之「性」概念會在不同討論面向上，在屬善或屬惡之間飄蕩游移。或許就是基於解決這個難題的目的，朱熹和二程才會引入氣質之性此概念，用它來解釋此處惡之來源，而以義理之性來保住孔子「性」概念之全然屬善。但是，同上所述，他們如此的創造發明，在缺乏其他證據支持下，已然超越了解釋此章句的合理正當範圍。

另外有一點值得細加分辨，二程對「近」和「遠」的衡量意義，都是從道德善惡上來區分；也就是說，無論孔子說「近」或說「遠」，都是指善惡有所不同。二程認為善與善之間只能是相同，只有善與惡之間之不同才能說「近」或說「遠」。但朱熹之觀點看來並非如此，他認為孔子固然說「遠」時是指善惡之不同，但說「近」時則指的僅是「美惡」之不同。從朱熹文句之前後脈絡來看，他所說之「善惡」無疑是道德判斷，但「美惡」卻僅只是價值上高低的判斷。一般廣義的價值判斷通常包含著道德判斷，但狹義的純粹價值判斷則可以排除道德判斷。朱熹說氣質之性原本是有美惡之異，但一開始差距不大，直到慣習於善惡之後，才距離遙遠。顯然他前面所說的「美惡」價值判斷還排除了後面所說「善惡」道德判斷；這也就是說，他說的「美惡」

是無關乎道德的純粹價值判斷。

　　自然，如果認為朱熹此處之「美惡」僅僅只是道德「善惡」之另一種說法，則這一區分便不成立而沒有意義。可是此時卻會使朱熹的解釋，更加坐實了上述造成孔子「性」概念飄蕩在善惡間之缺陷；因為這樣理解之朱熹是主張孔子認為人先天即帶有惡之成分，存在於氣質之性中。但朱熹之意是否就是如此，卻還需要進一步討論。且再細看朱熹的注釋，他說「氣質之性，固有美惡之不同矣。然以其初而言，則皆不甚相遠也。『但習於善則善，習於惡則惡』，於是始相遠耳。」他的意思明白表示著氣質之性原本是有一些不相遠的差異，只因日後慣習於善才成為善，慣習於惡才成為惡，所以相遠。這也就是說，朱熹認為氣質之性原本即有之不相遠的差異，並非「善」「惡」之別，直要到慣習了「善」或「惡」之後，才產生相遠的「善」「惡」差別。若是朱熹說「美惡」僅僅只是「善惡」之另種說法，則他在這裡當該不是會說「但習於善則善，習於惡則惡」，而當該是會說「但習於善則『愈』善，習於惡則『愈』惡」，或其他相類似的說法，才是正確地表達其意思。最低限度，吾人可以肯定朱熹在此處犯了一個極其嚴重的語病。

　　這個「語病」之所以嚴重，乃是因為它使得朱熹的解釋比起二程的解釋有著更多的曲折，也因此使得解釋孔子在此章句裡的想法更加複雜。在朱熹如此的解釋下，或者孔子之「性」概念含有先天的惡之成分；或者孔子在此章句的前半部分指涉的是無關道德的純粹價值判斷，而後半部分則指涉道德判斷。前後兩半部分個別分屬不同語句主體，又分屬不同判斷領域，中間沒有任何合理的連接敘述，這種跳躍式的思考表述，實在十分怪異。與其歸咎於孔子語意表達不通暢，吾人更寧可歸咎於朱熹錯解了此章句。

　　朱熹在第 1 章章句之注釋，將此章子貢所說話語解釋得入情入理，但由這裡面我們卻可以發現，他在理解孔子「性」概念內容之觀點上，存在著另一個嚴重的缺陷。朱熹之註語說「性者，人所受之天理；天道者，天理自然之本體。其實一理也。」在此處他把孔子之言「性與天道」中之「性」理解為「人所受之天理」，又說「性」與「天道」「其實一理也」，這也就是他把此處之「性」全然只理解為義理之性。然而，他在「性相近」一章中卻是把孔子之言「性」理解為兼含義理之性與氣質之性兩者。朱熹在兩篇章句中解釋孔子「性」概念之內容，觀點並不一致。

　　擴展來看，朱熹所引二程的講法，在此處雖然並未直接提及孔子之「性」，

但既然二程認為子貢之歎美對象是孔子之至論，而這極至之論所指又如上述乃是著重於孔子所言之「性與天道」；那麼對二程而言，此處孔子之「性」必然是義理之性，或是以一種奇異的方式與天道關連在一起之兼含義理之性和氣質之性兩者，而絕對不會是單指氣質之性。否則，若是極至之論乃單指氣質之性與天道之關係，那麼二程豈不是主張孔子「性」概念是以氣質之性高於義理之性！所以，這樣一來，二程也如同朱熹，在兩篇章句中理解孔子「性」概念之內容，觀點不一致。

固然我們無法完全否定孔子對「性」概念會有不同用法之可能性，但是，若從思想系統一致性之角度來看，吾人當該承認，除非有邏輯上或理論上之必要，還是應當優先考慮孔子在兩篇章句中之「性」概念完全相同。那麼，朱熹和二程之理解顯然就不符合這個原則。或至少，如果有另一種解釋方向，能將《論語》裡兩個孔子之「性」概念理解成完全一致，則這種解釋方向應該在這點上略勝一籌。

第三節　徐復觀

一、觀點

徐復觀先生在其鉅作《中國人性論史：先秦篇》中，對「性」字在周初時期的使用法上，從文字訓詁的角度檢討得到這樣的結論：「春秋時代，開始出現了不少的性字。統計這些性字，有的應作欲望解釋，有的則應作本性本質解釋。亦間有應作生字解釋的。」〔註12〕他認為「性」字在歷史上開始頻繁出現之初，至少即已區分成三種用法：「欲望」、「本質」、「生」。其中做為「本質」的用法，在春秋時代尚是新起的用法，而這標示了當時人思想探索上的進展。

> 在以上的性字字義中，最可注意的，是作本性、本質解的性字之出現；這是性字的新義。《商書·西伯戡黎》中有「不虞天性」的話，此一性字，也是作本性、本質解。但就當時一般的觀念情形來說，作本性本質的性字的出現，似乎為時尚早。因此，我以為這是春秋時代，從事校錄的人，把「天命」偶然寫成了當時流行的「天性」。

〔註12〕徐復觀，《中國人性論史：先秦篇》，頁57。

　　　　春秋時代，性字新義之出現，乃説明此一新義的後面，隱藏著當時
　　　的人們，開始不能滿意於平列地各種現象間的關係，而要進一步去
　　　追尋現象裡面的性質；所謂現象裡面的性質，一面爲現象所以成立
　　　之根據，一面是某物生而即有的特質。從生而即有的這一點説，所
　　　以把這種現象裡面的東西，也可稱之爲「性」。當時人對于事物最基
　　　本性質的把握，還是從天、地開始；這是對天、地運行的現象，經
　　　過長期地體察而將其法則化了以後，認爲那些法則是天、地的本性
　　　的結果。從天地的現象中，而看出何者是其本性，即可引發從人的
　　　生活現象中，追求何者爲人的本性。人性論，乃由追求人之本性究
　　　係如何，而成立的。〔註13〕

春秋時代人們開始對於現象背後的基礎感到興趣，而由於認爲這種基礎是生
而即有的，所以借用具有「生」意義的「性」字來表達，從而賦予了「性」
字「本質」的用法。其後對於人的本質之探索乃是啓發自對於天地間現象本
質之探索，由此而建立各種人性論觀點。徐先生也以此論點來解釋早先已出
現於《尚書・商書・西伯戡黎》中的「不虞天性」一語，可能是出自春秋時
代校錄《尚書》者將「天命」寫成「天性」的筆誤。

　　徐先生從這個對「性」字的歷史考查出發，進而討論《論語》中孔子論
「性」之可能意涵。

　　　首先，我覺得性相近也的相近，應當與《孟子・告子・牛山之木章》
　　　「其好惡與人相近也幾希」的「相近」，同一意義。朱元晦對《孟子》
　　　此處的解釋是「好惡與人相近，言得人心之所同然也」，這是對的；
　　　可惜朱注對《論語》上「性相近」的「相近」二字，卻引程説，看
　　　得太輕了。

　　　朱元晦《論語集注》對此的解釋是：

　　　「此所謂性，兼氣質而言者也。氣質之性，固有美惡之不同矣；
　　　然以其初而言，則皆不甚相遠也。……程子曰：此言氣質之性，
　　　非言性之本也。若言其本，則性即是理；理無不善，孟子之言
　　　性善是也。何相近之有哉。」

　　朱注的本身，實在有點含混不清：第一，孔子説「性相近」一語

時，並無時間上的限定；而朱元晦卻加一個「以其初」三字，認為《論語》此處之「相近」，乃指性之初而言。就性的本身而言，總指的是生而即有的東西，無所謂「初」或「不初」。朱元晦加「以其初」三字，已和原意不合。且既謂氣質之性，固有美惡之不同，則在氣質之性之初，也便應含有美惡之不同；只不過尚潛而未發。又何以能在性的本身上言相近？所以朱子這兩句話，實把「不同」與「相近」的矛盾語句，加在同一的事物──氣質之性──的上面。而他的本意，則是以《論語》此處所說的性，實指的是氣質之性。性相近，實指的是氣質之性的相近。這只要看他所引的程注即可明瞭。〔註14〕

他認為孔子所說「性相近」之「相近」，應該與孟子所說「其好惡與人相近也幾希」之「相近」用法相同；亦即朱熹在《孟子》處所解釋的意義：「好惡與人相近，言得人心之所同然也。」言下之意，他是主張孔子之「相近」也應當解釋為「同然」，並依其下文所說，更直接可以說是「相同」。由此，他據以批評朱熹在孔子「性相近」處卻反而顯得含混；因朱熹與二程皆將孔子此處之「性」理解為「氣質之性」，所以在解釋「性相近」時，無法明白正確地傳達孔子之意。

　　徐先生解「相近」為「相同」，所以認為「氣質之性」既有「美惡之不同」，自然不能充分說明何以孔子將不同之物說為相同。

　　……僅從血氣心知處論性，便有狂狷等等之分，不能說「性相近」；只有從血氣心知之性的不同形態中，而發現其有共同之善的傾向，例如「狂者進取，狷者有所不為」（〈子路〉），「古之狂也肆……古之矜也廉……古之愚也直」（〈陽貨〉）；「進取」，「不為」，「肆」，「廉」，「直」，都是在血氣之偏中所顯出的善，因此，他才能說出「性相近」三個字。性相近的「性」，只能是善，而不能是惡的；所以他說「人之生也直，枉之生也幸而免」（〈雍也〉）。此處之「人」，乃指普遍性的人而言。既以「直」為一切人之常態，以罔為變態，即可證明孔子實際是在善的方面來說性相近。〔註15〕

他舉引孔子談論與程朱所說「氣質之性」相關之其他字句，來證明「性相近」

〔註14〕徐復觀，《中國人性論史：先秦篇》，頁77～78。
〔註15〕徐復觀，《中國人性論史：先秦篇》，頁89。

之「性」不能是「氣質之性」，而只能是從「氣質之性」所顯現之人的共同善，如此孔子才能夠說出「性相近」。也因此，「性相近」之「性」可以推論爲只能是善，而不能是惡。

徐先生對於子貢所說的話，先解釋「文章」之概念。

> ……論語上單說一個「文」字，固然指的是詩書禮樂；但「文章」一詞，則所指者係一個人在人格上的光輝成就。二者是有分別的。若文章亦係指詩書禮樂，則詩書禮樂，乃前人所遺留之簡冊，豈可稱爲「夫子之文章」？且孔子曾說堯「煥乎其有文章」，難道堯時已有詩書？〔註16〕

「文章」是「人格上的光輝成就」，於是可以容易與「天道」概念連接起來。他對「天道」的理解，是將其與「天」、「天命」等同起來。

> ……《論語》上凡單言一個「命」字的，皆指運命之命而言。……生死、富貴、貧賤、利害等都是命。「知命」的意思，是知道這些事情乃屬於命，乃屬於「不可求」的。知道這些東西是不可求的，便不必枉費心思，而能「從吾所好」。所以不知命，無以爲君子。……換言之，孔子乃至孔門弟子，對於命運的態度，是採取不爭辯其有無，也決不讓其影響到人生合理地生活；而只採取聽其自然的「俟命」的態度，實際上是採取互不相干的態度。但《論語》上若提到與天相連的「天命」、「天道」，則與上述的情形完全相反，而出之以敬畏、承當的精神。這是說明孔子對於春秋時代道德法則化了的「天」，雖然不曾再賦與以明確地人格神的性質；但對孔子而言，這種道德法則，並非僅是外在的抽象而漠然地存在；而係有血有肉的實體的存在。〔註17〕

「天命」、「天道」是一種道德法則，是實體的存在，故而令人敬畏，並需要人勇於承當。其內容具有普遍的超驗性。

> ……孔子的所謂天命或天道或天，用最簡捷的語言表達出來，實際是指道德的超經驗地性格而言；因爲是超經驗的，所以才有其普遍性、永恆性，正是孔子所說的天、天命、天道的真實內容。孔子「五十而知天命」的「知」，是「證知」的知，是他從十五志學以後，不

〔註16〕徐復觀，《中國人性論史：先秦篇》，頁79。
〔註17〕徐復觀，《中國人性論史：先秦篇》，頁83～85。

斷地「下學而上達」，從經驗的積累中，從實踐的上達中，證知了道德的超經驗性。這種道德的超經驗性，在孔子便由傳統的觀念而稱之爲天、天道、天命。〔註18〕

這種道德的超驗性即是傳統所謂「天」、「天道」、「天命」，而對其理解，在孔子是由實踐經驗的累積而「證知」，孔子所謂「知天命」的意義也在於此。

……只有孔子在自己的生命中，證知了天命（實際係證知了道德的超越性），感到天命與自己的生命連結在一起，孔子才會說「天生德於予」，「天之未喪斯文也，桓魋其如予何」，這類的話。由此推之，「畏天命」，「知我者其天乎」，及「天何言哉」等語言，皆係五十知天命以後所說的。若不知天命，即不知畏天命。若非感到自己的生命與天相通，即不能說「知我者其天乎」。「下學而上達」的「上達」，指的正是由十五志於學而至知天命。……孔子所感到的這種生命與天命的連結，實際即是性與天命的連結。〔註19〕

從實踐經驗的證知，孔子感到自己生命連接著天命、天道。而由於「性」字具有「生」和「性質」等多重意義，徐先生由此推論這即是孔子連結「性」與「天命」、「天道」的基礎。

他的知天命，乃是對自己的性，自己的心的道德性，得到了澈底地自覺自證。孔子對於天、天命的敬畏，乃是由「極道德之量」所引發的道德感情；而最高地道德感情，常是與最高地宗教感情，成爲同質的精神狀態。〔註20〕

又從道德的證知，可以引發道德的情感，這便能夠解釋孔子對天命、天道之敬畏。

他之畏天命，實即對自己內在地人格世界中無限地道德要求、責任，而來的敬畏。性與天道的融合，是一個內在地人格世界的完成，即是人的完成。〔註21〕

而這種敬畏隱含著孔子對完成自我人格具有一種如同宗教般的責任感。這些認識與體會實在不是一般尚未親身證知者所容易瞭解明白。所以子貢才會說「不可得而聞」。

〔註18〕 徐復觀，《中國人性論史：先秦篇》，頁86。
〔註19〕 徐復觀，《中國人性論史：先秦篇》，頁87～88。
〔註20〕 徐復觀，《中國人性論史：先秦篇》，頁88。
〔註21〕 徐復觀，《中國人性論史：先秦篇》，頁89～90。

……又子貢既謂「夫子之言性與天道」，是他已經聽到孔子說過；而「不可得而聞」，只就一般門弟子而言。或者是指他雖已經聽到孔子說過，但他並不真正了解而言。〔註22〕

子貢這樣說或者是針對其他一般程度還不足的弟子，或者是針對還不透徹瞭解的自己，不論是哪一種，都表示著親身體認證知之困難。

……所以子貢曾聽到孔子把性和天道（命）連在一起說過。性與天命的連結，即是在血氣心知的具體地性質裡面，體認出它有超越血氣心知的性質。這是在具體生命中所開闢出的內在地人格世界的無限性地顯現。要通過下學而上達，才能體認得到的；所以在下學階段的人，「不可得而聞」。〔註23〕

孔子這種由具體生命之實踐，以證知了超越具體生命的人格精神之要求，正非一般學者能夠充分體會，於是子貢「不可得而聞也」如此的說法便可以獲得合理的解釋。而從這裡，也可以推論得出「性與天道」之「性」因為與「天命」連結在一起，所以只能是善，不而能是惡。

……把性與天命連在一起，性自然是善的。所以，《論語》上的兩個性字，實際只有一種意義。這是通過孔子下學而上達的實踐才得出來的結論。因此，天命對孔子是有血有肉的存在，實際是「性」的有血有肉的存在。〔註24〕

於是，從分別考察《論語》兩個性字的可能內容，可以得到它們都指涉同一種意義，也就是天道之善。

若是進一步探討孔子之「性」的具體內容，則「仁」自然是最重要的概念。徐先生從推論性之善，再推論到此善即為仁。

由上所述，可以斷定，孔子是認定仁乃內在於每一個人的生命之內，所以他才能說「仁遠乎哉？我欲仁，斯仁至矣」（〈述而〉），及「為仁由己」的話。凡是外在的東西，沒有一樣是能隨要隨有的。孔子既認定仁乃內在於每一個人的生命之內，則孔子雖未明說仁即是人性，但如前所述，他實際是認為性是善的；在孔子，善的究極便是仁，則亦必實際上認定仁是對於人之所以為人的最根本的規定，亦

〔註22〕　徐復觀，《中國人性論史：先秦篇》，頁79〜80。
〔註23〕　徐復觀，《中國人性論史：先秦篇》，頁87〜88。
〔註24〕　徐復觀，《中國人性論史：先秦篇》，頁89。

　　即認為仁是作為生命根源的人性。〔註25〕

因為只有內在的事物才可能隨要隨有，而從孔子認為「仁」是人隨要隨有，可以推得孔子認為「仁」普遍內在於每個人之中。並且由於孔子之「性」必是善的，而對孔子而言，善的極至便是「仁」，於是孔子之「性」就與「仁」在概念上等同。

　　如前所說，孔子實際是以仁為人生而即有，先天所有的人性，而仁的特質又是不斷地突破生理的限制，作無限地超越，超越自己生理欲望的限制。從先天所有而又無限超越的地方來講，則以仁為內容的人性，實同於傳統所說的天道、天命。孔子的「五十而知天命」，實際是他到了五十歲，而仁體始完全呈露；使他證驗到了仁的先天性、無限地超越性。他是在傳統觀念影響之下，便說這是天命。〔註26〕

他又從「仁」之性質為人生而即有，並要求人無限超越自我的限制，這兩點又正是「天命」、「天道」的特質，於是又能將「仁」與「天命」、「天道」等同。最後可以統整出如下的結論：

　　子貢曾聽到孔子「言性與天道」，是孔子在自己生命根源之地——性，證驗到性即是仁；而仁之先天性、無限地超越性，即是天道；因而使他感到性與天道，是上下通貫的。性與天道上下相貫通，這是天進入於他的生命之中，從他生命之中，給他的生命以道德的要求、規定，這便使他對於天，發生一種使命感、責任感、敬畏感。他說「天生德於予」（〈述而〉），「天何言哉」（〈陽貨〉），「畏天命」（〈季氏〉）；在這種地方，可以看出最高地道德感情，與最高地宗教感情，有其會歸之點。從某一角度看，孔子比春秋時代的賢士大夫，好像多具有一副宗教感情，其根源正在於此。天是偉大而崇高地客體，性是內在於人的生命之中的主體。若按照傳統的宗教意識，天可以從上面，從外面，給人的生活行為以規定；此時作為生命主體的人性，是處於被動地消極地狀態。但在孔子，則天是從自己的性中轉出來；天的要求，成為主體之性的要求；所以孔子才能說「我欲仁，斯仁至矣」這類的話。對仁作決定的是我而不是「天」。對於

〔註25〕 徐復觀，《中國人性論史：先秦篇》，頁97～98。

〔註26〕 徐復觀，《中國人性論史：先秦篇》，頁98～99。

> 孔子而言，仁以外無所謂天道。他的「天生德於予」的信心，實乃
> 建立於「我欲仁，斯仁至矣」之上。性與天道的貫通合一，實際是
> 仁在自我實現中所達到的一種境界；而「我欲仁，斯仁至矣」的仁，
> 必須是出於人的性，而非出於天，否則「我」便沒有這樣大的決定
> 力量。〔註27〕

徐先生主張孔子之「性」既與「天道」連結，所以只能是善，而善的究極是「仁」。由於「仁」具有先天性和無限超越性，所以能等同「天道」。

二、討論

徐先生的主要論證過程簡化來說，大約是如此：他先將「性相近」與「性與天道」分開討論，由「性相近」及其它相關章句論證「性」只能是善，而由「性與天道」論證「性」當然是善，再進一步論證此善的具體內容即是「仁」。

首先，徐先生主張孔子「性相近」之「相近」與孟子「其好惡與人相近也幾希」之「相近」同一意義，亦即是「相同」，並以此來批評程朱將孔子之「相近」看得太輕。其意是程朱只以「相近」之字面意義理解孔子之意，卻反而輕忽了孔子「性相近」一語所寄託的深重意涵。

他的論證方法是以遠後於孔子近二百年的孟子說法，來證明遠先於孟子近二百年的孔子使用同一語詞的方式與其相同。這其中，除了可能會有是否孟子說「相近」必定能依朱注準確地理解為「相同」的質疑，以及兩者年代差距過遠的質疑之外，還會有兩者印證之前後順序的質疑。第一，朱熹注解《孟子》云「好惡與人相近，言得人心之所同然也。」〔註28〕嚴格來說並不是直接將「相近」解釋為「同然」，而是以類似「意譯」之方法來解釋孟子之原意。而孟子原意是否就如同朱熹所注，本已是一個還可以討論的問題；甚且，是否可以據此而認定朱熹就是以「同然」解釋「相近」，則更是很有待商榷。即使同意朱熹是以「同然」解釋「相近」，但在「同然」與「相同」之間，也可能還存在著彼此不同的部分。「同然」一詞的用法，是可以擴大範圍為包含兩者相近似但並不完全相同的部分。依此，「相近」與「同然」之間，「同然」與「相同」之間，都可以理解為包含範圍互相有所重疊，但並不完全一

〔註27〕　徐復觀，《中國人性論史：先秦篇》，頁 99。
〔註28〕　〔宋〕朱熹集注，《四書集注・孟子集注》，頁 799。

致。於是，即使同意朱熹是以「同然」解釋「相近」，但他這裡的「同然」是否就意味著「相同」，恐怕還不能遽下定論。第二，孔子與孟子生活的年代差距近二百年，三十年爲一世，兩人之間相隔至少五世以上，這段時間不可謂不長。《論語》和《孟子》俱是語錄體著作，既是語錄體著作，其中必不可免會有當時當地之特殊口語用法，而口語用法又最易受時代地域變遷之影響。所以，若是認爲以「相近」來表示「非相近」之其他語詞意義，是當時當地的一種特殊口語用法，則相隔近二百年且主要生活地並不全同之兩人，他們的口語用法是否能毫無疑問地剛好一致，應該還是一個開放的問題。第三，若是以前人的語言用法來印證後人的語言用法，吾人確實可以視後人爲遵前賢或循古例；但若是以後人的語言用法來印證前人的語言用法，則恐怕很難避免讓人質疑是強爲之解。固然由於文言文系統自春秋時代起便具有相對穩定的使用狀態，這樣的證明方法運用在語詞的一般理解上或許問題還不致太大。但因爲將「相近」理解爲「相同」實在已經超越一般理解的範圍，所以這個論證本身應該還需要有更多的佐證才能提高說服力。

而正因爲二程和朱熹都只將孔子「性相近」之「相近」依字面意義理解，所以才需要額外詳細解釋孔子所說之「性」別有用意。徐先生鄭重地指出朱熹的嚴重錯誤，是把「不同」與「相近」這兩個「矛盾語句」加在「性」這同一事物上。但他這裡的批評是建立在自己將「相近」解釋爲「相同」的基礎上，才能成立。否則，如僅依「相近」之字面意義理解，「不同」與「相近」本不會必然有所矛盾。然而如上所述，「相近」是否能毫無疑問地解釋爲「相同」，本身還是有待解決的問題。在這個問題還沒有得到徹底解決之前，據此爲基礎以批駁其它的觀點，恐怕不容易獲得決定性的成果。

其次，徐先生以孔子自述學思歷程一章中之「五十而知天命」，主張孔子此處所謂「知」乃是「證知」，是積累足夠實踐經驗之後，體認到道德的超經驗性。子貢所說「夫子之言性與天道」便是孔子對自己這種體認證知之講解，而說「不可得而聞也」其對象或者是針對其他弟子，或者是針對自己。由於孔子所說的境界必須通過下學上達的歷程才能證得，所以子貢所說的意思是指自己或其他弟子還不眞正了解。表面看來，徐先生是以「不眞正了解」來解釋「不可得而聞也」，但其理由是因孔子所說的內容乃是一種體認證知之境界，這也就是說，徐先生所表達出來的意思是指子貢或其他弟子「無法體認證知」孔子所說內容之境界。否則，如果「不可得而聞也」就僅只是「不眞正

了解」孔子所說內容之意義，這樣豈不是表示，或者是因孔子的語言表達不夠清楚明白，或者是因子貢或其他弟子理解孔子語言之能力不足，以致於雖然孔子確實說過了，但他們卻無法瞭解。由此，徐先生的觀點固然可以適當地解釋子貢話語的後半段，但卻會額外造成理解前半段話語時之困難。

子貢前半段說「夫子之文章，可得而聞也。」徐先生說「文章」是「人格上的光輝成就」，而依他對後半段的解釋觀點，子貢這前半段的話旨應該就是：孔子人格上的光輝成就，自己或其他弟子可以體認證知。這樣的解釋將會使得子貢這前半段話顯現一種極度自信，甚至是過度的自信，從而令人反過來質疑子貢眞正的原意是否確實如此。

退一步而論，即使在此同意「不可得而聞也」僅只是依其表面上之表示「不眞正了解」，但實際上並非是說子貢或其他弟子聽不懂孔子所講的內容，而是要表達他們無法體認證知孔子所講的境界。與此相對，「可得而聞也」僅僅依其表面上之表示「眞正了解」，是否就可以順利解釋子貢的前半段話？就算不提體認證知，所謂「眞正了解」孔子人格上的光輝成就，難道不是比僅只知曉孔子外在的道德言行還要更加深入而徹底，需要明瞭孔子內心的狀態乃至達到的境界！這般說法的自信程度雖然不及說體認證知，但仍是超過了一般尙未有相同內在經驗之人所能認識之程度，所以也同樣還是會讓人質疑是否子貢原意眞是如此。

再次，徐先生認爲孔子之「性」的具體內容是「仁」，其論證方式是先證明孔子之「性」是善的，然後再加上認爲對孔子而言，善的究極即是「仁」，所以兩者便可以連結起來。這中間雖然具有著適當的邏輯關係，但卻仍不能說已經是十分完備。徐先生主張孔子之「性」之所以是善，細分有三方面論證：

1、由於孔子在其它章句中曾表達關於所謂「氣質之性」的說法，例如狂、狷、矜、愚等等。而在這些狂狷等「血氣之偏」中，也能顯現出某些善的性質，例如進取、不爲、肆、廉、直等等，它們的共同點即都是善。因爲徐先生主張「性相近」便是「性相同」，所以孔子之「性」不能是具有不同形態的「血氣心知之性」，而只能是這些「血氣心知之性」所具有共同性質之善。

這裡的論點乃是建立在將「性相近」理解爲「性相同」上。若是依程朱之意，「性相近」便是「性相近」，程朱所必須解釋的只在何種「性」之內容

足以謂「相近」。則此處關於血氣心知之偏的討論，並不足以駁斥程朱的主張，因爲狂狷等等形態正可以有不同表現。於是朱熹才會說「此所謂性，兼氣質而言者也。氣質之性，固有美惡之不同矣，然以其初而言，則皆不甚相遠也。」〔註29〕並引二程的說法「此言氣質之性，非言其本也。若言其本，……何相近之有哉。」〔註30〕

並且反對者還可以進一步主張，孔子所肯定的進取、不爲、肆、廉、直等等性質，即使都具有「善」此一共同內容，但仍然可以說是彼此同中有異。進取之善不全同於不爲之善，不爲之善不全同於肆廉直等之善，於是，孔子只說「性相近」而不說「性相同」也是很合理。徐先生這部分的論證可能不足以充分地駁倒反對者。

2、徐先生另外舉了孔子所說「人之生也直，枉之生也幸而免。」這句話爲證，來主張孔子所說「性相近」之「性」是善。因爲此句之「人」具普遍性意義，而「人之生也直」乃是以「直」爲所有人天生之常態。「直」既是善，則孔子是以所有人天生之常態爲善，亦即以「性」爲善。

在此章句是運用「性」字與「生」字的意義關連，解讀出孔子在此所談的主旨就在人之「性」，並以此來佐證孔子「性相近」一語之「性」內容爲善。但此章句的後半「枉之生也」卻也可能恰好提供反對者一個理由，主張正是因爲人之生也有直有枉，雖然枉是幸而免，但不可否認也是人天生的狀態之一，所以孔子才只說「性相近」而不說「性相同」。

3、徐先生認爲子貢說孔子曾經一起談論過「性」與「天道」，足以證明孔子將「性」全然和「天道」連結起來，所以孔子之「性」必然爲善。但反對者在此仍有置喙的的餘地，他們可以主張：若是孔子之「性」概念內容全然就是「天道」，則孔子沒有理由不直接就向弟子表達這顯明之意；而像子貢這般優秀的弟子，也沒有理由不會明白這顯明之意。特別是雖然孔子極少談論「性」，但卻大量地談論了與「天道」密切相關之「天」、「道」、「命」、「天命」。這也就是說，如果孔子之「性」全然就是「天道」，而孔子又曾經大量討論過與「天道」密切相關之其他概念，則子貢應該不會說出「不可得而聞

〔註29〕　〔宋〕朱熹集注，《四書集注‧論語集注》，頁400。
〔註30〕　〔宋〕朱熹集注，《四書集注‧論語集注》，頁400～401。依牟宗三先生對《二程遺書》義理之分判，朱熹在此章句之注文中所引之「程子曰」，應是屬於程頤之觀點。然而由於文獻上之證據尚待進一步補足，爲求謹慎故，本文仍暫稱「二程」。

也」之語。即使徐先生主張「不可得而聞也」實際要表達的意思是無法體認證知，所以似乎可以就這麼回應。但反對者還是可以堅持，如果「性」和「天道」之全然連結難以體認證知，「性」和「天道」本身之內容應當也一樣不易體認證知，就如同徐先生所主張孔子五十歲才證知天命，而此一證知即是體認到自身之「性」即是「天道」。依徐先生所主張，這當該是孔子一生學養歷程的重大發現和成就，但為何在《論語》全書中，孔子分別談論「性」與「天道」的比例如此懸殊，而更是從來沒有直接談論「性與天道」之內容記錄！徐先生的觀點在此留下一個未解的疑惑。

第四節　唐君毅

一、觀點

　　唐君毅先生在鉅著《中國哲學原論：原性篇》中對孔子之「性」概念有雖簡短卻精要的論述，他主張孔子「性相近」一語「相近」之意即是「相近」，而非「相同」。

> 　　直至孔子言性相近、習相遠，亦未明言性善。孔子謂人之生也直，
> 我欲仁而仁至，而仁者能中心安仁，此仁在心，更宜即視為此心之
> 善性之所在。其所謂相近亦當涵孟子所謂：「同類相似」，「聖人與我
> 同類」，而性皆善之義。然就孔子之已明言者上看，則固尚無性善之
> 論也。今若就孔子之將「性相近」與「習相遠」對舉之旨以觀，則
> 其所重者，蓋不在赳就人性之自身而論其為何，而要在以習相遠為
> 對照，以言人性雖相近，而由其學習之所成者，則相距懸殊。人由
> 學習所成就者如何，初係乎人之所志與所學。立志好學則孔子之所
> 恆言。是見孔子之於此言人之性相近，亦對照人之所志所學者之相
> 遠，而言其相近；以見人性之相近者，即皆為善，猶不可恃，立志
> 好學之為不可少；亦見相近之人性，可為人之不同之志向與學習之
> 所成者之根據，而見此相近之性，可連係於各種可能之形態之志與
> 學。此即孔子不重人性之為固定之性之旨，而隱涵一「相近之人性，
> 為能自生長而變化，而具無定限之可能」之旨者也。〔註31〕

〔註31〕唐君毅，《中國哲學原論：原性篇》，頁31～32。

他主張孔子之「性」概念並無明確而固定不變的內容，而是強調人性可以生長變化之可能。這一點可以從「習相遠」此一對照語看出來，因為人之學習成就相距懸殊，所以不可僅憑恃人性之相近，更要重視立志好學之必要，始能真正成就人性之善。

他也以孔子教人立志向學之觀點來解讀子貢的話。

> 觀孔子之言，言性者甚少，故子貢謂夫子之文章可得而聞，夫子之言性與天道，不可得而聞。然子貢此語，其意何在亦難知，而人可異說。吾意在孔子前人固已視上天所示人之道而命于人者，乃於穆不已；人德之純，亦與天契；然性則指自然生命之生長之可能。孔子亦於此二名之通義，未嘗有異議。孔子之教之所重者，則在人之所志所學。為仁由己，使心不違仁，是為「質」；見於禮樂，為文章。此學此教，即所以上達客觀而超越之天命天道，而由下學時習之功，以自成其性者。在孔子前，天命與人性，猶有上下內外之相對。自孔子教人志道據德，依仁以游藝學文，下學之事，通於上達，乃更無天命人性之相對之可言。此是以學以教，通此相對，而非以言以理通之。以學以教通者，其表見者唯在文章禮樂，故夫子之文章可得而聞。非以言以理通者，即不必有通天命人性或天道與性之相對之言，亦可無此言可聞矣。然有此文章，實即已是通此性與天道二者之相對。後儒之通此二者之言，所謂窮神知化之言是也。〔註32〕

他認為孔子對「性」的看法依循著古代文化傳統，指的是自然生命生長之可能。而孔子所重視的，是人的志向與學習的內容。立志為仁，學習為仁，便可與超越的天道相契合，以成就人性。為仁的表現即是禮樂，也即是子貢所說的「文章」。因為孔子貫通人性與天道的方式是教與學，不是理與言，而教與學的表現就是禮樂文章，所以子貢才會說孔子的文章可得而聞，但其言不可得而聞。

唐先生在《中國哲學原論：導論篇》中則對孔子之天道觀有著另一番考察角度之探討，表面看來，這番探討似乎與孔子之「性」概念並無直接的關連。但若深入進一步推理，由於孔子之「天道」概念與其「性」概念關係密切，仍可得出唐先生對孔子之「性」的相關理解。

〔註32〕唐君毅，《中國哲學原論：原性篇》，頁32。

……朱子註孔子五十而知天命，謂天命爲天道。唯順此去講，固可以明孔子反求諸己，行心所安之教，與畏天命貴天道，乃一而二者。然此又似與「道之將行也歟，命也；道之將廢也歟，命也。」之言不合。蓋果天命爲愛民而仁者，則言道之行是天命，可；言道之廢亦是天命，則似不可。如天命即天道，則謂道廢爲天道，尤爲不辭。又如道之廢仍是天命，則天命宜非愛民而仁者。如人當畏敬天命，不亦當畏敬彼道之廢耶？則孔子之栖栖皇皇以求行道，得毋非不畏天命？而伯牛有疾，孔子曰亡之命矣夫。此命之義，似又明謂死生之命，乃在外而非在內者。孔子既於此致其嘆息之辭，亦似非直接敬畏此命者。或者乃謂論語書中之天命與命爲二名，合道者爲天命，命則可不合於道。然論語書或言知天命，或言知命，義應相同。又論語言畏天命，中庸言俟命，意亦相通。則命與天命，非即二名。天命與命既一，而命乃有非道者；孔子志在行道，又何爲而必言畏天命，必言「不知命，無以爲君子。」耶？〔註33〕

他存疑朱熹肯定「天命」即「天道」之註語，並主張《論語》中「天命」與「命」乃一物之二名。再從其他章句中孔子之相關說法產生懷疑，孔子畏敬天命之態度似乎曾展現在許多不應展現之處，例如「道之將廢也歟，命也。」、「亡之命矣夫」。其意當是認爲孔子畏敬天命乃是一種正面的積極態度，但在一些談及命之場合卻似乎表現出負面的消極態度。

此諸問題，吾嘗思之而重思之，嘗徘徊於孔子所謂天命，乃直仍舊義中「天命爲天所垂示或直命於人之則之道」，與孔子所謂天命唯是「人內心之所安而自命」二者之間。而終乃悟二者皆非是。蓋若果孔子之所謂天命，即舊義中天所垂示或天直命於人之「則」之「道」之義，此明爲自詩書以來之通義，墨子尚直承之，以成其天志之論者。此義易解，孔子不當言五十而知天命。至如孔子之所謂天命，唯是人內心所安之自命，則孔子十五志學，三十而立，四十不惑之諸階段，已時時有自命、自求、近思、篤行、行心所安之事，亦不當言五十而知天命。吾人由孔子之鄭重言其知天命在五十之年，並鄭重言「不知命，無以爲君子」及「畏天命」之言；則知孔子之知命，乃由其學問德性上之經一大轉折而得。此大轉折，蓋由於孔子

〔註33〕 唐君毅，《中國哲學原論：導論篇》，頁534。

之周遊天下，屢感道之不行，方悟道之行與不行，皆爲其所當承擔
順受，而由堪敬畏之天命以來者。此則大異於前之天命思想，亦不
止於直下行心之所安之教者也。上述之疑難所自生，初皆原自不知
孔子之天命思想，實乃根於義命合一之旨，吾人先當求於此有所透
入也。〔註34〕

唐先生從孔子自述學思歷程之「五十而知天命」，推論孔子所謂天命既不會是
傳統「天所垂示或直命於人之則之道」之意義，也不會是「人內心之所安而
自命」之意義。因爲若是前者，意義容易理解，孔子不應遲至五十歲才知；
又若是後者，孔子自十五歲有志於學即時時自命自行心所安之事，也不應至
五十歲又特意言之。參照孔子談及天命之其他章句，唐先生認爲孔子之天命
思想根源於「義命合一」之旨。其旨是無論「道」是否能大行於世，皆來自
足堪敬畏之天命，故而都爲人所應當承擔順受。

孟子萬章上曰「或謂孔子於衛主癰疽，於齊主侍瘠環，有諸乎？孟
子曰：否，不然也……彌子謂子路曰。孔子主我，衛卿可得也。子
路以告。孔子曰有命。孔子進以禮，退以義，得之不得曰有命。而
主癰疽與侍人瘠環，是無義無命也。」

由孟子此段話，便知孔子之言命，乃與義合言，此正與論語不知命
無以爲君子之言通。孔子之所以未嘗有主癰疽與侍人瘠環之事，因
此乃枉道不義之行，孔子決不爲也。彌子謂子路曰，孔子主我，衛
卿可得，孔子之答又爲有命。故孟子之釋曰，無義無命。此即言義
之所在，即命之所在也。此所謂義之所在即命之所在，明非天命爲
預定之義，如上文所引「卜世三十，卜年七百，天之命也」之類。
唯是孔子先認定義之所在，爲人之所當以自命，而天命斯在。此見
孔子所謂天命，亦即合於詩書所謂天所命人之當爲之「則」，而與人
之所當以自命之「義」，在內容上爲同一者。孔子所謂畏天命，確仍
與孔子所重之反求諸己，行心所安，依仁修德之教，可說爲二而一
之事。〔註35〕

他又援引孟子談論孔子言行而以「義」「命」評論孔子之章句，主張孔子之意
乃是先確認義之所在，即是人所應該自命之所在，亦即是天命之所在。於是

〔註34〕 唐君毅，《中國哲學原論：導論篇》，頁 534～535。
〔註35〕 唐君毅，《中國哲學原論：導論篇》，頁 535～536。

經由義之確定，便可將自命與天命兩者結合爲一。

　　然吾人之問題，則在「天命」與「義」之內容既同一，何以孔子又
　　必於反求諸己之外，兼言畏天命？又孔子何以言道之廢亦是天命？
　　如無義無命，則有義宜有命。行道是義，天使我得行其道是命。此
　　固是命義合一。然在道之廢時，則義在行道，而命在道之廢，命義
　　相違；則此時求行「義」，正宜當非「命」。此即墨子尚義而非命之
　　論所由出，而勢至順者。然在孔子，則於義在行道，而命在道之廢
　　時，仍只言人當知命，只直言畏天命，其故何耶？然吾人之所以答
　　此問者仍無他，即自孔子之思想言，人之義固在行道。然當無義以
　　行道時，則承受此道之廢，而知之畏之，仍是義也。若不能承受此
　　道之廢，而欲枉尺直尋，以求行道，或怨天尤人，乃爲非義也。此
　　即孔孟思想之翻上一層，而進於墨子之直接非命之說者也。〔註36〕

行道固然是義，而當命在道之將行時，義命即合一；但當命在道之將廢時，表
面上看似乎命義相違。孔子思想在此有一轉進，承受道將廢之命，亦是義。

　　何以求行道，是義；道不行，而承受此道之不行，亦是義？此乃以
　　人求行道，原爲求諸己而自盡其心之事，此爲孔孟之教之根本義。
　　然求行道既原爲求諸己之事，則人在求行道時，即已知道之或不
　　行，而有此不行之可能。此乃孔子「毋意、毋必、毋固、毋我」、「無
　　可無不可」及「用之則行，舍之則藏」之言所由發。由是而人在求
　　行道時，即當同時準備承擔道之行或不行之二種結果。由是而「用
　　之則行」，固是義之所當然；而當道不得行時，承擔此結果，而「舍
　　之則藏」，亦是義之所當然。反之，如道不行，而枉尺直尋，以求行
　　道，或怨天尤人；乃與人求行道時，依「反求諸己之教，自知爲當
　　準備承擔之義」相違，而先自陷於非道矣。是見承受道之廢，即是
　　義也。〔註37〕

他解釋爲何承受道之不行亦是義，乃由於人求行道原本全是反求諸己之事。
因爲人求行道實爲求自盡其心，所以道之將行將不行本即皆有可能。故而，
道將行而行之是義，道將不行而承擔之亦仍是義。

　　承受道之廢是義，亦即是知命。此所謂知命，非謂知命之預定道之

〔註36〕　唐君毅，《中國哲學原論：導論篇》，頁536。
〔註37〕　唐君毅，《中國哲學原論：導論篇》，頁536～537。

將廢。若然，則此命不堪敬畏。吾人如欲會通孔子所謂知命及畏天命之言，仍唯有自人之義上透入。蓋志士仁人之求行道，至艱難困厄之境，死生呼吸之際，而終不枉尺直尋，亦終不怨天尤人，則其全幅精神，即皆在自成其志，自求其仁。此時之一切外在之艱難困厄之境，死生呼吸之事，亦皆所以激勵奮發其精神，以使之歷萬難而無悔者；而其全幅精神，唯見義之所在，未嘗怨天尤人之德行，亦即無異上天之所玉成。在此志士仁人之心情中，將不覺此志此仁為其所私有，而其所自以有之來源，將不特在己，亦在於天。於是其自求其仁，自求其志之事，凡彼之所以自期而自命者，亦即其外之境遇之全體或天之全體所以命之者。其精神之依「義」而奮發者不可已，亦即天所命之「義」，日益昭露流行於其心者之不可已。此處義之所在如是如是，亦天命之如是如是。義無可逃，即命無可逃，而義命皆無絲毫之不善，亦更不當有義命之別可言。人於此更自覺其精神之依「義」而奮發之不可已，或天命之流行昭露不可已，其源若無盡而無窮，則敬畏之感生。此敬畏是敬畏天命，即敬畏其志其仁。至於孔子之只言畏天命者，則蓋以志士仁人之求行道之事，乃自內出而向於外。所向在外，其所敬畏，則宜在天命。〔註38〕

唐先生於此認為志士仁人之求行道，只全心在自成其志、自求其仁，不受外在艱難環境之影響。這時在其內心，將會覺得此志此仁不但源自自心，亦源自上天。那麼，其志其仁所行之事，亦即是天之所命。志士仁人將其內心追求行道之精神視之為義，則亦同時將視之為天命。而因自覺此精神之來源無窮無盡，敬畏之感油然而生，此即敬畏天命。

二、討論

在第一議題中，唐先生從孔子平日著重於教人立志與勤學之事實來看，肯定孔子是認為人可以經由立志好學，達到逐步完善人格的目標。再從「習相遠」這句話反推，既然人人立志勤學的方向和結果或有巨大不同，達成完善人格目標的起點正是人人本有相近的人性，於是主張孔子之「性」概念是指自然生命可以生長變化之可能，但未必有明確固定的內容。這個論點

〔註38〕 唐君毅，《中國哲學原論：導論篇》，頁 537～538。

也同時解釋了子貢的話。孔子內在立志勤學的修爲表現即是外在的禮樂文章，所以可得而聞；而由於孔子用以貫通人性與天道的方式是實踐性的教導學習，並非理論性的言說之理，所以自然關於貫通人性與天道之言不可得而聞。

　　唐先生避開了直接深入討論「性相近」涵義時可能陷入的糾纏，而是主張孔子將「性相近」一語作爲功能性使用，目的在強調立志好學之重要性。他並且認爲，孔子之「性」概念乃是直接承繼自更早之傳統看法，唐先生主張，即是指自然生命可以生長變化之可能。這個觀點將《論語》中極少被提及的「性」概念，與孔子思想系統裡的其他部分進行了連結，讓我們覺察到孔子「性相近」一語還具有言外之意的功能。這樣的詮釋使得孔子的思想呈現爲更爲有機的整體，其系統的面貌也更加清楚明確。

　　但在獲得這些益處的同時，也可能要付出不小的代價。首先，「性」概念在孔子之前的傳統，是否已發展成唐先生所主張的內容，或許不無疑義。唐先生所認定的是指稱自然生命可以生長變化之可能，然而這一指稱的內容十分豐富而抽象，其中並不單單是指自然生命的某些明確特質，還包含了這些特質可能會生長變化，而且更進一步指稱的是這種可能性。孔子以前的文化傳統裡，是否已經成熟地發展出如此豐富抽象的「性」概念，恐怕難免啓人疑竇。

　　其次，即便孔子之「性」概念內容就是指稱自然生命可以生長變化之可能，爲何孔子所說的是「性相近」而不是「性相同」，這仍是一個未解的問題。唐先生是主張「性相近」就是「性相近」而非「性相同」。但既然孔子之「性」有一明確的內容，而這內容指的是一種可能性，我們似乎很難說人與人之間在這種可能性上會有什麼差異。或者，也許同意人與人之間確實在這種可能性上，眞有著如同數學統計上高低大小的差異，那麼，所謂「相近」「相遠」即當是指如同數學統計上之數量距離。這樣一來，孔子的「性」概念內容會不可避免地被詮釋爲主張人人之本性有所不同，因而將在缺乏積極證據下，不契合於自來所熟知的孔子對人之本性之主張。由此可見，若依唐先生之見解，孔子實際上說出「性相近」一語的用意，就仍然還有待進一步解釋。

　　在第二議題中，唐先生主張孔子談「天命」與「命」乃是一物之二名，進而思考孔子面對天命時展現出一致的知命而敬畏之態度，而認爲天道將行

或將廢都是命，卻又一生堅持追求行道。這裡表面上容易令人產生疑惑，似乎孔子之言行表裡不一；或者天道將廢之命即不值得敬畏，又或者既然敬畏天道將廢之命即不應再堅持行道。

他認爲孔子的天命思想源於「義命合一」之旨，義之所在即是命之所在。命又分成外在之天命和內在之自命；天命乃天降法則於人之命，自命乃人自行心所安之命。人求行道實爲人求自成其志，自求其仁。當天命在道將行，義則在行道，此時固然是義命合一。當天命在道將廢，行道者只反求諸己，而勢有所不能，義則在承受此道之將廢，此時亦仍是義命合一。故而追求行道之志士仁人，將只著意於實踐內心之志之仁，並覺此志此仁亦是來源於天，且無窮無盡，由是而生起敬畏之心，此即敬畏天命。

他明顯地將孔子「天命」「命」與「天道」「道」分開爲兩組概念；而又將孔子「義」之概念區分爲兩個發展階段，第一階段純然在內，第二階段則發展在外，與「天命」相結合。他主張天道之將行固是天命，而天道之將廢亦是天命；無論天命內容如何皆是人所應當服膺承擔者。人在未知天命之第一階段之義只該唯求行道，當確知天命在道將行，則發展成第二階段之義，乃毅然服膺承擔行道之責任；此時第一階段之義與第二階段之義翕然一致。但若當發現天命在道將廢，則人應當在知命之後，所發展之第二階段之義，乃決然服膺承擔道廢之結果；此時第二階段之義必須取代第一階段之義。

唐先生此一見解更爲合理而明白地呈現孔子看待天命的態度，相當充分地解答了一般對孔子敬畏道將廢之天命之疑惑。然而於此之際，他的觀點也留下一些尚待解答的問題。首先，唐先生相當地限縮了「天道」「道」之意義，將其與「天命」「命」一定程度上區隔開，在此同時，也就等於相當程度地削減了孔子「性」概念可能會有之內容。

對於孔子「性」概念內容之探究，子貢所說「不可得而聞也」此章是極重要的基礎文本之一。子貢在此章中提及孔子同時談論「性」與「天道」兩者，暫且不論孔子「性」概念的實質內容如何，但毫無疑問「天道」之概念內容將會完全連帶地影響「性」之概念內容，反之亦然。唐先生在孔子「天命」概念的解釋上，明白區分不同於孔子之「天道」，如此將使得「天道」概念的可能意涵大爲縮減。吾人若想從子貢所說「不可得而聞也」此章，進一步討論孔子「性」概念可能的實質內容，設使囿於他此處對「天道」之限定，

不可避免也將同時縮減了吾人理解孔子「性」概念之範圍。而如果這種限定具有無可懷疑的必要性，則似乎吾人也只能接受其所帶來的理論效應。可是很清楚的，這種限定只是唐先生爲達成解決孔子敬畏天命相關問題，所提出的特殊論述觀點。在未必無可動搖的論述取徑裡，卻預先得揹負後續將會延伸的困境，這不可不說是一項理論上的缺憾。

其次，唐先生將孔子之「義」以兩階段發展來論述，並明白表示第二階段之義比第一階段之義更具支配性。這是說，因爲「知命」毫無疑問是孔子自述修養的重要過程之一，而唐先生認爲知命之後所應接受之義才是真正之義，是故他所論述孔子之「義」之第二階段才是其概念內容的主要部分。此第二階段之義則較無關乎天道之內容，而是較爲關乎天道或將行或將廢之天命。

然而，即使沒有直接的文獻內容證明，但自來一向理解孔子思想，皆將包含「義」在內之諸德行視爲與其「性」概念具有緊密關連。於是，單就「義」之概念而言，唐先生主張孔子「義」概念之主要內容更多與「天命」之內容相關，而較少與「天道」之內容相關；這也就會使得孔子「性」概念中相關於「義」之內容，更多與「天命」相關，而較少與「天道」相關。如此一來，又將進一步削弱孔子「性」概念與「天道」概念的關連性，因而減少了子貢所說孔子同時談論「性」與「天道」此文獻所蘊含之重要意義。這又不可不說也是另一項理論上的缺憾。

第五節　牟宗三

一、觀點

牟宗三先生在處理孔子之「性」概念內容此問題時，深知其難以遽下決斷之思索困境。就「性相近」一語而言，解讀「相近」爲「相近」或「相同」，似乎都各有其至少是表面上的道理。

> 孔子亦未說仁即是吾人之「性」。子貢言「夫子之言性與天道不可得
> 而聞也」。孔子亦偶爾言及「性相近也，習相遠也。」其心中如何意
> 謂「性」字很難說。「性相近也」之「性」，伊川、朱子俱視爲氣質
> 之性，此大體亦不誤。劉蕺山解「相近」爲「相同」即指同一「於
> 穆不已」之性體言，故性無不善。吾人由此可以想孔子所說之「相

近」即是孟子所說「其好惡與人相近也者幾希」之「相近」。孟子說此「幾希」之「相近」是指良心好惡之呈露言。所呈露者雖不多，然卻是與人相同者，並無異樣之良心。是則「相近」即相同。如果孔子所說之「相近」即是此意義之「相同」，則「性」當是同一的義理本然之性，不能是氣質之性。如果是同一的義理本然之性，則孔子當該想到仁就是性，就是吾人之性之實。即使想不到，亦未說到，後人（如孟子）如此說，亦無過。但孔子所說之「相近」是否必如此，則難定。即使與孟子所說之「相近」字面相同，而其實指不必相同。孟子可用「相近」指本然之性（良心）言，因而「相近」即「相同」，而孔子所用之「相近」不必指此本然之性言，而亦仍可用「相近」，因而「相近」不必即「相同」。如果與「唯上智與下愚不移」連在一起看，則此「可移」之「相近」者亦仍只是氣性，才性之類也。是則伊川、朱子說為氣質之性亦非定誤。〔註39〕

若從一方面來看，解讀孔子之「相近」固然可以與孟子所說之「相近」作聯想，因而可以由解讀孟子之「相近」為「相同」乃十分順當，進而亦主張孔子之「相近」也同樣意謂著「相同」。此時孔子之「性」乃是指人人相同之義理本然之性。但從另一方面看來，若說孔子之「相近」與孟子之「相近」只是字面相同，而其實指並不相同，似乎也可通。再加上孔子曾說「唯上智與下愚不移」，顯然所要表達的是一可移之人性，如此一來，孔子之「性」應該即是氣質之性。

另外就子貢「夫子之言性與天道」一語而言，這裡之難解在於吾人無法確知孔子的態度。

至于子貢所不可得而聞之「性」，與「天道」連在一起說，究是指何層面之「性」，則亦難說。如果指超越面的義理之性說，則當與仁為一，仁即是吾人性體之實。如果指經驗面的氣性、才性或「生之謂性」之性說，則仁與性不能是一。而無論自那一面說，「性」之義皆是相當奧密而難聞的。在此，吾人對于孔子的態度不能確知。孔子前「性」字即已流行，然大體是「性者生也」，無自超越面言性者。「生之謂性」是一老傳統。孔子已接觸此問題，然可能一時未能消化澈，猶處于「性者生也」之老傳統中，故性是性，仁是仁，

〔註39〕 牟宗三，《心體與性體》（一），頁 26～27。

齊頭並列，一時未能打併爲一。(性者生也，雖卑之無高論，說的
是現實的人性，自然生命之徵象，似乎無甚難聞處，然認眞討論起
來，亦並不簡單。非必只同于「天道」之性或超越面之性爲難聞
也)。〔註40〕

子貢將「性」與「天道」連在一起說，但是義理之性、氣性、才性，甚至「生
之謂性」之性，都可以說是與天道有所相關。所以，唯一能確定的事，似乎
只是孔子之「性」概念十分奧密難解。

這一奧密難解之狀況也有其產生的原因。牟先生認爲「生之謂性」是孔
子之前即已存在的傳統見解，孔子繼承此傳統又消化超越之，「仁」概念即是
這消化超越之結晶。但由於身處消化超越之過程，還沒有完全在概念上合併
爲一體，所以孔子罕言「性」。

以吾人今日的觀點看，牟先生認爲孔子多言「仁」少言「性」，正是由於
「性」概念本身之奧密難解。

然孔子言仁如此親切，而又眞切，其看人性亦斷然不會直說爲惡，
亦斷然不會只從人之欲性看性。然亦同樣未自覺地說到仁即是性。
是則性之問題在孔子猶是敞開者，雖或偶爾觸及，然未能十分正視
而著力。若依子貢之語觀之，雖難聞，而夫子未始不言，至少亦未
始無其洞悟處，而結果終所以難聞而又不常言多言者，則或可如此
說，即，性之問題，初次觀之，似是屬於「存有」之問題，無論卑
之從「生之謂性」說，或高之從超越面說，皆然。而一涉及「存有」
問題，則總是奧密的，此即法國存在主義者馬塞爾（Marcel）所謂
「存有之秘密」（mystery of being）是也。此其所以爲難聞乎？而一
個聖者如孔子則總是多偏重于自實踐言道理，很少有哲學家之興趣
去積極地思議存有問題也。即使有洞悟，亦是在踐履中洞悟之，因
而多言踐履之道如仁，而少涉及存有問題如性與天道，此其所以不
常言多言也。〔註41〕

他認爲「性」是屬於「存有」之問題，無論從什麼角度去看待人性，總是涉
及「存有之秘密」。而孔子所側重的是以實踐來體悟並展現道理，非僅以思考
來探討議論道理。所以孔子只多談論他所體會的實踐之道「仁」，而少直接談

〔註40〕　牟宗三，《心體與性體》（一），頁 27～28。
〔註41〕　牟宗三，《心體與性體》（一），頁 28。

論涉及存有之「性」與「天道」的關係。

牟先生深知關於孔子之「性」概念內容難以遽下決斷，但對此重要問題最終卻不能不有一個主張，於是他相當謹慎保守地提出他的看法。

> 前言「自生而言性」是一暗流之老傳統，在孔子以前就流行。而子貢所說「夫子之言性與天道不可得而聞」之性，孔子對此性之態度究如何，現在雖無明文可徵，恐亦不即是「自生而言性」（後來告子所謂「生之謂性」）之性。縱亦有此意，孔子究亦未十分正面去談它。「性相近也，習相遠也」，伊川謂此是屬於氣質之性，蓋就「相近」而想。因義理當然之性人人皆同，只是一，無所謂「相近」。惟古人辭語恐不如此嚴格。孟子言：「其日夜之所息，平旦之氣，其好惡與人相近也者幾希。」孟子此處所言之「相近」恐即是孔子「性相近」之「相近」。如是，「相近」即是發于良心之好惡與人相同。孔子恐亦是此意。如是，孔子此句之「性」當不能是「自生而言性」之性，亦不必如伊川講成是氣質之性。但上智下愚不移之類則是屬于後來所謂氣性才性者。然此究非孔子所積極正視而討論之問題。又，如果《易》之〈彖〉、〈象〉真是孔子所作，則〈乾彖〉「乾道變化各正性命」語中之「性」正是上節所謂積極面之性，是自理道或德而言之「超越之性」，此性是與天道天德貫通于一起的。如此，則孔子對于「性與天道」並非不言，亦並非無其超曠之諦見。子貢不可得而聞自是子貢之事。但若以《論語》為準，衡之孔子之真精神乃在仁，仁是其真生命之所在，是其生命之大宗，如是則說此積極面之「性」非其所常言，非其所積極正視而討論之之問題，亦並非不可。因為此問題畢竟是其後繼者孟子、《中庸》、《易傳》之所積極弘揚者。衡之思想之發展亦應是如此。孔子不能一時俱言也。〔註42〕

牟先生從思想歷史發展角度來解釋，他認為孔子之時已然將傳統「自生而言性」之概念進一步消化，與天道天理連結在一起，於是孔子之「性」概念實已具備超越面之積極意義。只不過孔子所更重視、所要發揮的生命精神是在「仁」概念上，所以並不經常正視而討論「性」之相關問題。

思想之發展自有其歷史之機緣與脈絡，有時必須等待醞釀，讓其自然成

〔註42〕牟宗三，《心體與性體》（一），頁 226～227。

熟，此非任何個人所能完全主導。

> 此積極面之性，其傳統背景是《詩》、《書》中所表現之道德總規
> （亦即政規）：「王其德之用，祈天永命。」但這一總規中之諸觀念
> 要發展到此積極面之性之建立，非通過孔子之仁不能出現。孔子
> 本人對此或許已有憧憬，然正式消化而建立此種積極面之性，說是
> 孔子後繼者之工作，則較妥當而順適。因爲這種意義之性並不通
> 常，乃是一新創造，而促成此創造，孔子之仁是一本質而重要之關
> 鍵。至于復于道德實踐中來消化並安立「自生而言性」之實然層面
> 之性之意義與作用，則更是後來的事。此決非孔子一人所皆能言及
> 者。〔註43〕

連結天道天理之超越面的「性」概念，亦有其傳統來源，但一直要到孔子充
分發揮了「仁」概念之後，才能順利建立起來。所以，創造此一新的屬於超
越面之「性」概念，孔子思想居於一關鍵地位，但完整的創建，則是後繼者
的工作。

　　牟先生進一步以存有之奧密此一觀念，解說了爲何孔子罕言「性」。

> 無論對「性」字作何解析，深或淺，超然或實然（現實），從生（從
> 氣）或從理，其初次呈現之意義總易被人置定爲一客觀之存有，而
> 爲一屬于「存有」之事。凡屬存有，若眞當一客觀問題討論之，總
> 須智測。事物之存有與內容總是複雜、神秘而奧密。何況人、物、
> 天地之性？天命天道是超越的存有，其爲神秘而奧密（不說複雜），
> 自不待言。縱使性字所代表者是比較內在而落實的存有，邵堯夫所
> 謂「性者道之形體」，亦仍然是神秘而奧密。（在此亦不說複雜）。此
> 是屬於康德所謂「物自體」者。至于自生而言性，淺言之，雖可極
> 淺，而若深觀，則氣性才性亦非簡單，此不但神秘而奧密，且亦有
> 無窮之複雜。此是屬于自然生命之事、個性之事。明夫此，則知孔
> 子所以不常正式積極言之，縱或言之，而亦令人有「不可得而聞」
> 之嘆之故矣！因孔子畢竟不是希臘式之哲人。性與天道是客觀的自
> 存潛存，一個聖哲的生命常是不在這裡費其智測的，這也不是智測
> 所能盡者。因此孔子把這方面──存有面──暫時撇開，而另開闢
> 了一面──仁、智、聖。這是從智測而歸于德行，即歸于踐仁行

道，道德的健行。這是從德行盡仁而開闢了精神領域，這似乎是自己所能把握的：「我欲仁，斯仁至矣」，「一日克己復禮，天下歸仁焉。」孔子對仁似乎極有清晰的觀念，亦有極旺盛的興趣。雖對之無定解，無確詁。看似無把柄，然亦可以說任說任通，句句精熟，這是圓音，並非滯辭。他在這裡表現了開朗精誠、清通簡要、溫潤安安、陽剛健行的美德與氣象，總之他表現了「精神」、生命、價值與理想，他表現了道德的莊嚴。〔註44〕

由於「性」之概念內容無論作何解釋，皆乃屬於「存有」之事，於是總歸於奧密而難以清楚說明。孔子的思想重心並不在以理智去測度「存有」的內容，亦即不以理智去測度「性」與「天道」的內容與關係。孔子的思想重心卻是在以德行來實踐自己所體悟到的「天道」內容，亦即是以「仁」來實踐「天道」，而也在這實踐中，「性」之內容也能一一展現。

至於以理智測度與以德行實踐兩者間的關聯，牟先生也詳加闡述。

性與天道是自存潛存，是客觀的、實體性的、第一序的存有，而仁智聖則似乎是凌空的、自我作主地提起來的生命、德性，其初似乎並不能直接地把它置定為客觀的、實體性的、自存潛存的存有，因此它似乎是他自己站起來自己創造出的高一層的價值生命。他的渾淪表現，也沒有定說仁是本體性的心，或是什麼自存潛存的本體性的道，尤其沒有想到這就是我們實體性的性。但在孔子，仁也就是心，也是道，雖然《論語》中並沒有講到「心」字。至于說它就是我們的性，那是孟子的事。所以這是在第一序的存有——客觀的或主觀的——外，凌空開闢出的不著迹的「虛室生白吉祥止止」的居間領域，但這卻是由其自我作主、自己站起來、自己創造出的陽剛天行而有光輝的領域，這是德行上的光輝，價值、生命、精神世界的光輝。人的生命在這裡是光暢的、挺立的。他的心思是向踐仁而表現其德行，不是向「存有」而表現其智測。他沒有以智測入于「存有」之幽，乃是以德行而開出價值之明，開出了眞實生命之光。在這裡也有智，但這智是德行生命的瑩澈與朗照：它接于天，即契合了天的高明；它接于地，即契合了地的深厚；它接于日月，即契合了日月之明；它接于鬼神，即契合了鬼神的吉凶。在德性生命之朗

〔註44〕牟宗三，《心體與性體》（一），頁228～229。

潤（仁）與朗照（智）中，生死晝夜通而爲一，內外物我一體咸寧。
它澈盡了超越的存有與內在的存有之全蘊而使它們不再是自存與潛
存，它們一起彰顯而挺立，朗現而貞定。這一切都不是智測與穿
鑿。故不必言性與天道，而性與天道盡在其中矣。故曰「五十而知
天命」，又曰「下學而上達，知我者其天乎？」又曰：「天何言哉？
四時行焉，百物生焉。」而孟子，便說盡心知性知天，存心養性事
天了。原來存有的奧密是在踐仁盡心中彰顯，不在寡頭的外在的智
測中若隱若顯地微露其端倪。此就是孔、孟立教之弘規，亦就是子
貢所以有「不可得而聞」之歎之故了。〔註45〕

以「仁」德行實踐「天道」展現「性」，表面上看起來，與以理智測度所得之
「性」與「天道」，似乎不相統屬；因前者似乎僅屬於自我主觀的作爲，難以
在層次上等同於後者之客觀性和實體性。但牟先生認爲，孔子在此創造了一
個精神價值的領域，以此精神價值所充實的生命，能夠上接天地日月鬼神，
與之契合。換言之，以「仁」之德行實踐，可以上通「性」與「天道」之內
容，甚至是進一步地展現了這內容；這也就是說，人的自我主觀作爲實際連
接著客觀性和實體性，甚且，客觀性和實體性是憑藉著自我主觀作爲才得以
確定和彰顯。

二、討論

牟宗三先生深知決斷孔子「性」概念內容之困難，關鍵在於對「性相近」
之「相近」兩字的理解方式。一者可以將「相近」直接就字面上理解爲「相
近」，因而孔子之「性」不必爲義理本然之性；另一者可以將「相近」間接依
可能之實指上理解爲「相同」，因而孔子之「性」即爲義理本然之性。固然牟
先生最終所採取的是後者之理解，但仍然承認前者之理解亦非定然爲誤，是
以其立場相對保守許多。

他主張孔子承接了「自生而言性」之傳統觀點，進一步消化超越之，但
孔子所用以超越的方式並非是以理智去思索探究，而是以德行去實踐展現。
此即是孔子「仁」之創造，在孔子，「仁」即是「心」，即是「道」，但尚未必
即是「性」。在這當中，孔子所意謂的「性」無論其內容如何，總屬於存有之
事，自有其存有之奧密，自有其不易簡單說明之困難；孔子之生命表現不在

〔註45〕　牟宗三，《心體與性體》（一），頁 229～230。

智測而在德行，因而罕言之。然而雖無明文可徵，但孔子之「性」至少必含有積極超越之面向。而即使孔子曾有例如上智下愚不移之類屬於氣質之性之言說，若依孟子所言「相近」之用法，則孔子「性相近」之「性」完全可說是屬於義理當然之性。

牟先生相對較爲保守的主張，從文化發展的脈絡來討論孔子的「性」概念，提供了一種具備歷史感的觀點。吾人可從這種歷史發展的觀點中，明瞭孔子「性」概念所居處的關鍵地位。從傳統素樸籠統的「性」概念，發展到孟子明確清晰的「性」概念，兩者之間有著飛躍式的進步，若無發展上的中間環節，很難令人信服這種進步發生的可能性。牟先生的主張正可讓吾人明白，孔子的「性」概念正是兩者間不可或缺的必要環節。

牟先生並且引入「存有之秘密」此一觀點，用來說明爲何對此「性」概念之重要發展內容，孔子竟然極罕言及。此一觀點一方面可以直接解釋孔子爲何事實上暢談「仁」卻罕言「性」，另一方面可以間接解釋子貢爲何發出「不可得而聞也」之嘆。牟先生這裡的說明，遠比一般僅以孔子學問方向不同於希臘哲人，以及子貢學力或有不逮等理由，還要更具有思想史上的說服力。因爲即使孔子學問方向不同，似乎仍然應當對此重大關鍵問題有著清楚的定見；即使子貢學力或有不逮，既已聞知孔子之德行文章，則德行文章所從出之「性與天道」之思之言，又豈會完全不可聞知。牟先生的說明正可解決這些疑惑。

然而，雖在「相近」問題之探討上，牟先生採取與徐先生同一的立場和論證，主張可以利用孟子之「相近」來理解孔子之「相近」，但顯然態度上是十分保守。不像徐先生一樣斬釘截鐵，牟先生採取一種類似設定前提的討論方式，推演或有可能的結論，但並不決絕地拒斥其他可能結論。〔註46〕這也就是說，牟先生這裡的討論方式，類似於設定可以用孟子之「相近」來理解孔子之「相近」，由此來推論孔子之「性」概念內容，但同時仍然保留可能有其他的推論方式。於是，本文前述對徐先生立論的批評討論之一，主張若是以孟子語詞說法來證明孔子語詞說法，在超越一般理解的範圍時，還需要更多佐證來提高說服力，在這裡，便不那麼嚴格構成對牟先生立論的挑

〔註46〕 徐先生《中國人性論史：先秦篇》初版於 1963 年由台中市中央書局出版；牟先生《心體與性體》初版於 1968～1969 年由台北市正中書局出版。二位先生採行同一觀點，徐先生正式發表時間較早，敘述較詳盡，態度較堅決；牟先生正式發表時間較晚，敘述較簡略，態度較保留。

戰。儘管如此，應該仍然是值得提出，以便做為推測其他可能推論方式的基礎之一。

牟先生引入西方「存有之秘密」觀點，雖然可以解答孔子為何暢言「仁」卻罕言「性」之問題，但同時仍然留下一些未解的謎。《論語》中之「天道」固然僅只一見，但孔子卻大量地談論了與「天道」密切相關之「天」、「道」、「命」、「天命」等。如果完全依牟先生的看法，孔子因「存有之秘密」而罕言「性」，那麼，應該同屬「存有之秘密」之「天道」，孔子似乎也會採取同一面對的態度。然而，事實卻是，孔子相當程度地廣泛論及與「天道」密切相關的諸概念。在此問題上，本文認為，還有必要再進行更深入的探究。

第六節　蔡仁厚

一、觀點

蔡仁厚先生對孔子之「性」概念的觀點，雖然大體上承繼牟宗三先生的主張，但在論證細節上的處理，與牟先生仍然有著些許的不同。

蔡先生在《中國哲學史》中，簡明扼要地說明他的論點。先是關於子貢感嘆「不可得而聞也」之問題。

> 孔子既已「言」性與天道，子貢親耳聽到，何以又說「不可得而聞」？可知這個「聞」字乃是「知聞」之聞，不是「聽聞」之聞。蓋夫子雖已言之，門弟子也聽聞了，但卻不知曉性與天道的義旨，故曰「不可得而聞」。〔註47〕

由子貢感嘆之語中乃是說「孔子之『言』性與天道」，可推得子貢說「不可得而聞也」之「聞」必非「聽聞」，而當該是「知聞」。此一「知聞」的對象是「性與天道」之義旨，子貢之所以會感到難以知聞，實有深故。

> 「性」與「天道」，皆是客觀的自存潛存：(1)天道是超越的存有，(2)性是內在的存有。「天道」是總起來說，是天地萬物之所以成其為天地萬物的最高根據。「性」是散開就個體說，是個體之所以成其為個體的最後根據。「性」與「天道」二者的內容意義是一，但概念使用的分際有不同。從體證體現上說，二者皆在仁的朗潤與智的覺

〔註47〕蔡仁厚，《中國哲學史》（上），頁61。

照中，亦即皆在生命的體證中，而得以彰顯挺立而貞定。故對存有方面，只能證知契會，而不可穿鑿智測。子貢所謂不可得而聞，實亦此故。〔註48〕

因爲「性」與「天道」是內容意義相同的兩個概念，皆指稱存有本身。唯「性」是指稱存在於個體內在之存有，而「天道」是指稱超越個體普遍之存有。對存有本身固是難以用理智測度，只可在體現中證知。「知聞」之難，原在於此。

在《孔孟荀哲學》中，蔡先生則有著詳盡的論述。首先針對「性相近」此一困難問題進行深入剖析。

從辭語的含意看，「相近」和「相同」自有差別，但古人用辭語未必這樣嚴格。《孟子》告子篇牛山之木章有云：「其日夜之所息，平旦之氣，其好惡與人相近也者幾希。」朱注解此句云：「好惡與人相近，言得人心之同然也。」意思是說，發於良心的好惡（好善惡惡）與人相同。朱子正是以「相同」解釋「相近」。然則，孔子所謂「性相近」的相近，和孟子所說的相近，意思應該是一樣的。如此，便不能說「性相近」之性是氣質之性，而應該是人人皆同的義理之性。（朱注所謂「兼」氣質而言之，亦表示他已感覺到直接解爲氣質之性，未盡妥當。）而且，從子貢「夫子之言性與天道」這句話，亦可以看出在孔子的心目中，「性」與「天道」的關係是非常密切的。若依伊川之說，講成氣質之性，則性與天道便不可能拉上關係。衡之以孔子的思想，以及從論語相關的言論來看，把「性相近」的性說爲氣質之性，是很成問題的。〔註49〕

依蔡先生之意，「相近」固然不同於「相同」，「性相近」之「相近」直接以「相近」來解釋，才有可能將孔子之「性」理解爲氣質之性；若是按朱熹注解《孟子·告子·牛山之木》章句裡「相近」一詞之用法，則孔子所說「相近」之用法也應是「相同」，那麼，「性相近」之「性」便應該是義理之性。朱熹在「性相近」之注解中，也透露著不可完全理解爲氣質之性的意思。其次，「性」與「天道」既有密切關係，以氣質之性理解孔子之「性」便會使兩者產生理解上的矛盾困難。

〔註48〕蔡仁厚，《中國哲學史》（上），頁61。
〔註49〕蔡仁厚，《孔孟荀哲學》（臺北市：臺灣學生書局，1984年），頁105。

接著對子貢所說的話加以探究，從「聞」之一字可以推得深意。

> 子貢說「夫子之文章，可得而聞」。文章，是成文而昭彰的東西，亦
> 即孔子稱堯帝「煥乎其有文章」的文章。這是指一個人在人格德業
> 上的光輝成就，所以「可得而聞」。「聞」不是狹義的耳聞之聞，而
> 是見聞、知聞之意。因為成文而昭彰於外的東西，不能說只限於耳
> 聞，亦應該是目之所見、心之所知。下句「夫子之言性與天道，不
> 可得而聞」的「聞」字，更不是耳聞之聞，亦不是見聞之聞。蓋「性
> 與天道」不是耳聞目見的對象，所以必然是「知聞」之意。〔註50〕

子貢所說「聞」的對象包括「夫子之文章」與「夫子之言性與天道」，這兩者
的內容都不是狹義的耳聞所能完整涵蓋。分別言之，對「夫子之文章」至少
應是較廣義的見聞，而對「夫子之言性與天道」則應是更廣義的知聞。孔子
對「性與天道」必有一定見，也從這裡可以看出。

> 且不論先秦古籍多有孔子論及性命天道之言，即以論語一書為據，
> 孔子不但說過「性相近」，子貢亦說：夫子之言性與天道。一個
> 「言」字明顯地擺在那裡，如何能說「性與天道」是夫子之所「不
> 言」？〔註51〕

《論語》記載孔子曾說「性相近」，其他先秦古籍也多有記錄孔子關於性命天
道之語，此處子貢亦說「夫子之『言』性與天道」，可見孔子在這主題上是有
一定的論述。於是從這裡再反推回去，子貢所說「聞」之涵義清晰可見。

> 上文說過，這個聞字不是耳聞之意。否則，孔子既已「言」矣，子
> 貢既非聾子，何以充耳「不聞」？可見這個「聞」字，必是「知聞」
> 之意。意思是說，子貢對於孔子所講的性與天道，聞之而不能知之，
> 無法深切了解。〔註52〕

此處之「聞」只能是見聞知聞，而不能是耳聞，否則便與子貢自己所說「夫
子之『言』」產生自相矛盾了。

既然孔子應當對性命天道這主題有著定見，也曾有所言說，為何優秀如
子貢仍然耳聽卻無法知聞？原因在於孔子證成性命天道的方式。

> 性與天道，都是客觀的自存潛存，天道是超越的存有，性是內在的

〔註50〕 蔡仁厚，《孔孟荀哲學》，頁 106～107。
〔註51〕 蔡仁厚，《孔孟荀哲學》，頁 107。
〔註52〕 蔡仁厚，《孔孟荀哲學》，頁 107～108。

存有。而孔子並不同於希臘式的哲人，他並沒有對這客觀的自存潛存費其智測（這亦本非智測所能盡），而是把這存有面暫且撇開，而開闢了另一面——仁智聖；這是從「智測」而轉到「德行」。孔子的心思，不是向「存有」以表現智測，而是向「踐仁」以表現德行。他沒有以智測入於「幽」，而是以德行開出價值之「明」、開出其生命之光。這裡當然有智，但卻不是智測，而是德性生命的瑩徹與朗照：它上達於天即契合了天的高明，它下接於地即契合了地的博厚，它接於日月即契合了日月的光明，它接於四時即契合了四時之生長收成，它接於鬼神即契合了鬼神之感應吉凶。在德性生命的朗照（智）與朗潤（仁）之中，他徹通了物我內外與生死晝夜，徹盡了超越的存有（天道）與內在的存有（性），使它們一起彰顯而挺立、朗現而貞定。這一切都不是智測與穿鑿，所以不必多在言詞中講說性與天道，而性與天道盡在其中（在生命的契會與證知中）。但這是孔子在聖證中所達到的，局外人如何能從言詞中加以領會？子貢所以有「夫子之言性與天道，不可得而聞」之歎，這才是最深最真實的原故。〔註53〕

孔子以自身德行之表現來徹底連通性與天道，並徹底實踐性與天道，而非以理智測度來解說性與天道。孔子之德行主要面向在仁與智，而德行理想直指聖人。這一種證成性與天道的方式完成於生命之中，即使發為言說，也非他人所能夠完全理解體會。

　　蔡先生進一步闡述孔子徹底連通性與天道之方式，以及徹底實踐性與天道之內容。在此的理解可以從孔子對天命之敬畏做為起點。

至於孔子的超越感，則可以通過君子三畏中的「畏天命」來了解。畏、不是畏懼，而是敬畏。敬畏與虔敬或虔誠，都是依於宗教意識而顯發出來的心情，是表示對超越者的皈依。所謂「超越者」，在西方，是宗教中的上帝；在中國儒家，則是天命或天道。「天道」是一個意涵無限豐富而深邃的觀念。上古時代如詩書典籍中的「帝、天帝、上帝」這些含有人格神意味的觀念，在「宗教人文化」的演進中，已轉化而為形上實體，這就是天命、天道。又由於天命天道下貫而為人之性，這個形上實體更由超越而內在化，而成為人的心

性本體了。所以，我們可以這樣說。天道的外在化，是「人格神」
——上帝、神、天主、梵天、阿拉等皆是。天道的內在化，則是「自
由無限心」——儒家的仁、性、本心、良知，道家的道心，佛教的
如來藏自性清淨心，皆是。〔註54〕

孔子敬畏天命，即是一種對超越者的皈依。此超越者在儒家即是天命天道。
天命天道是形上實體，由天帝上帝等外在於人之人格神觀念轉化而來。天命
天道再進一步內在化於人之中，即下貫為人性。在儒家，此超越者之內在
化，就由仁、性、本心、良知等概念來表示。

　　此一人格神、形上實體、人性三者之間的關係，在孔子並非是單純由理
性智識能力推論得來，而是由身心實踐下所獲取的體悟。

很顯然的，孔子對於傳統的性命天道的思路是念念不忘的。我們可
以這樣推想，在孔子談論「仁智聖」的時候，他內心必已具有一種
超越企向，或者說一種內在的超越鼓舞。這企向與鼓舞，就是他
對天道天命的契悟與虔敬。孔子以仁為宗，既有「仁」這個內在的
根以遙契天道，則性命天道相貫通便有真實的根據，而我們講性與
天道亦就不至於只是掛空的講論了。因此，孔子所說的「仁」，又
可說是天命天道的一個印證。儒家對天命天道的了解與講論，雖然
走向形上實體這一路，但從孔子對天的呼應與敬畏，可以看出他
的生命與超越者的遙契關係，實比較近乎宗教意識。孔子所說的
「天」亦比較保存了人格神的意味。他所契悟的天道，實有二方面
的意義：

(1) 從「情」方面說，天道有類於人格神。孔子所謂「天生德於予」，
「天之未喪斯文」，「天喪予」，「吾誰欺，欺天乎」，「獲罪於天，
無所禱也」，「知我者其天乎」，都顯示人格神的意味。

(2) 從「理」方面說，天道即是形上實體。孔子所謂「天何言哉？
四時行焉，百物生焉，天何言哉？」在此，天即是「於穆不已」
的生生之道（創生實體）。〔註55〕

孔子對天命天道的敬畏，除了根源於對天命天道的內容與作用之理解外，也
根源於他內在實踐天命天道的內容所體悟之仁。於是在孔子，仁便是天命天

〔註54〕 蔡仁厚，《孔孟荀哲學》，頁112～113。
〔註55〕 蔡仁厚，《孔孟荀哲學》，頁113。

道的印證。性命與天道之間，就可以在這個印證的基礎上貫通起來。而由於孔子敬畏天命天道實際具有人格神意味的宗教意識，孔子所印證的天命天道便具備從「情」看和從「理」看兩方面的意義；前者類似人格神，後者即是生生不已之形上實體。

這兩方面的意義在性命天道相貫通上，也就分別展開兩種不同的貫通方式和內容。

> 對人格神意義的天道，孔子所表露的，是一種含有敬畏與虔敬意味的呼應之情，這是「超越的遙契」；在這一方面，比較顯示莊嚴肅穆的宗教之意味。而對於形上實體的天道，則可通過「天何言哉」「予欲無言」一章所顯示的「以身示道、以天自況」來了解，加上孔子踐仁知天，以仁印證天道，可知這一面是屬於「內在的遙契」；內在的遙契所顯示的則是親切明朗的哲學意味。不過，在孔子，這只是一種意示，而沒有多加講論；發展到中庸，便充分地透顯出來了。超越的遙契，著重客體性（天命、天道）；內在的遙契，則重主體性（仁、性、誠）。由著重客體性過渡到重主體性，是「人」與「天」和合喻解的一步大轉進。經過這一步轉進，主體性與客體性乃取得了一個真實的統一（性命天道相貫通、道德與宗教通而為一）。孔子所證現的「天人合德」的人格型範，便是最典型的代表。〔註56〕

人格神意義之天命天道，自人的角度來說貫通，是「超越的遙契」；形上實體意義之天命天道，自人的角度來說貫通，是「內在的遙契」。前者之發展著重客體性，後者之發展著重主體性。而由著重客體性過渡到著重主體性，即是孔子天人合德體證所表現的思想進步，亦是主體性和客體性兩者真實的統一。

二、討論

蔡仁厚先生以略有不同於牟先生之論證方式，重新匯整縷述了牟先生的主要觀點。因而可以說蔡先生是在牟先生的成就基礎上，以有所增修的推論過程證成牟先生的觀點。從這個角度看，蔡先生的工作成就，乃是在於從論證的過程補充、修正了牟先生的思想理論。

〔註56〕蔡仁厚，《孔孟荀哲學》，頁113～114。

　　蔡先生承接牟先生對「性相近」的看法，仍是以相對較爲保守的立場，主張朱熹注解《孟子·告子·牛山之木》中之「相近」，應當即是與孔子「相近」同一用法，亦即是「相同」。蔡先生並特別指出朱熹在「性相近」章句下之注解，所說實爲『『兼』氣質而言之』，可見朱子亦不完全肯定孔子此處之「性」所指乃只是氣質之性，亦可由此反推將孔子之「相近」直解爲「相近」顯有不合之處。

　　蔡先生對子貢所說「聞」字進行了深入分析，區分出三個層次，即耳聞、見聞、知聞。如此子貢所說的兩個「聞」字，便可以這三個層次的意涵來恰當地理解。耳聞是兩個「聞」字之意義基礎，而同時也都擴及見聞和知聞。但第一個「聞」之對象是孔子人格德業上之光輝成就，所以「可得而聞」；第二個「聞」之對象是孔子關於「性」與「天道」之講論，所以「不可得而聞」。這裡再配合上由牟先生所提示「存有之秘密」而開展關於孔子以生命體驗證知天道之論述，於是子貢所說的話便獲得合理並完全相應於文本的解釋。

　　至於對孔子「天道」的理解上，蔡先生以「宗教人文化」之概念加以詮釋。主張孔子所理解之「天道」包含情與理兩方面意義，前者是人格神，後者是形上實體。孔子並以自身「仁」之體證，完成了從敬畏人格神轉移到證知形上實體，從著重客體性轉移到著重主體性，從超越的遙契轉移到內在的遙契。此一詮釋兼顧文化思想發展歷史的環境條件與人才創造力，清晰呈現孔子天道觀在文化史上承先啓後之重要地位。

　　在此蔡先生之增修論證處理下，由牟先生所率先建立之觀點已更形完備。本文上述對牟先生立論觀點之討論，所提出的兩個有待進一步解答之疑問，似乎重要性又更顯得減輕。然而若是再度仔細分析，卻能令吾人有更多的發現。

　　第一個疑問，以孟子的說法印證孔子的說法還需要更多的佐證。蔡先生特別指出朱熹之注解是『『兼』氣質而言之』，從正面看，表示了朱熹本身也意識到將孔子「性」概念全然理解爲氣質之性有所不妥，所以用了「兼」字。因此要以義理之性來理解孔子之「性」才是正解，故而「相近」不能只是「相近」。然而，此處實亦可以從反面來看，可以認爲朱熹看待孔子之「性」其實包含義理之性與氣質之性兩個面向，所以他才用了「兼」字，其意可能是孔子之「性」兼含人人相同之義理之性和人人不同之氣質之性，也

才把「相近」僅只直解爲「相近」。若是如此，這裡的第一個疑問，就還有繼續討論的空間。

　　第二個疑問，爲何孔子少言「性」卻多言「天道」等概念還需要更多的說明。牟先生引入「存有之秘密」以合理解釋爲何孔子鮮少談及「性」概念，但卻留下一個開放的問題。即爲何應該同屬「存有之秘密」之天道、天命、天、道、命等等概念，孔子卻相對大量地多所談論。蔡先生並不直接提及「存有之秘密」，改以「聞」字的三層分析切入，論述孔子以體悟證知天道之進路。再配合「宗教人文化」概念，將孔子的天道觀融入文化思想發展的歷史脈絡之中。如此，自然可以避開了回答這裡第二個疑問之急迫需求。然而，關於孔子爲何對「性」與對「天道」等概念之處置態度不同，仍然還沒有獲得妥善的解答。若從要求論證完備性方面來思考，此處第二個疑問之討論，不能不說依然具有相當的價值。

第肆章　孔子之性之關鍵問題

　　傳統與現代既有的經典理論，之所以還不能完全令人滿意地解答孔子「性」概念問題，重要原因之一或許是其中必要解答之問題還沒有被充分探究。本文以下將嘗試重建探索孔子「性」概念內容所必須回答之關鍵問題，進而以這些關鍵問題爲目標，重新個別討論傳統與現代經典理論之解答效力。

第一節　關鍵問題之重建

　　孔子之「性」字詞概念在《論語》書中僅只兩見，一由孔子親自說出，另一則由弟子子貢提及。數量雖絕少，但對吾人試圖深入瞭解孔子關於「性」之思想內容而言，其重要性卻絕高。其理由，第一，這兩章中之一是出自孔子之口，並且內容直接描述了「性」概念之某種面向至某種程度。第二，兩章中之另一出自孔子最優秀的弟子之一子貢之口，而內容是關於他對孔子「性」概念之某種面向之某種態度。

　　於是，既有此兩章句在《論語》中直接使用「性」字，並且內容直接指涉孔子之「性」概念，那麼，當吾人想要研究孔子思想系統中「性」概念的內容時，不從這兩章句的探討出發，不以這兩章句的解釋做爲必要的研究基礎，就將缺乏現代學術意義上的哲學價值。

　　爲便於討論，再將這兩章句原文臚列於此：

　　　1、《論語・陽貨第十七》：子曰，性相近也，習相遠也。〔註1〕

〔註 1〕　〔宋〕朱熹集注，《四書集注・論語集注》，頁 400。

2、《論語・公冶長第五》：子貢曰，夫子之文章，可得而聞也。夫
子之言性與天道，不可得而聞也。〔註2〕

這兩章句內容雖簡短，並且表面上看起來也容易解釋，但是只要稍微進一步深入探討後，就會發現其中隱含著極難妥善回答的問題。

首先，第1章句中至少包含兩項有待解決之關鍵問題：一、孔子對「性」與「習」兩種事物，分別說「相近也」「相遠也」之實指意義為何？二、孔子在此同時談及「性」與「習」，兩者之間的關係如何？

前者的疑問在於：乍看之下，「性」與「習」似乎分屬不同範疇，孔子在表面上似乎是說人與人之間之「性」彼此互相近似，而「習」則差距甚遠，然其深意卻不易確當理解。進一步言，如果人之「性」只是近似，則表示其中或多或少有所不同，那麼這將引發一連串關於詮釋孔子「性」概念之爭議。後者的疑問在於：孔子如何思考「性」與「習」之間的特殊關係。

其次，第2章句中也至少包含兩項有待解決之關鍵問題：三、為何子貢既已明說「夫子之『言』性與天道」，卻仍然表示「不可得而聞也」？四、子貢在此提到「夫子之文章」與「夫子之言性與天道」，兩者之間的關係又是如何？

前者的疑問在於：子貢在表面上似乎是說孔子所講關於性與天道之話語，不被人所聽聞，或至少是他沒聽聞。子貢這種說法實在十分矛盾。後者的疑問在於：子貢同時提到關於孔子的兩件事，其間所具有的特殊關係。

這四項關鍵問題各自涉及從《論語》文獻探討孔子「性」概念之核心議題之一，又同時彼此互相關連，環環相扣，並可能在探討中引發進一步的問題。按照學術研究上的理想，一個完美的理論觀點應該要能針對上述諸關鍵問題及所衍生之其他問題，提出合理而徹底的解答，才能被視為是充分建立起堅實基礎以說明孔子「性」概念內容。凡是面對上述諸多問題而不能有效解決之理論，總不免留下或多或少的缺漏，而可能被反對者所指摘。根據本文所設定的討論範圍，以下將分別重新檢視朱熹、徐復觀、唐君毅、牟宗三、蔡仁厚等諸位先生之理論觀點，討論其解答上述諸多問題之徹底程度。

〔註2〕 〔宋〕朱熹集注，《四書集注・論語集注》，頁187。

第二節　朱熹

一、觀點回顧

　　朱熹和二程認爲孔子所說「性相近也」之「性」並非直指義理之性，其中二程認爲純然只是指氣質之性，朱熹則認爲是兼指氣質之性。而因爲人人氣質之性原本即已有所差異，隨著慣習於或善或惡，差距更是日漸遙遠。至於子貢所說話語，乃是歡賞讚美孔子關於「性」與「天道」之言論。由於孔子之德行文章日常表現於外，所以易於聞知；但孔子罕言高深的「性」與「天道」之理，因此難以聞知。

二、關鍵問題之探討

　　面對前述探討孔子「性」概念內容時，有待解決的四項關鍵問題，朱熹和二程的觀點顯然有著許多不盡理想之處。第一項關鍵問題：孔子對「性」與「習」兩種事物，分別說「相近也」「相遠也」之實指意義爲何？朱熹和二程主張孔子「性」概念內容包含義理之性與氣質之性兩者，以此內容來解釋孔子所說，「人性互相近似」即是由於氣質之性在人之間有著差異，「慣習之差距遙遠」即是由於氣質之性原本差距仍微，但是可因日後慣習之不同而日漸擴大。朱熹和二程的解釋引入了明顯並非孔子所曾表達之觀念，只爲合理地解釋孔子的話意，卻又缺乏其他堅強的證據。並且，朱熹在「近」與「遠」的對照上，分別歸屬純粹價值判斷與道德判斷，造成孔子語意之跳躍。於此第一項關鍵問題，他們無法妥善回答！

　　第二項關鍵問題：孔子在此同時談及「性」與「習」，兩者之間的關係如何？朱熹所引二程之語，對此問題並無表示。朱熹則認爲從「相近」到「相遠」是一連續之發展過程，從原初兼含氣質之性而「相近」之「性」，連續發展到慣習於善惡後而「相遠」之「習」。那麼，對他而言，「性」與「習」之關係是一種原初狀態與後續狀態之關係。這樣一來，孔子之「性」概念便包含原初狀態和可能的後續狀態，這將使得孔子之「性」概念飄蕩游移在善惡之間。若是朱熹的觀點進一步主張孔子「性」概念的善惡問題與此處氣質之性無關，也就是說與此處解釋孔子這一章句所說內容無關，那麼，在缺乏其他證據支持下，這便是一種拒斥理性討論的獨斷。於此第二項關鍵問題，朱熹的回答將會引發更複雜麻煩的問題！

　　第三項關鍵問題：為何子貢既已明說「夫子之『言』性與天道」，卻仍表示「不可得而聞也」？朱熹和二程都主張這是子貢對孔子極至之論的讚歎之辭。但在朱熹的解釋裡，以及對朱熹所引二程注語的推論中，都可以發現他們理解此章孔子之「性」概念，與理解「性相近也」一章中的孔子「性」概念，內容並不一致。於此第三項關鍵問題，他們的回答導致了自身觀點之矛盾！

　　第四項關鍵問題：子貢在此提到「夫子之文章」與「夫子之言性與天道」，兩者之間的關係如何？朱熹和二程都認為「夫子之言性與天道」乃是孔子極至之論，而朱熹則也解釋了「夫子之文章」乃是孔子發乎於外之道德言行。但關於兩者之間的關係，他們都缺少進一步深入地說明。於此第四項關鍵問題，他們沒有充分地回答！

第三節　徐復觀

一、觀點回顧

　　徐復觀先生認為春秋時代之「性」字，已經從「生」「欲望」等固有意義衍生出「本質」之意義。他主張藉由孟子「其好惡與人相近也幾希」一語中「相近」之用法來解讀孔子「性相近也」一語之意義。其所依據的是朱熹對《孟子》的注語，而認為「性相近也」應該理解成「性相同」。他並且按此理解，批評了朱熹解釋「性相近也」一語之錯誤；因為朱注明言氣質之性固有美惡之不同，如此便不能合理說明為何孔子說「人性相同」。他進一步援引孔子在其他章句中之話語，配合解釋子貢所說孔子曾經同時談論「性」與「天道」，主張孔子從自我修學當中體認證知了「性」與「天道」之緊密關連，來論證孔子之「性」乃屬善，而善的究極即是「仁」，於是「性」便等同於「仁」。

二、關鍵問題之探討

　　關於徐先生觀點論證之缺失，已於本文上一章討論之。而對於有待解決之四項關鍵問題，他的論點也不能完整地回答。第一項關鍵問題：孔子對「性」與「習」兩種事物，分別說「相近也」「相遠也」之實指意義為何？徐

先生依據朱熹注解《孟子》之語，而主張孔子說「相近」實乃「相同」之意。但此一論證如本文上一章所述，有著孟子和朱熹之意未必定然如此、年代差距過遠、以及印證前後順序不妥等三項可疑，其證據力還嫌有所不足。關於「習相遠也」一語，雖然徐復觀並沒有深入說明，但由其對「性相近也」之解釋可以進一步推論，他應當是認爲「習相遠也」即是相對地指「人之習不相同」。由此，便可能再形成一個針對他觀點的質疑。

乍見之下，既然「相近」已經可以理解爲「相同」，那麼，把對照的「相遠」理解爲「不同」似乎也可以順理成章。但，究其實，兩者並不能有必然之邏輯關係，也並不是可以那麼輕易地說明其意義。其一，「相近」與「相遠」之對照乃是相對的對照，而「相同」與「不同」之對照乃是絕對的對照。「相同」與「不同」是完全矛盾而不可並立的概念，但「相近」與「相遠」則未必然矛盾而不可並立。兩件事物或相同或不同這類判斷，只涉及到人對這兩件事物本身之認識和比較；但兩件事物或相近或相遠這類判斷，則另外還要涉及人對某一衡量標準之認識和參照。只有在參照了某一衡量標準的情況下，說兩件事物或相近或相遠才會有意義；亦即是說，若僅只認識到兩件事物間的距離，而無關乎其他衡量標準，則這個距離本身是中性的，無所謂近或遠可言。所以，即使「相近」可以依朱注《孟子》理解爲「相同」，而「相遠」是否有相關的證據可以憑藉來理解爲「不同」，則還是一個有待討論的問題。自然，若是將「相近」和「相遠」視爲一個詞組，將「相同」和「不同」視爲另一個詞組，似乎可以說孔子在此處是暫時將兩個詞組轉借使用。但這兩個詞組，一是相對的對照，另一是絕對的對照，其間的差異相當明顯，這樣的轉借很容易引起質疑和誤解，孔子未必會如此欠缺周詳考慮地就輕易說出。又再者，即使孔子確實是使用了轉借的詞組，也很有可能是想表達「相同」和「略同」、或者「相同」和「相似」、或者「相同」和「相異」等等不那麼絕對的對照詞組，解讀起來至少比「相同」和「不同」此一詞組還更自然些。而這些不同詞組所產生解釋孔子原意的結論，都將各個有別。

其二，即使在此同意將「相近」理解爲「相同」，並同時同意此處孔子是暫時將相對的對照詞組轉借爲絕對的對照詞組來使用，這其中依舊存在著令人難以釋然的疑惑。如果在此同意孔子說「性相近也」是指「人之性相同」，而說「習相遠也」是指「人之習不同」；那麼，固然前半句「人之性相同」之意可以容易理解爲「人人之本性皆相同」，但後半句之理解卻又會陷入困境。

「人之習不同」看似當該相應地理解爲「人人之慣習皆不同」，但其意究竟是「人人之慣習毫無相同之處」或者是「人人之慣習有著不同之處」？兩種不同的理解，將產生對孔子這部分的理論觀點不同的詮釋方向。或許依照一般人情世故之認識，要說「人人之慣習毫無相同之處」似乎是比較偏離普通常識，但若依嚴謹的學術態度來說，實在無法完全確定孔子在這部分的理論觀點不是正好要破除迷誤的普通常識，尤其若是還能找到其他佐證時。

而若依照一般人情世故之認識，似乎「人人之慣習有著不同之處」才比較合乎普通常識，但僅只如此解釋也還未盡妥當。儘管在普通常識裡，人人之慣習是或多或少有著相同之處，所以「人人之慣習毫無相同之處」此一解釋才會被認爲是偏離常識。但似乎也沒有任何理由可以支持，人世間絕不會有任何兩個人之慣習完全相同，以及，人世間絕不會有任何兩個人之慣習完全不同。甚至，當此時正是運用一般觀察之普通常識來思考，世上頗有兩人之慣習徹底相同或不同，完全是合乎常識之可能結論。這一種可能性，應當是孔子在全面思考人之慣習此問題時，所會想到而考慮在內的情況。那麼，以不偏離常識來理解孔子對此問題之思考，其圓滿意義之表達就應該是「人人之慣習可能有著不同之處」。然而這樣一來，這將在意義上不等同於「人人之慣習皆不同」，也就是不等同於「人之習不同」。可是畢竟孔子是說了「習相遠也」，如果將之理解爲「人之習不同」，則無論從哪一個角度來進一步解釋，都將難以圓滿呈現孔子之思考。綜上所述，於此第一項關鍵問題，徐先生之論點並無妥善地回答。

第二項關鍵問題：孔子在此同時談及「性」與「習」，兩者之間的關係如何？徐先生對這一章句的論點並沒有說明「習」之內容，但他說「性」是「就性的本身而言，總指的是生而即有的東西」〔註3〕也許可以由此推論，他會把「習」看成是「非生而即有的東西」。但「性」與「習」兩者之間的關係，則付之闕如。於此第二項關鍵問題，徐先生之論點沒有回答。

第三項關鍵問題：爲何子貢既已明說「夫子之『言』性與天道」，卻仍表示「不可得而聞也」？如同在本文上一章中所述，徐先生認爲子貢說這句話或者是針對其他弟子，或者是針對自己，總是表示無法體認證知孔子所說內容之境界。如此固然可以順利地解釋子貢在此章句所說後半段的語旨，但卻可能衍生解釋前半段語旨的困難。子貢在前半段說「夫子之文章，『可得而聞

〔註3〕 徐復觀，《中國人性論史：先秦篇》，頁77～78。

也』。」若依徐先生的觀點，這應該相對地理解為「可以體認證知」孔子之道德文章，而且對象或者是針對其他弟子，或者是針對自己。不論對象是誰，都是一種極度甚至過度自信的表示，因而也將令人懷疑子貢原意是否真的如此。於此第三項關鍵問題，徐先生之論點會引發進一步難解的問題。

　　第四項關鍵問題：子貢在此提到「夫子之文章」與「夫子之言性與天道」，兩者之間的關係如何？徐先生說「文章」是「人格上的光輝成就」，而「夫子之言性與天道」是孔子在自己血氣心知的具體性質裡，證驗到道德的超經驗性，此即是天命、天道，亦即是具有先天性和無限地超越性之仁。他雖然沒有完整地說明兩者之間的關係內容，但從其論述中已經可以發現，他的觀點能夠適當地把這兩者連接起來。然而，如同在本文上一章中所述，徐先生主張從這裡再參照《論語》中的其他章句，可以推論孔子之「性」即是仁，但他的論點還有著必須進一步解決之諸多困難。於此第四項關鍵問題，徐先生之論點還不能充分回答。

第四節　唐君毅

一、觀點回顧

　　唐君毅先生主張孔子說「性相近」之「相近」便就應直解為「相近」，並以「性相近」與「習相遠」對舉之重點乃在後者。他認為孔子之意乃是以人性相近之事實來襯托立志學習之重要性；由於人性乃能生長變化，具無限之可能，所以日後學習成就人人因立志不同而相距遙遠。而也因為孔子重視強調立志向學，相對較為輕忽言說論理，所以子貢能聞孔子之文章禮樂，而不能聞孔子關於天命與人性之言論。他又曾將孔子之「天命」與「天道」判為二名，主張孔子敬畏無論天道將行或將廢之天命，乃是基於義命合一之思想。以兩階段之「義」概念，說明天命之所在，無論其內容如何，即是孔子之義之所在。

二、關鍵問題之探討

　　關於唐先生觀點論證之不足，已於本文上一章討論之。而對於有待解決之四項關鍵問題，他的論點也不能完整地回答。第一項關鍵問題：孔子對

「性」與「習」兩種事物，分別說「相近也」「相遠也」之實指意義為何？唐先生的論點如本文上一章所述，由於主張孔子「性」概念乃是繼承自古老的文化傳統，而其內容是指一種自然生命能夠生長變化之可能性，相對於一般所認識之古老文化傳統，委實太過玄奧，難免令人生疑。此外，由這一主張所直接解釋之「相近也」即是指此可能性之相近，但如此說可能性相近即等同於說可能性有著差異，亦即等於說孔子認為人與人之本性有所不同。這將在缺乏積極證據下，違反自來所認識孔子對人性之主張。於此第一項關鍵問題，唐先生之論點難以妥善地回答。

第二項關鍵問題：孔子在此同時談及「性」與「習」，兩者之間的關係如何？唐先生解釋「習」為學習，擴言之為所志所學。他認為孔子在此表示了人性可為各種不同形態志向學習成就之根據，因此孔子之「性」具有無定限生長變化之可能。由此看來，唐先生是將孔子「性」與「習」視為一連續發展過程之不同階段，並且「習」之成就實即「性」之發展結果。這也就是說，他認為孔子之「習」是實踐了「性」所具有無定限生長變化之可能性。這其中固然因為人之所志所學不同，而造成其後之學習成果不同，相距遙遠；但既說「性」是「習」之根據，恐怕「習」之結果不能不可謂為或直接或間接導源於「性」。那麼，假使有人「習」後之結果為惡，豈非也是或直接或間接導源於「性」！如此一來，依照唐先生的主張進一步推論，孔子之「性」將極難避免成為惡之來源。於此第二項關鍵問題，唐先生之論點將會產生進一步的重大困難。

第三項關鍵問題：為何子貢既已明說「夫子之『言』性與天道」，卻仍表示「不可得而聞也」？如本文上一章所引述，唐先生主張孔子乃以學以教貫通天命與人性，而非以言以理貫通；而以學以教貫通，其表現唯在文章禮樂，所以子貢才無此言可聞。此一觀點表面看來入情入理，亦大約可歸為主張孔子重實踐而輕理論，所以少言甚或不言人性與天道之關係。但當針對子貢之語進一步分析後，此一類觀點就顯現出不夠周延之處。子貢清楚講出「夫子之『言』性與天道」，若非要說孔子實際上少言甚或不言人性與天道之關係，豈不是相對地認為子貢說話甚不嚴謹，累贅拖沓，乃至浮詞誇飾。再者，「不可得而聞也」與「可得而聞也」明白相對，綜觀子貢之語全句，其說話重點顯然在於後半段，亦即乃在以孔子可得而聞之文章，來對比強調孔子不可得而聞之言性與天道。設若孔子實際上少言或不言性與天道，子貢此話的重點

豈不全然落空。

　　另外，此一類觀點大約認為孔子重實踐而輕理論，所以自然常有不及言談之處。然而，孔子對德行之要求亦是十分重視其實踐，但卻並未因此而鮮少談論，如仁、孝、忠等等。至於如天命、命、道、天道等，更常見其或直接或間接言及。所以，此一類觀點實在還不具有充分的說服力。於此第三項關鍵問題，唐先生之論點難以面對進一步的探究。

　　第四項關鍵問題：子貢在此提到「夫子之文章」與「夫子之言性與天道」，兩者之間的關係如何？唐先生對此問題的看法，認為兩者皆指貫通天命與人性的方式；前者是以學以教貫通所表現之文章禮樂，後者則是以言以理貫通。這也就是說，「夫子之文章」是指實踐天命與人性關係之外顯表現，「夫子之言性與天道」則是指闡述天命與人性關係之言論。那麼，依唐先生的意思，「夫子之文章」與「夫子之言性與天道」之間便就是實踐與理論之關係。

　　然而，又如上一章所述，他也曾把孔子之「天命」與「天道」判斷為兩組不同概念，並且主張「義命合一」之旨，於是將不可避免地限縮了孔子「性」概念的內涵。這種限縮一方面是由於將「天道」明白排除掉「天命」，以致於「性」的概念內容相應地減少與「天命」可能相關的部分；另方面是由於作為「性」概念重要內容之一的「義」德行，在此被劃分為兩個發展階段，並以與「天命」相契合的第二階段為重，以致於「性」的概念內容相應地更減少與「天道」之關連。

　　從這裡的限縮來看，在唐先生的觀點下，孔子之「性」除了與「天道」有所關連，還另外也與「天命」有著密切關連。但子貢在此重要的言論中，卻只提及「天道」而未及「天命」。如此，依照唐先生的看法，子貢之語所表示的是孔子貫通天命與人性之實踐與理論關係，但卻在理論之處僅提及一部分而非全部。那麼，若不是子貢之語有所遺漏，便是唐先生的看法有著缺失。在還沒有更堅強的證據之前，恐怕後者的機會是更大一些。於此第四項關鍵問題，唐先生之論點引出了可能的矛盾。

第五節　牟宗三

一、觀點回顧

　　牟宗三先生設定依據孟子「其好惡與人相近也者幾希」之句意，以「相

同」來解釋「相近」，因此孔子「性相近」一語之意即等同於「性相同」，於是其中之「性」可知全然屬於義理之性。他主張孔子上承「生之謂性」之老傳統，此乃屬於自然生命實然層面之意義；孔子一生消化超越傳統之「性」概念，努力開展出「性」之積極超越面意義。其消化超越此屬自然生命實然層面意義之方式，乃以「仁」之德行實踐而非以理智測度之。由於這絕非一人一時所能消化完盡，再加上無論實然面或超越面，皆如西方哲學家所說「存有之秘密」奧妙難解，因而孔子甚少談及「性」之各層面或「性與天道」此積極超越面之意義，此所以子貢會說「不可得而聞也」了。

二、關鍵問題之探討

牟先生具有歷史感並引入合用的西方哲學觀念之論證，頗富普遍的說服力。雖然如此，如本文上一章所述，仍是存在著還值得進一步探究的課題。對於有待解決的四項關鍵問題，他的論點也或多或少顯現著有待補充之處。第一項關鍵問題：孔子對「性」與「習」兩種事物，分別說「相近也」「相遠也」之實指意義為何？牟先生的論證設定以孟子說「相近」之意義為「相同」，來解釋孔子說「相近」之意義，「性相近」即是「性相同」。這個論證方式的問題，已如上文敘述徐復觀先生的論點時所討論，可以質疑之處包括孟子和朱熹之意未必定然如此、年代差距過遠、以及印證前後順序不妥。至於「習相遠」，牟先生也如同徐先生並未深入探討。因此，上文所討論徐先生在此議題可能會有的不足之處，包括「相近」與「相遠」之對照不同於「相同」與「不同」之對照，以及若將「習相遠」單純解為「人之習不同」可能引發詮釋的困難，也都將成為牟先生可能之不足。於此第一項關鍵問題，牟先生之論點還未能十分妥善地回答。

第二項關鍵問題：孔子在此同時談及「性」與「習」，兩者之間的關係如何？牟先生並未在深入探究孔子「性」概念的同時，也對「習」概念有所闡明。至於兩者之間的關係，自然也付之闕如。於此第二項關鍵問題，牟先生之論點沒有涉及。

第三項關鍵問題：為何子貢既已明說「夫子之『言』性與天道」，卻仍表示「不可得而聞也」？牟先生主張孔子以德行實踐消化超越傳統「自生而言性」，本不以理智測度「性與天道」之超越面關係；再加以「存有之秘密」實屬難解，非一人一時所能盡言，是以孔子甚少言之，自然子貢會有不可得而

聞之歎。然而如本文上一章所討論，應該同屬「存有之秘密」之「天道」、「天」、「道」、「命」、「天命」等概念，孔子卻廣泛談論之，態度殊不一致。牟先生所引入西方哲學觀念之適當性，似乎可以再商榷。於此第三項關鍵問題，牟先生之論點還有著需要進一步澄清之處。

　　第四項關鍵問題：子貢在此提到「夫子之文章」與「夫子之言性與天道」，兩者之間的關係如何？牟先生沒有剖析子貢之語的前半段，但根據他對後半段和「性相近也」一語的闡述，可以合理推論他認為「夫子之文章」乃是孔子消化超越傳統「性」概念之道德實踐，而「夫子之言性與天道」則如他所說，乃是孔子對「性」積極超越面之理智測度。由於牟先生主張「仁」之德行實踐即是孔子消化超越傳統「性」概念之方式，然而孔子確實又多所談論「仁」之實踐，再加上前述孔子亦廣泛談及「天道」等相關概念，那麼，要說孔子甚少在「性」之積極超越面費其智測，似乎也還需要更多的說明。於此第四項關鍵問題，牟先生之論點可能引出對自身的質疑。

第六節　蔡仁厚

一、觀點回顧

　　蔡仁厚先生繼承牟宗三先生的主要觀點，而以有所不同的論證方式加以補充修正。他也同樣設定可以理解孟子說「相近」之意思即是「相同」，用來解釋孔子所說「相近」，如此孔子之「性」即無疑是義理之性。這從朱熹注文「『兼』氣質而言之」，亦可看出朱熹不能排除義理之性之思考。蔡先生以「宗教人文化」之觀點探討，主張孔子以「仁」之體證完成從敬畏「天道」屬情方面之人格神意義，轉移到證知「天道」屬理方面之形上實體意義；亦即是完成從著重客體性之超越的遙契，轉移到著重主體性之內在的遙契。至於子貢所言，蔡先生分析「聞」為耳聞、見聞、知聞三個層次；「不可得而聞也」即是表示，子貢無法由孔子之言詞去知聞領會孔子之體證。

二、關鍵問題之探討

　　蔡先生的論點有效強化了牟先生的理論，接續本文上一章中的討論，此處進一步探究有待解決的四項關鍵問題。第一項關鍵問題：孔子對「性」與

「習」兩種事物，分別說「相近也」「相遠也」之實指意義爲何？蔡先生的觀點和牟先生一樣，也設定以孟子「相近」之意義爲「相同」，用來解釋孔子之「相近」。於是便也如同牟先生和徐復觀先生，需要面對包括孟子和朱熹之意未必定然如此、年代差距過遠、印證前後順序不妥等問題。關於「習相遠」，蔡先生也如同牟先生和徐先生並未深入探究。因此上文討論徐先生在此議題可能會有的不足之處，也可能構成蔡先生另外需要面對的詰難；其中包括「相近」與「相遠」之對照不同於「相同」與「不同」之對照，以及若將「習相遠」單純解爲「人之習不同」可能引發詮釋的困難。於此第一項關鍵問題，蔡先生之論點還需要繼續處理相關議題。

第二項關鍵問題：孔子在此同時談及「性」與「習」，兩者之間的關係如何？蔡先生亦如同牟先生沒有深入闡明「習」概念，於是也缺少對「性」與「習」兩者關係之積極討論。於此第二項關鍵問題，蔡先生之論點沒有涉及。

第三項關鍵問題：爲何子貢既已明說「夫子之『言』性與天道」，卻仍表示「不可得而聞也」？蔡先生主張子貢所說之「聞」可區分耳聞、見聞、知聞三個層次；由於孔子是以「仁」之體證來遙契天道，仁即是性命天道相貫通之內在的根據，此一證知乃非子貢能從孔子言辭中所知聞領會。蔡先生對「聞」字的三層意義分析，得以一致地適用子貢前後兩個「聞」字，再輔以領會體證不同於理解言詞之觀點，使得他能夠合理順當地解釋子貢所說的話。於此第三項關鍵問題，蔡先生之論點頗具說服力。

第四項關鍵問題：子貢在此提到「夫子之文章」與「夫子之言性與天道」，兩者之間的關係如何？蔡先生主張「文章」是成文而昭彰的東西，指人格德業上的光輝成就，「性與天道」則是內在的存有與超越的存有。那麼，「夫子之文章」即是孔子體證貫通性命與天道所展現於外的德行，「夫子之言性與天道」即是關於內在的存有與超越的存有相貫通之言詞內容。他認爲孔子之「仁」即是此一貫通之內在眞實的根據，亦是對天道的印證。由於蔡先生並不特別強調孔子不以理智測度「性與天道」的原因，所以上述關於孔子多所談論「仁」和「天道」等相關概念，卻獨對「性」甚少談及之質疑，雖然仍是需要回答之問題，但在此處並不那麼對蔡先生的觀點構成難題。於此第四項關鍵問題，蔡先生之論點足以妥適解決。

第七節　解決方案之思惟

　　孔子「性」概念內涵之難以明確理解，原因並非原典文獻太過龐雜，卻反而是太過單純。由於孔子和子貢在簡短的話語中提到難以直觀瞭解的內容，又缺少其他直接關聯的文本予以佐證，因此造成後世之詮釋言人人殊。這一困境並非全無解決之道，方法之一便是根據文本進行文義考察和文理分析。歷來有重大見解的貢獻者，亦不外乎是在這兩方面獲得重要成果。

　　上文所討論之各家在文義和文理各有其研究突破，因而各有其研究貢獻。但也仍各自遺留些許缺失或不足，以致尚不能全面解答關於孔子「性」概念內涵之諸般質疑。本文以下即嘗試亦從文義考察和文理分析兩路，重新建構一套針對上述諸般質疑之解決方案，並比較其間之優劣得失。

一、檢視傳統思惟

　　孔子所云「性相近也，習相遠也。」一章句中之「相近」「相遠」對照，上文已有部分討論。其主要問題在於：若依傳統按字面文義理解，「性相近也」將不可避免暗示人性有所不同；若依朱注《孟子》之「相近」意義理解，則將衍生證據力尚有不足之質疑。

　　「性相近也」一語最符合直覺的解釋似乎即是「人性相近似」。然而，此語自來即成爲深入詮釋者努力多方闡述之主題，近現代甚至興起排除以字面意義直接而單純地解釋，亦即「人性相近似」或「人之本性相近似」。其原因在於自孟子時代起，「性」之屬善屬惡問題即成爲整個中國文化學術圈內，不論何宗何派，只要涉及「心性」之學問，皆所共同關注而必不可免之核心議題。儒家思想既經孔子建立即成文化學術之主流，但衡諸可靠文獻，孔子本人並未對此核心議題有過直接明白表示。而「性相近也」一語更是可靠文獻中，孔子直接說明「性」概念某些面向之唯一記載。於是，透過對《論語》此一章句之解釋，來間接瞭解孔子關於「性」之善惡問題之態度，便成爲歷朝各代相關研究者需要認眞思索之途徑。

　　職是之故，如果將「性相近也」一語直接單純地解釋爲「人性相近似」、「人之本性相近似」，也就等於主張孔子在這裡承認了並非人人本性皆相同，而是人人本性或多或少有些差異。不論這其中可能的差異會是什麼，都難以根據現有文獻來完全的主張這些差異之中不含有屬惡之成分，接著非常容易引申的一個推論將是：孔子不認爲人性普遍皆是屬善；因爲普遍屬善

的人性何來相近之說！然而，若是如此推論，將完全相反於自來對孔子「性」概念內容屬性之一般觀點，亦即孔子應該是如同孟子一樣，認爲人性普遍屬善。

這樣的推論雖然無法存在於儒家學派內部，但卻極有可能遭到反對儒家者流所利用，作爲藉以攻擊之矛盾弱點。所以，歷來研究者莫不想方設法加以詮解，儘力避免「性相近也」一語淪爲有心人利用之工具。到目前爲止，較爲明顯可行的詮解方法有兩條路徑：一是以其他附加概念來解釋何以孔子會說「人性相近似」，如二程、朱熹、唐君毅；另一是以字詞意義之考察證據來解釋孔子說「相近」之實義爲「相同」，如劉蕺山、徐復觀、牟宗三、蔡仁厚。

前一路徑主張「性相近也」即是「人性相近似」，但孔子如此說卻別有深意；二程認爲此「性」乃「氣質之性」，朱熹認爲此「性」乃「兼氣質之性」，唐君毅認爲孔子意在強調立志學習之重要。後一路徑主張可以參考其他文獻之解讀，證明「相近」也有「相同」之意義用法；劉蕺山、徐復觀、牟宗三、蔡仁厚皆或直接或間接認爲可用朱注《孟子》之詮釋，來理解孔子說「性相近也」即是「人性相同」之意。

以上兩條路徑各家均各有其卓見，但也各存其需要再議之處，尚未有能徹底完整說明孔子之實義者。

二、傳統解決路徑之討論

就前一路徑來說，直接承認孔子說「性相近也」即是意指「人性相近似」，在字義理解上最不致引起爭議，而能避開繁複難定的考據論證。但緊接而來的問題，卻是必須合理地說明所謂「人性相近似」之用意何在，而又不可落入因爲人性並未全同所導致之人性可能至少部分屬惡之推論。

二程和朱熹主張用氣質之性來解釋「人性相近似」，以此來承受人性可能部分屬惡，同時用義理之性來保全孔子「性」概念，仍然可以從另一方面而言完全屬善。但他們這樣主張實乃以自己的「性」理論，強加於孔子從不曾提及的「性」概念內容。若要說是得自孔子啓發之一種衍生詮釋理論則可也，若要說是準確解釋了孔子原意之一種闡述則不可也。

唐君毅主張孔子原意之重點在強調後半段「習相遠也」，是以「人性相近似」仍不足以依賴而成德，對照出立志學習之重要；因爲人之立志學習不同，

可能產生相距遙遠的成果。他的主張轉移討論的焦點至「習相遠也」，試圖以此來消解「性相近也」可能引發爭議之壓力。然而，一旦只要承認「性相近也」意即「人性相近似」，孔子「性」概念內容可能部分屬惡之推論便難以避免；於是他就提出孔子之「性」並無固定內容，而是能夠生長變化，具有無限之可能，藉以阻止屬惡推論之發生。關於他這一主張之不夠妥當，則已於上文充分討論。

就後一路徑來說，其困難上文已有所略述，至少可能會遭受三方面質疑。其一、孟子在《孟子‧告子上‧牛山之木嘗美矣》云：

> ……雖存乎人者，豈無仁義之心哉。其所以放其良心者，亦猶斧斤之於木也，旦旦而伐之，可以爲美乎。其日夜之所息，平旦之氣，其好惡與人相近也者幾希，則其旦晝之所爲，有梏亡之矣。梏之反覆，則其夜氣不足以存。夜氣不足以存，則其違禽獸不遠矣。人見其禽獸也，而以爲未嘗有才焉者，是豈人之情也哉。……〔註4〕

朱熹之此段落注語：

> 良心者，本然之善心，即所謂仁義之心也。平旦之氣，謂未與物接之時，清明之氣也。好惡與人相近，言得人心之所同然也。幾希，不多也。梏，械也。反覆，展轉也。言人之良心雖已放失，然其日夜之間，亦必有所生長。故平旦未與物接，其氣清明之際，良心猶必有發見者。但其發見至微，而旦晝所爲之不善，又已隨而梏亡之，如山木既伐，猶有萌蘖，而牛羊又牧之也。晝之所爲，既有以害其夜之所息；夜之所息，又不能勝其晝之所爲，是以展轉相害。至於夜氣之生，日以寖薄，而不足以存其仁義之良心，則平旦之氣亦不能清，而所好惡遂與人遠矣。〔註5〕

朱熹是以「『言』得人心之所同然也」來解釋孟子說「好惡與人相近」之用意，但在最後又說「而所好惡遂與人遠矣」，卻回到孟子原文說「相近」與其呼應。可見朱熹用「言」字只是想較爲清楚明白地表達他個人之詮釋，其想法尚未必定是主張「相近」等於「同然」，而「同然」就等於「相同」，在這之間或可還有商榷之餘地。並且再進一步看，孟子說「相近」之原意，是否就必定如朱熹之注語所解，似乎也仍舊存有討論之空間。

〔註 4〕　〔宋〕朱熹集注，《四書集注‧孟子集注》，頁 797～799。
〔註 5〕　〔宋〕朱熹集注，《四書集注‧孟子集注》，頁 799～800。

其二，孔子生於周靈王二十一年，魯襄公二十二年，卒於周敬王四十一年，魯哀公十六年；時當西元前五五一年至前四七九年。孟子生於周烈王四年，卒於周赧王二十六年；時當西元前三七二年至前二八九年。〔註6〕二聖生年相距一百七十九年，生活時代相隔近兩世紀，跨度不可不謂甚大。口說語言必然與生活時代密切相關，書寫文字又定然受口說語言影響，特別是語錄體文字。生活時代差距遙遠之兩份語錄文字，是否可以全然無疑地相互參照，本是一項頗需釐清之工作；若再考慮孔子乃魯國陬邑人，孟子乃鄒國人，雖然地緣接近，但是否語言文字全然可以通用，也許就更需要斟酌再三。文言文書寫體系固然自先秦時代起便發展成熟，處於相對穩定的狀態，但這似乎只能針對字句語詞之一般意義理解而言。把「相近」理解爲「相同」實在已經超過字句語詞之一般意義，不免令人在此會持守保留態度。這也就是說，即使孟子說「相近」之意實爲「相同」，亦未必能毫無遲疑地用以理解孔子說「相近」之實義。

其三，孔子說「相近」在前，孟子說「相近」在後，以在後的孟子說法來印證在前的孔子說法，本身即容易遭受歷史發展順序顛倒之質疑。後人在文化歷史發展中受到前人教導啓發，於是繼承相同或相似的觀念或使用手法，這才是一般在文獻傳承過程裡的通常情況。由於前人曾經有過相同或相似的觀念或使用手法，吾人可以將後人如此這般的觀念或使用手法視爲是「遵前賢」或「循古例」，因此而使後人之觀念或使用手法獲得印證。但若是順序顛倒過來，要以後人之觀念或使用手法去印證前人之觀念或使用手法也是相同或相似，恐怕很難避免讓人覺得實乃強爲之解。以孟子說「相近」意爲「相同」來印證孔子說「相近」也是意爲「相同」，尷尬的情況正是如此。

上述兩條路徑各家理論皆各有其可疑可議之處，本文於此擬自一不同思考角度，提出新的解決方案，用以討論全面解釋文獻內容之可能性。

〔註 6〕 蔡仁厚，《中國哲學史》（上），頁 51、119。

第伍章 孔子之性之詮釋建構

　　針對探究孔子「性」概念內容所引發的種種困難，本文將研擬一項不同以往的全新解決方案。此方案奠基於思考「性相近也，習相遠也。」章句之正確解讀，透過語言意義之分析、解答方向之設想、相關研究及文獻經典之佐證，建立具有充分理據之論點。最後再以前章所提關鍵問題進行檢測，以確認此方案足以有效解決諸般問題困境。

第一節　新解決方案之思惟端緒

　　傳統以來一直將「性相近也」與「習相遠也」之「相近」「相遠」解讀為形容「性」與「習」之某種靜態性質。然而，近與遠做形容詞用乃是相對形容詞而非絕對形容詞，也就是說，近或遠是比較出來的判斷，而非可以獨立使用在某一對象上。我們總是需要先設定一個參照點，以此為衡量標準，然後比較至少兩個對象各自與此參照點的距離，然後才能夠有意義地做出或近或遠之判斷。例如要判斷甲乙兩者各自之遠近，必定先要設定一參照點丙，分別測量甲至丙之距離與乙至丙之距離，再將兩者相互做比較，然後才能判斷是甲近還是乙遠。又或者所測量的是甲乙兩類中各自兩個體之距離，亦必須將此測量所得距離參照某一衡量標準丙，才能正確判斷是甲類兩個體近還是乙類兩個體遠。否則，沒有參照點的所謂甲近或乙遠，將使人摸不著頭緒，無法瞭解判斷者之用心所在。

　　由於必先立一衡量標準，然後才能有意義地說近或說遠。而在此章句中，孔子同時對兩個不同主詞一說近一說遠，但卻並未明白地表示他的衡量

標準，使得本句之意義可能在邏輯上陷入混亂。爲免於在解釋孔子說法時陷入邏輯混亂，必須剖析出孔子說這句話時，那個沒有明白表示出來的衡量標準。於是，解釋者便需要努力在孔子所說這句話之外，試圖找出甚或建立某個比較參照點，以便做爲有意義地解釋孔子這句話之衡量標準。或者，至少解釋者需要努力說明，爲何孔子會在缺少衡量標準的狀況下，仍然說了這句話。

　　然而，不論解釋者所建構關於衡量標準之論述如何周延，一旦回歸文獻章句文本之討論，由於「相近」解爲「相近似」之意義連結實在太過強固，使得「人性相近似」之意可能推衍成人性部分屬惡之困境難以跳脫。於是，直接擺開這其中的糾纏，似乎不失爲是一個值得發展的思考方向。事實上，經過下文的論證，或許這才是一個更爲合理的詮釋路徑。

第二節　近遠作爲動詞

　　《論語》中之「近」「遠」字除了作形容詞用法外，還有作動詞以及其它詞性之用法。《論語》裡出現「近」或「遠」字的章句共有廿四章，暫先不論「子曰，性相近也，習相遠也。」（〈陽貨第十七〉）〔註1〕這一章，其它廿三章裡作動詞用法者計有十章：

1、《論語・學而第一》：有子曰，信近於義，言可復也。恭近於禮，遠恥辱也。因不失其親，亦可宗也。〔註2〕

2、《論語・雍也第六》：樊遲問知。子曰，務民之義，敬鬼神而遠之，可謂知矣。問仁。曰，仁者先難而後獲，可謂仁矣。〔註3〕

3、《論語・泰伯第八》：曾子有疾，孟敬子問之。曾子言曰，鳥之將死，其鳴也哀。人之將死，其言也善。君子所貴乎道者三。動容貌，斯遠暴慢矣。正顏色，斯近信矣。出辭氣，斯遠鄙倍矣。籩豆之事，則有司存。〔註4〕

4、《論語・顏淵第十二》：樊遲問仁。子曰，愛人。問知。子曰，知人。樊遲未達，子曰，舉直錯諸枉，能使枉者直。樊遲退，見

〔註1〕　〔宋〕朱熹集注，《四書集注・論語集注》，頁400。
〔註2〕　〔宋〕朱熹集注，《四書集注・論語集注》，頁130。
〔註3〕　〔宋〕朱熹集注，《四書集注・論語集注》，頁211。
〔註4〕　〔宋〕朱熹集注，《四書集注・論語集注》，頁241～242。

子夏，曰，鄉也吾見於夫子而問知，子曰，舉直錯諸枉，能使枉者直。何謂也。子夏曰，富哉言乎。舜有天下，選於眾。舉皋陶，不仁者遠矣。湯有天下，選於眾。舉伊尹，不仁者遠矣。〔註5〕

5、《論語・子路第十三》：子曰，剛毅木訥，近仁。〔註6〕

6、《論語・衛靈公第十五》：顏淵問爲邦。子曰，行夏之時，乘殷之輅，服周之冕。樂則韶舞。放鄭聲，遠佞人。鄭聲淫，佞人殆。〔註7〕

7、《論語・衛靈公第十五》：子曰，躬自厚而薄責於人，則遠怨矣。〔註8〕

8、《論語・季氏第十六》：陳亢問於伯魚曰，子亦有異聞乎。對曰，未也。嘗獨立，鯉趨而過庭。曰，學詩乎。對曰，未也。不學詩，無以言。鯉退而學詩。他日，又獨立，鯉趨而過庭。曰，學禮乎。對曰，未也。不學禮，無以立。鯉退而學禮。聞斯二者。陳亢退而喜曰，問一得三。聞詩，聞禮，又聞君子之遠其子也。〔註9〕

9、《論語・陽貨第十七》：子曰，小子，何莫學夫詩。詩可以興，可以觀，可以群，可以怨。邇之事父，遠之事君。多識於鳥獸草木之名。〔註10〕

10、《論語・陽貨第十七》：子曰，唯女子與小人爲難養也。近之則不孫，遠之則怨。〔註11〕

作形容詞用法者，加上編號 1 之章句裡同時具有動詞和形容詞，合計有九章：

1、《論語・學而第一》：有子曰，信近於義，言可復也。恭近於禮，遠恥辱也。因不失其親，亦可宗也。〔註12〕

11、《論語・學而第一》：子曰，學而時習之，不亦說乎。有朋自遠

〔註 5〕　〔宋〕朱熹集注，《四書集注・論語集注》，頁 322～323。
〔註 6〕　〔宋〕朱熹集注，《四書集注・論語集注》，頁 341。
〔註 7〕　〔宋〕朱熹集注，《四書集注・論語集注》，頁 374～375。
〔註 8〕　〔宋〕朱熹集注，《四書集注・論語集注》，頁 377。
〔註 9〕　〔宋〕朱熹集注，《四書集注・論語集注》，頁 396～397。
〔註 10〕　〔宋〕朱熹集注，《四書集注・論語集注》，頁 406。
〔註 11〕　〔宋〕朱熹集注，《四書集注・論語集注》，頁 415。
〔註 12〕　〔宋〕朱熹集注，《四書集注・論語集注》，頁 130。

方來，不亦樂乎。人不知而不慍，不亦君子乎。〔註13〕

12、《論語・述而第七》：子曰，仁遠乎哉。我欲仁，斯仁至矣。
〔註14〕

13、《論語・泰伯第八》：曾子曰，士不可以不弘毅，任重而道遠。
仁以爲己任，不亦重乎。死而後已，不亦遠乎。〔註15〕

14、《論語・子罕第九》：唐棣之華，偏其反而。豈不爾思，室是遠
而。子曰，未之思也。夫何遠之有。〔註16〕

15、《論語・顏淵第十二》：子張問明。子曰，浸潤之譖，膚受之愬，
不行焉。可謂明也已矣。浸潤之譖，膚受之愬，不行焉。可謂
遠也已矣。〔註17〕

16、《論語・子路第十三》：葉公問政。子曰，近者說，遠者來。
〔註18〕

17、《論語・衛靈公第十五》：子曰，人無遠慮，必有近憂。〔註19〕

18、《論語・季氏第十六》：季氏將伐顓臾。冉有季路見於孔子曰，
季氏將有事於顓臾。孔子曰，求，無乃爾是過與。夫顓臾，昔
者先王以爲東蒙主，且在邦域之中矣。是社稷之臣也。何以伐
爲。冉有曰，夫子欲之。吾二臣者皆不欲也。孔子曰，求，周
任有言曰，陳力就列，不能者止。危而不持，顚而不扶，則將
焉用彼相矣。且爾言過矣。虎兕出於柙，龜玉毀於櫝中，是誰
之過與。冉有曰，今夫顓臾，固而近於費。今不取，後世必爲
子孫憂。孔子曰，求，君子疾夫舍曰欲之，而必爲之辭。丘也
聞有國有家者，不患寡而患不均，不患貧而患不安。蓋均無貧，
和無寡，安無傾。夫如是，故遠人不服，則修文德以來之。既
來之，則安之。今由與求也，相夫子。遠人不服而不能來也。
邦分崩離析而不能守也。而謀動干戈於邦內。吾恐季孫之憂，

〔註13〕　〔宋〕朱熹集注，《四書集注・論語集注》，頁119～120。
〔註14〕　〔宋〕朱熹集注，《四書集注・論語集注》，頁234。
〔註15〕　〔宋〕朱熹集注，《四書集注・論語集注》，頁244。
〔註16〕　〔宋〕朱熹集注，《四書集注・論語集注》，頁269。
〔註17〕　〔宋〕朱熹集注，《四書集注・論語集注》，頁311。
〔註18〕　〔宋〕朱熹集注，《四書集注・論語集注》，頁335。
〔註19〕　〔宋〕朱熹集注，《四書集注・論語集注》，頁376。

不在顓臾，而在蕭牆之內也。〔註20〕

作副詞用法者計有四章：

19、《論語・里仁第四》：子曰，父母在，不遠遊。遊必有方。〔註21〕

20、《論語・雍也第六》：子貢曰，如有博施於民，而能濟眾，何如。可謂仁乎。子曰，何事於仁，必也聖乎。堯舜其猶病諸。夫仁者，己欲立而立人，己欲達而達人。能近取譬，可謂仁之方也已。〔註22〕

21、《論語・子張第十九》：子夏曰，雖小道，必有可觀者焉。致遠恐泥，是以君子不爲也。〔註23〕

22、《論語・子張第十九》：子夏曰，博學而篤志，切問而近思。仁在其中矣。〔註24〕

作名詞用法者計有一章：

23、《論語・學而第一》：曾子曰，慎終追遠，民德歸厚矣。〔註25〕

就章句比例而言，《論語》中之「近」「遠」字作動詞用法者還稍多於作形容詞用法者。依此，將「子曰，性相近也，習相遠也。」一章中之「近」「遠」解爲動詞，顯然並非完全無稽。

第三節　相作爲虛字

其次，同時使用於「近」「遠」字前之「相」字，於此應爲虛字用法。郭璞注、邢昺疏之《爾雅注疏》中，有關「相」字虛字用法之注疏：

〈釋詁下〉艾，歷，覛，胥，相也。（〔注〕覛，謂相視也。公羊傳曰：胥盟者何，相盟也。艾，歷，未詳。覛，音脈。）（〔疏〕艾歷至相也。釋曰，皆謂相視也。覛者，郭云：覛，謂相視也。說文云：覛，邪視也。郭云：公羊傳曰，胥盟者何，相盟也者，桓三年文。）〔註26〕

〔註20〕　〔宋〕朱熹集注，《四書集注・論語集注》，頁386～390。
〔註21〕　〔宋〕朱熹集注，《四書集注・論語集注》，頁176。
〔註22〕　〔宋〕朱熹集注，《四書集注・論語集注》，頁215～216。
〔註23〕　〔宋〕朱熹集注，《四書集注・論語集注》，頁430。
〔註24〕　〔宋〕朱熹集注，《四書集注・論語集注》，頁431。
〔註25〕　〔宋〕朱熹集注，《四書集注・論語集注》，頁126。
〔註26〕　〔晉〕郭璞注，〔宋〕邢昺疏，《爾雅注疏》（臺北市：臺灣中華書局，1966

邢昺解釋郭璞的注語，認為是「艾」「歷」「覢」「胥」都具有「相視」之意。但這或是受《爾雅‧釋詁下》「監，瞻，臨，涖，頻，相，視也。」〔註27〕以及許慎《說文解字》解釋「相」字「相，省視也。从目木。易曰：地可觀者，莫可觀於木。詩曰：相鼠有皮。」〔註28〕之影響，因而錯解了郭璞注語。按郭注引《公羊傳》文句明白表示「胥」與「相」通用，而解「覢」為「相視」，「艾」「歷」則不明所以。邢昺引《說文解字》解釋「覢」為「邪視」，本已可知郭璞主張「覢」之解為「視」亦如「胥」一般具有「相」之意，因而注云「覢，謂相視也。」但他卻誤會其意，以為郭璞是認為「艾、歷、覢、胥」都是「相視」。

依邢昺不及見之段玉裁注解許慎《說文解字》之「相」字云：

> 相，省視也。（釋詁毛傳皆云：相，視也。此別之云：省視，謂視察也。）从目木。（會意，息良切，十部。按目接物曰相，故凡彼此交接皆曰相。其交接而扶助者則為相贊之相，古無平去之別也。旱麓桑柔毛傳云：相，質也。質謂物之質，與物相接者也。此亦引伸之義。）易曰：地可觀者，莫可觀於木。（此引易說，从目木之意也。目所視多矣，而从木者，地上可觀者莫如木也。五行志曰：說曰，木，東方也。於易，地上之木為觀。顏云：坤下巽上，觀。巽為木，故云地上之木。許蓋引易觀卦說也。此引經說字形之例。）詩曰：相鼠有皮。（庸風文。）〔註29〕

段玉裁之意乃是「相」由从目觀木會意出省視之本義，進一步引伸出兩物彼此交接之虛字義。於此可反證郭璞注解《爾雅‧釋詁下》「艾，歷，覢，胥，相也。」實為正確地理解此條之「相」乃虛字用法，即「相互」、「交相」之意。

所可注意者，《爾雅注疏》此條中所用以解說之「覢」之「相視」和「胥盟」之「相盟」，作虛字用法之「相」，其後所接者皆是動詞。而在《爾雅》本文尚有其它作虛字用法者：

> 〈釋訓第三〉丁丁，嚶嚶，相切直也。（〔注〕丁丁，砍木聲。嚶嚶，

年，據阮刻本校刊），卷二，第九葉。

〔註27〕〔晉〕郭璞注，〔宋〕邢昺疏，《爾雅注疏》，卷二，第五葉。

〔註28〕〔漢〕許慎撰，〔清〕段玉裁注，《說文解字注》（臺北市：蘭臺書局，1974年，經韵樓藏版），頁134。

〔註29〕〔漢〕許慎撰，〔清〕段玉裁注，《說文解字注》，頁134。

兩鳥鳴。以喻朋友切磋相正。丁，音爭。）〔疏〕丁丁嚶嚶相切直
也。釋曰，直猶正也。小雅伐木云：伐木丁丁，鳥鳴嚶嚶。鄭箋云：
昔日未居位，在農之時，與友生於山巖，伐木爲勤苦之事，猶以道
德相切正也。故郭云，丁丁，伐木聲。嚶嚶，兩鳥鳴。以喻朋友切
磋相正。）〔註30〕

〈釋親第四〉……族父之子相謂爲族晜弟，族晜弟之子相謂爲親同
姓。兄之子。弟之子，相謂爲從晜弟。……〔註31〕

〈釋親第四〉……婦之父母，壻之父母，相謂爲婚姻。兩壻相謂爲
亞。……〔註32〕

皆是以「相」字連接「切直」和「謂」等動詞。

另據裴學海《古書虛字集釋》所載，「『相』，『互』也。」條下引例爲「孟
子滕文篇：『出入相友，』」〔註33〕「『胥』，『相』也。」條下引例爲「詩角弓
篇：『無胥遠矣。』」〔註34〕按《孟子・滕文公上》原文爲「滕文公問爲國。……
使畢戰問井地。孟子曰，……死徙無出鄉，鄉田同井，出入相友，守望相
助，疾病相扶持，則百姓親睦。……」〔註35〕《詩經・小雅・魚藻之什・角
弓》原文爲「騂騂角弓，翩其反矣。兄弟昏姻，無胥遠矣。……」鄭玄箋注
「胥，相也。骨肉之親當相親信，無相疏遠。相疏遠則以親親之望易以成
怨。」〔註36〕此兩處他所引用兩個作爲唯一例證之文句，亦皆是以「相」字
連接「友」、「助」、「扶持」、「遠」等動詞。

由以上所引諸例可見一斑，「相」字作虛字用法時，其後連接動詞實爲一
般常態。其中尤其是《詩經・小雅・魚藻之什・角弓》中之「無胥遠矣」一
句，更可作爲詮解「習相遠也」之旁證。

〔註30〕〔晉〕郭璞注，〔宋〕邢昺疏，《爾雅注疏》，卷四，第四葉。
〔註31〕〔晉〕郭璞注，〔宋〕邢昺疏，《爾雅注疏》，卷四，第八葉。
〔註32〕〔晉〕郭璞注，〔宋〕邢昺疏，《爾雅注疏》，卷四，第十一葉。
〔註33〕裴學海，《古書虛字集釋》（台北市：泰順書局，1973 年），頁 712。
〔註34〕裴學海，《古書虛字集釋》，頁 713～714。
〔註35〕〔宋〕朱熹集注，《四書集注・孟子集注》，頁 598～606。
〔註36〕〔漢〕毛亨傳，〔漢〕鄭玄箋，〔唐〕陸德明音義，〔唐〕孔穎達疏，《附釋音
毛詩注疏》（臺北市：臺灣中華書局，1966 年，據阮刻本校刊），卷第十五之
一，第六葉。「易以」後「成怨」二字依〔清〕阮元〈校勘記〉補上，同書同
卷，第十二葉。

第四節 也之句讀

再者，傳統句讀法把「性相近也，習相遠也。」讀爲一「讀」（逗）一「句」；亦即「性相近也」是一語義未完成的半句，需加上「習相遠也」才成爲語義完整的一句。必須在如此斷句法下，把「近」「遠」解爲形容詞用法才順理成章；因爲如上所述，「近」「遠」需要有一可供參照的衡量標準。也就是說，在缺少明白說出的參照點情況下，只有上下半句互相參照，互相成爲對方衡量標準之一部分，這章句裡的「近」「遠」形容詞用法才能順利成立。當我們各自看待任一半時，其意義都不完整，都不能夠單獨充分地解釋。

但是這樣的句讀法其實是刻意忽略了文言筆法中使用「也」字之一般習慣；在文言筆法中，「也」字使用於句尾時通常表示語義及語氣之完成。王引之撰之《經傳釋詞・卷四》解釋「也」字：

> 《玉篇》曰：「也，所以窮上成文也。」《顏氏家訓・書證篇》曰：「也，語巳及助句之辭。」有結上文者：若《論語》「亦不可行也」之屬是也。有起下文者：若「夫子至於是邦也」之屬是也。有在句中助語者：若「其爲人也孝弟」之屬是也。此皆常語。
>
> 也，猶「焉」也。……
>
> 也，猶「矣」也。……
>
> 也，猶「者」也。……
>
> 也，猶「耳」也。……
>
> 也，猶「兮」也。……
>
> 也，猶「邪」也；「歟」也；「乎」也。……〔註37〕

他先援引《玉篇》指出「也」字用法之一般通則是「所以窮上成文」，再援引《顏氏家訓・書證篇》補充「也」字除了用於「語巳」處，還可作爲「助句之辭」。接著以《論語》裡之句子爲例，區分出三種用法：「結上文者」、「起下文者」、「在句中助語者」。最後，他以諸多文獻句例，說明「也」字還可以在實際使用上通同「焉、矣、者、耳、兮、邪、歟、乎」等字。

可先不論使用上的通同字，那主要與話語之語調態度有關。依王引之所見，「也」字之用法基本上在句尾處若非「結上文者」則是「起下文者」，而在句中處則是「在句中助語者」。衡諸一般文獻之普遍狀況，「也」字用於句

〔註37〕 〔清〕王引之，《經傳釋詞》（臺北市：河洛圖書，1980 年），頁 96～100。

尾處遠多過用於句中處，而在句尾作爲「起下文」之用者又遠少於作「結上文」之用。這亦即是說，除了極少數狀況外，「也」字因爲其意主要表示語義及語氣之完成，絕大多數情況均使用於「句」，而非「讀」（逗）。

　　「性相近也」之「也」顯然不是「在句中助語者」，依其語義之表達也並非「起下文者」。那麼，此處之「也」當爲「結上文者」無疑。「也」既是「結上文者」，句中之「近」卻在形容詞用法之設定下難以獨立解釋，如此，這個「也」字只能說僅表示了語氣之完結，而無語義之完成。依此，如若「近」「遠」實際眞爲形容詞用法，按通常的文言句法來說，實在應該將孔子在此章所說話語記錄爲「性相近，習相遠也。」少掉「近」字後的「也」才順暢。但在傳統對孔子這句話之解讀裡，「近」字後的「也」既不屬於一般普遍之情況，也無法被歸爲那些極少數的例外狀況。至多吾人可以承認，形容詞用法的「近」字後之「也」屬於一般普遍情況裡之例外個案；它在此處僅只表示語氣之完結，而不表示語義之完成。

　　繼之還可參閱裴學海《古書虛字集釋・卷三》解釋「也」字：

「也」，語已及助句之詞也。（見《顏氏家訓・書證篇》）

　　一爲決定詞：《論語・學而篇》：「未之有也。」

　　一爲決定兼結上文之詞：《孟子・滕文篇》：「天下之通義也。」

　　一爲句中助語而表提示之詞：《論語・公冶篇》：「賜也何敢望回。」《左傳・昭十二年》：「古也有志，」……

　　一爲起下文之詞：《論語・雍也篇》：「赤之適齊也，」

　　一爲助命令之詞：《史記・孫子傳》：「願勿斬也。」《詩・巷伯篇》：「愼爾言也，」……

　　一爲呼召之詞：《論語・衛靈篇》：「賜也女以予爲多學而識之者與。」

　　一爲拋開之詞：《孟子・萬章篇》：「非惟百乘之家爲然也，」

「也」猶「耳」也。……

「也」猶「矣」也。……

「也」猶「焉」也。……

「也」猶「兮」也。……

「也」猶「邪」也，「歟」也，「乎」也。……

　　一爲疑問之詞：……

一爲感歎之詞：……

一爲反詰之詞：……

一爲反詰兼感歎之詞：……

一爲疑問兼感歎之詞：……

「也」猶「哉」也。……

「也」猶「者」也。……

「也」猶「之」也。（本書「也」「之」互訓。）

一同口語之「的」：……

一爲指事之詞：……

一爲助語之詞：……

「也」猶「如」也。……

「也」猶「然」也。……

「也」猶「而」也。……〔註38〕

他首先只援引《顏氏家訓·書證篇》主張「也」字之主要用法即「語已之詞」和「助句之詞」兩種。細分還可區別出七類，包括了「決定詞」、「決定兼結上文之詞」、「句中助語而表提示之詞」、「起下文之詞」、「助命令之詞」、「呼召之詞」、「拋開之詞」等，各類之下則以一或二文獻句例佐證之。其後他也同樣用諸多文獻句例，說明「也」字可以在實際使用上通同「耳、矣、焉、兮、邪、歟、乎、哉、者、之、如、然、而」等字。

同樣可先不論主要與語調態度有關之通同字用法。根據裴學海之見解並參照其所引句例，「性相近也」之「也」不會是「句中助語而表提示之詞」、「起下文之詞」、「助命令之詞」、「呼召之詞」、「拋開之詞」等五類，而只能是「決定詞」或「決定兼結上文之詞」。那麼，無論是何者，此處之「也」顯然也只能斷句爲「句」，而不能爲「讀」（逗）。於是，如同根據王引之見解所討論者，根據裴學海之見解，一樣吾人至多可以承認，形容詞用法的「近」字後之「也」屬於特殊個案；它在這裡僅只表示語氣之完結，而不表示語義之完成。

綜合王引之和裴學海兩人稍有不同但條理一致的論點來看，解釋孔子說「性相近也，習相遠也。」之「近」「遠」爲形容詞用法之第一個「也」字，語氣決定完結，語義未決定完成；第二個「也」字才在語氣和語義兩方面都

〔註38〕 裴學海，《古書虛字集釋》，頁 229～241。

決定完成。若從較爲寬鬆的標準看，此時之第一個「也」勉強可說尚且得其所哉；但若從較爲嚴格的標準看，此時之第一個「也」未得其所。如此，「近」「遠」解釋爲形容詞用法只能是順乎義理，然而卻不順乎文理。明乎此，固然吾人在解讀經典文本時不應當以文害義，然而，若是對文句意義之解讀有著另外順乎文理也順乎義理的方式，豈不值得吾人深入探究一番！

第五節　相近相遠乃動詞

這裡所謂順乎文理同時順乎義理的解讀，即是將「近」與「遠」皆理解爲動詞用法。前面所引《詩經·小雅·魚藻之什·角弓》中之「無胥遠矣。」一句，正可以作爲「近」「遠」動詞用法之旁證。按〈角弓〉首章詩句：「騂騂角弓，翩其反矣。兄弟昏姻，無胥遠矣。」鄭玄於第三四句後之箋注云：「胥，相也。骨肉之親當相親信，無相疏遠。相疏遠則以親親之望易以成怨。」〔註39〕上文已據《爾雅》和《說文解字》並兼及其注疏，論證虛字義之「相」本可訓「胥」，可知鄭玄將「胥」解爲「相」並非自出己意，乃有所本。「胥遠」之意實爲「相遠」，而此「遠」乃動詞用法，鄭玄解爲疏遠之意。

雖然〈角弓〉第二章詩句亦有「爾之遠矣，民胥然矣。爾之教矣，民胥傚矣。」而鄭玄則注云：「爾，女。女，幽王也。胥，皆也。言王女不親骨肉，則天下之人皆如之。見女之教令無善無惡，所尚者天下之人皆學之。言上之化下不可不愼。」〔註40〕他在第二章中之兩個「胥」字卻都解爲「皆」。但孔穎達則已有所解釋：「……上章胥爲相，此章胥爲皆者，胥，相，皆，並釋詁文也。上以王於族親，故爲相於之辭。此言天下之人非一，故爲皆。觀文之勢而爲訓也。」〔註41〕他指出鄭玄乃本於《爾雅·釋詁下》經文同時有「僉，咸，胥，皆也。」和「艾，歷，覛，胥，相也。」〔註42〕於是「胥」字可以

<hr />

〔註39〕〔漢〕毛亨傳，〔漢〕鄭玄箋，〔唐〕陸德明音義，〔唐〕孔穎達疏，《附釋音毛詩注疏》，卷第十五之一，第六葉。「易以」後「成怨」二字依〔清〕阮元〈校勘記〉補上，同書同卷，第十二葉。

〔註40〕〔漢〕毛亨傳，〔漢〕鄭玄箋，〔唐〕陸德明音義，〔唐〕孔穎達疏，《附釋音毛詩注疏》，卷第十五之一，第六葉。

〔註41〕〔漢〕毛亨傳，〔漢〕鄭玄箋，〔唐〕陸德明音義，〔唐〕孔穎達疏，《附釋音毛詩注疏》，卷第十五之一，第六葉。

〔註42〕〔晉〕郭璞注，〔宋〕邢昺疏，《爾雅注疏》，卷二，第九葉。

依照行文之意不同而訓爲不同字；其意當是有特定對象則訓爲「相」，無特定對象則訓爲「皆」。此說本已可以成立，但若定要追求一致，則第二章中之兩個「胥」字可以都如首章之「胥」訓爲「相」字。「民胥然矣」解爲「人民相互如此」，「民胥傚矣」解爲「人民相互仿傚」，句意上仍然通暢無礙。

再據王引之《經傳釋詞》解釋「也」字用法，有「也，猶『矣』也。……『也』字竝與『矣』同義。……『也』，亦『矣』也，互文耳。……」〔註43〕解釋「矣」字用法則有「矣，猶『也』也。……『也』『矣』一聲之轉，故『也』可訓爲『矣』，『矣』亦可訓爲『也』。互見『也』字下。」〔註44〕並皆引用諸多文獻句例，證明「也」「矣」二字可在用法上互訓。裴學海《古書虛字集釋》解釋「也」字用法，亦有「『也』猶『矣』也。……此上二例，並見《經傳釋詞》引。……此上五例，皆『也』與『矣』通用。……此上四例，『也』皆亦『矣』也。互文耳。……」〔註45〕解釋「矣」字用法也有「『矣』猶『也』也。……此上九例，皆『矣』與『也』通用。……此上七例，皆『矣』與『也』爲互文。……」〔註46〕同樣引用諸多文獻句例，證明「也」「矣」二字可在用法上互訓。

那麼，「胥遠矣」與「相遠也」事實上是句法和句意完全相同的不同措辭，「相近也」則是表達與「相遠也」句法完全相同的對反句意。在如此解讀之下，兩句之「近」與「遠」意義各自完整獨立，並不需要其它參照標準來使其語句意義邏輯上完備。所以，「性相近也」與「習相遠也」就可以是各自獨立的兩「句」，而非一「讀」（逗）一「句」。如此一來，「也」字之用法也就保持住了它一貫應有的使用與解讀方式；兩個「也」字都同時在語氣及語義上決定完成。

另外還可以參考鄭玄注、賈公彥疏、陸德明音義之《附釋音周禮注疏》：

> 《周禮・地官司徒第二・肆長》肆長各掌其肆之政令。陳其貨賄，名相近者相遠也。實相近者相爾也。而平正之。（〔注〕爾亦近也。俱是物也，使惡者遠善，善自相近。鄭司農云，謂若珠玉之屬，俱名爲珠，俱名爲玉，而賈或百萬或數萬。恐農夫愚民見欺，故別異令相遠，使賈人不得雜亂以欺人。〔音義〕近，附近之近。遠，于萬

〔註43〕〔清〕王引之，《經傳釋詞》，頁96。
〔註44〕〔清〕王引之，《經傳釋詞》，頁101。
〔註45〕裴學海，《古書虛字集釋》，頁231～233。
〔註46〕裴學海，《古書虛字集釋》，頁223～226。

反，注同。數，色主反。令，力呈反。賈，音古。〔疏〕肆長至正之。
釋曰，此肆長謂一肆立一長，使之檢校一肆之事，若今行頭者也。
注爾亦至欺人。釋曰，云俱是物也者，即司農云俱名爲珠俱名爲玉
之類是也。云使惡者遠善者，釋經名相近者相遠也。云善自相近者，
釋經實相近者相爾也。先鄭云謂若珠玉之屬已下，直釋經名相近者
相遠，不釋實相近者，其義可知故也。先鄭雖舉珠玉貴者，而餘物
亦爾。）……〔註47〕

《周禮・地官司徒第二・肆長》原文有「名相近者相遠也。實相近者相爾也。」
二句，鄭玄之注云「爾亦近也。……使惡者遠善，善自相近。」他並引鄭眾
之注「……故別異令相遠，……」皆是以經文中之「相近者」爲形容詞用法，
而「相遠也」「相爾（近）也」爲動詞用法。所以賈公彥之疏說「云使惡者遠
善者，釋經名相近者相遠也。云善自相近者，釋經實相近者相爾也。」於是
可知，「相近」「相遠」二詞甚至可以在同一文句中，分作形容詞與動詞兩種
用法。

同一段經文再參考鄭玄注、孫詒讓疏之《周禮正義》：

《周禮・地官司徒第二・肆長》……〔疏〕各掌其肆之政令者，……
云陳其貨賄，名相近者相遠也，實相近者相爾也，而平正之者，此
即司市以陳肆辨物而平市之事也。注云爾亦近也者，爾即邇之借字。
爾雅釋詁云，邇，近也。燕禮、特牲、少牢饋食禮，注並云，爾，
近也。云俱是物也，使惡者遠善，善自相近者，謂物別爲肆，同肆
之中又辨其善惡，使同實者相從也。淮南子覽冥訓云，若章之與革，
遠之則邇，近之則遠。即此經名實遠近之義。……〔註48〕

孫詒讓之疏解釋鄭玄之注說「注云爾亦近也者，爾即邇之借字。」並引用《爾
雅・釋詁下》經文「邇，幾，暱，近也。」〔註49〕以及鄭玄曾經作箋注之《儀
禮》，〈燕禮第六〉、〈特牲饋食禮第十五〉、〈少牢饋食禮第十六〉注語中皆有
「爾，近也。」最後援引《淮南子・覽冥訓卷六》之「夫道之與德，若章之
與革。遠之則邇，近之則遠。不得其道，若觀儵魚。故聖若鏡，不將不迎，

〔註47〕　〔漢〕鄭玄注，〔唐〕陸德明音義，〔唐〕賈公彥疏，《附釋音周禮注疏》（臺
　　　　　北市：臺灣中華書局，1966年，據阮刻本校刊），卷第十五，第三葉。
〔註48〕　〔漢〕鄭玄注，〔清〕孫詒讓疏，《周禮正義》（臺北市：臺灣中華書局，1966
　　　　　年，據清光緒乙巳本校刊），卷二十八，第三至四葉。
〔註49〕　〔晉〕郭璞注，〔宋〕邢昺疏，《爾雅注疏》，卷二，第十一葉。

應而不藏，故萬化而無傷。」來佐證《周禮》這一段經文此二句之意。於是可知，「近」「遠」之或作形容詞或作動詞用法，實際可因言說行文需要，隨時隨處變化之。

　　雖然《周禮》成書之準確年代可能還存在著爭議，但無疑仍足以某種程度地呈現先秦時期的語言文字風貌。在此作為「相近」「相遠」動詞用法之輔助證據，應該還是具有相當參考的價值。

　　進一步從另一方面考慮「也」字之可能意義，依裴學海《古書虛字集釋》對「也」字之見解：

　　　　「也」猶「之」也。（本書「也」「之」互訓。）

　　　　　一同口語之「的」：……

　　　　　一為指事之詞：……此上四例，皆「也」與「之」通用。可證「也」
　　　　　　有「之」義。……此上八例，皆「也」與「之」為互文。……

　　　　　一為助語之詞：……〔註50〕

他認為「也」字可以訓為「之」字。值得注意「指事之詞」這一類用法，他一共引用了二十二條文獻句例，試圖證明這一類用法在經典文獻中之普遍性。而若是考慮上述「也」「矣」可互訓之論證，裴學海亦對「矣」字之用法見解有：

　　　　「矣」猶「之」也。指事之詞也。（「矣」與「之」為疊韻字，故「矣」
　　　　訓「之」，「之」亦訓「矣」。互見「之」字條。）……此上五例，「矣」
　　　　皆亦「之」也，互文耳。……〔註51〕

他在此則引用了六條文獻句例，證明「矣」字也可訓為「指事之詞」之「之」字。這樣上述〈角弓〉裡「無胥遠矣」一句作為旁證，仍舊可以獲得一致的解釋。

　　依據這項見解，「相近也」「相遠也」之動詞用法，實際可以說即是「相近之」「相遠之」。此處之「之」字作為指事之詞，成為「近」「遠」動詞之受詞。如此一來，將能使孔子之意更為明白彰顯；「性相近也。習相遠也。」實際即是表示「性相近之。習相遠之。」其中「之」字作為指事之詞和受詞用法，字面上指的即各是「性」和「習」自身。明乎此，「性相近也」字面上的意義亦即是「性相互靠近」；「習相遠也」字面上的意義亦即是「習相互遠離」。

〔註50〕　裴學海，《古書虛字集釋》，頁 237～241。
〔註51〕　裴學海，《古書虛字集釋》，頁 228～229。

更清楚一點的解釋，字面上是「人之性相互靠近」和「人之習相互遠離」。而又更完整一些的解釋，字面上則是「眾人之性彼此相互靠近」和「眾人之習彼此相互遠離」。

第六節　性習非主詞

　　然而，若僅從字面意義來看，似乎很難瞭解這兩句話之真實含意；畢竟「人性」和「人習」皆在各人自身之內，無從與他人之性和習發生靠近或遠離的實際動態。而若是要將「相近」「相遠」之動詞用法，理解為在時間進行過程中，彼此形式內容逐漸變化成趨近或疏遠，也很違反一般生活經驗；人之一生，「人性」並非總與他人先從大異變成小同，「人習」也並非總與他人先從小同變成大異。即使退一步言，接受「人習」可以有逐漸增加差異之趨勢，但若說「人性」亦有逐漸增加相同之趨勢，豈不等於表示「人性」在人之初始狀態實乃各個不同！這又是吾人所認為必定不符孔子原意之推論。

　　基於以上之討論，對於此一難題有一雖非顯而易見，但仍是明白可解之回答。即是「性相近也」和「習相遠也」二句之動詞固然為「近」和「遠」，然其主詞並非原句字面上之「性」和「習」，而實乃隱而不顯之另一主體。對於此一隱藏主體之推敲也並不困難，孔子既然在此處同時談論關於「性」和「習」之某些普遍特質，而「性」和「習」皆屬「人」之重要成分，此一未被明白說出之主體當即該是「人」。可能在當時孔子說此話之場合，談話主題已是關於「人」，所以不必再贅辭；又或者可能先前談及「人」之言語不甚重要，所以弟子只記錄至關重要的這兩句話。

　　無論發生實情如何，當吾人從這個觀點重新解讀此一章句，便可以獲得一個完整的新詮釋。「性相近也」和「習相遠也」二句之真正主詞是「人」，動詞是「近」和「遠」，其真實含意是「人以性相近也」和「人以習相遠也」。清楚一點的解釋是「人以性相互靠近」和「人以習相互遠離」；完整一些的解釋則是「眾人以其性彼此相互靠近」和「眾人以其習彼此相互遠離」。在此解讀中，「靠近」動態和「遠離」動態之主體是「人」，而「性」和「習」則是發生如此動態之原因。「人」由於「性」而彼此產生「相互靠近」之動態；「人」由於「習」而彼此產生「相互遠離」之動態。以更口語的方式表達：「人」因為「性」而「互相親近」；「人」因為「習」而「互相疏遠」。

在此新詮釋下，「性相近也。習相遠也。」一章不但在字面意義上可以理解，其眞實含意亦不違反吾人所認爲孔子當該會有之觀點。甚且，經由此一新詮釋之論證，還能夠進一步推衍關於孔子思想體系之核心概念內容。然而，目前還需要處理的問題則是，此一主詞隱而不顯之句法解讀，貌似特殊，是否只是孤例？

先從《論語》本身來看，其中至少尚有其他三章句例，可資證明：

1、射不主皮。《論語‧八佾第三》：子曰，射不主皮。爲力不同科，古之道也。

魏何晏集解：

> 馬融曰，射有五善。一曰和志，體和也。二曰和容，有容儀也。三曰主皮，能中質也。四曰和頌，合雅頌。五曰興武，與舞同也。天子有三侯，以熊虎豹皮爲之。言射者不但以中皮爲善，亦兼取之和容也。〔註52〕

梁皇侃義疏：

> 射者，男子所有事也。射乃多種，今云不主皮者，則是將祭擇士之大射也。張布爲棚，而用獸皮怗其中央，必射之取中央，故謂主皮也。然射之爲禮乃須中質，而又須形容兼美。必使威儀中禮，節奏比樂，然後以中皮爲美。而當周衰之時，禮崩樂壞，其有射者無復威儀，唯競取主皮之中。故孔子抑而解之云，射不必在主皮也。〔註53〕

北宋邢昺疏：

> 此章明古禮也。射不主皮者，言古者射禮張布爲侯，而棲熊虎豹之皮於中而射之。射有五善焉，不但以中皮爲善，亦兼取禮樂容節也。周衰禮廢，射者無復禮容，但以主皮爲善。故孔子抑之云，古之射者不主皮也。……主皮謂善射。射所以觀士也。……庶民無射禮，因田獵分禽則有主皮者，張皮射之無侯也。主皮和容與舞，則六藝之射與禮與樂是也。……〔註54〕

南宋朱熹集注：

〔註52〕〔魏〕何晏集解，〔梁〕皇侃義疏，《論語集解義疏》，卷二，頁27。
〔註53〕〔魏〕何晏集解，〔梁〕皇侃義疏，《論語集解義疏》，卷二，頁27。
〔註54〕〔魏〕何晏注，〔宋〕邢昺疏，《論語注疏》，卷三，第五葉。

射不主皮，鄉射禮文。爲力不同科，孔子解禮之意如此也。皮，革也。布侯而棲革於其中以爲的，所謂鵠也。科，等也。古者射以觀德。但主於中，而不主於貫革。……周衰禮廢，列國兵爭，復尚貫革。故孔子歎之。〔註55〕

清劉寶楠正義：

說文，皮，剝取獸革者謂之皮。……凡禮，射主皮。但主於中，不尚貫革。故鄉射禮不貫不釋，鄭注貫猶中也。明中即是貫，非如貫疏以爲貫穿也。不貫不釋爲主皮。若不主皮者，則以人力或弱，不能及侯，則不中皮，而比於禮樂，亦必取之也。……三曰主皮者，即鄉射禮之三耦，及賓主人大夫眾耦，皆射也。司射命曰，不中不釋，蓋取其中也。故謂之主皮。馬氏論語注，以主皮爲能中質，是也。……鄉射記禮，射不主皮。鄭注不主皮者，貴其容體比於禮，其節比於樂，不待中爲雋也。……時至春秋之末，鄉射但以不貫不釋爲重，而容體比於禮，節比於樂，不復措意。故孔子歎之，以爲古仍有不主皮之射也。〔註56〕

「射不主皮」一句出自《儀禮‧鄉射禮》，孔子引之以申其意。依上列各家之解釋，其動詞「主」之主詞，除朱熹似乎主張爲原句之「射」，其他諸家皆主張爲隱而不顯之「射者」。

2、老者安之，朋友信之，少者懷之。《論語‧公冶長第五》：顏淵季路侍，子曰，盍各言爾志。子路曰，願車馬衣輕裘，與朋友共，弊之而無憾。顏淵曰，願無伐善，無施勞。子路曰，願聞子之志。子曰，老者安之，朋友信之，少者懷之。

魏何晏集解：

孔安國曰，懷，安也。〔註57〕（孔曰，懷，歸也。）〔註58〕

梁皇侃義疏：

……孔子答也。願己爲老人必見撫安，朋友必見期信，少者必見思懷也。若老人安己，己必是孝敬故也。朋友信己，己必是無欺故也。少者懷己，己必有慈惠故也。樂肇曰，敬長故見安，善誘故可

〔註55〕〔宋〕朱熹集注，《四書集注‧論語集注》，頁159。
〔註56〕〔清〕劉寶楠正義，《論語正義》，卷三，第十五至十六葉。
〔註57〕〔魏〕何晏集解，〔梁〕皇侃義疏，《論語集解義疏》，卷三，頁50。
〔註58〕《論語注疏》及《論語正義》皆作此。

懷也。〔註59〕

北宋邢昺疏：

> ……此夫子之志也。懷，歸也。言己願老者安己事之以孝敬也，朋友信己待之以不欺也，少者歸己施之以恩惠也。〔註60〕

南宋朱熹集注：

> 老者養之以安，朋友與之以信，少者懷之以恩。一說，安之，安我也。信之，信我也。懷之，懷我也。亦通。〔註61〕

清劉寶楠正義：

> ……韓詩外傳，遇長老則脩弟子之義，遇等夷則脩朋友之義，遇少而賤者則修告道寬裕之義。故無不愛也，無不敬也，無與人爭也。曠然而天地苞萬物也。如是則老者安之，少者懷之，朋友信之。……爾雅釋詁，懷，止也。釋言，懷，來也。並與歸訓近。言少者得所養教，歸依之若父師也。〔註62〕

「老者安之」、「朋友信之」、「少者懷之」三句，其動詞「安」、「信」、「懷」之主詞，何晏之主張不明，皇侃、邢昺、劉寶楠都主張爲原句之「老者」、「朋友」、「少者」，但朱熹則主張爲隱而不顯之「孔子」。

3、驥不稱其力，稱其德也。《論語・憲問第十四》：子曰，驥不稱其力，稱其德也。

魏何晏集解：

> 鄭玄曰，德者，謂調良之德也。〔註63〕（鄭曰，德者，調良之謂。）
>
> 〔註64〕

梁皇侃義疏：

> 驥者，馬之上善也。于時輕德重力，故孔子引譬抑之也。言伯樂，驥非重其力，政是稱其美德耳。驥既如此，而人亦宜然也。江熙曰，稱，伯樂曰。驥有力而不稱，君子雖有兼能而惟稱其德也。〔註65〕

〔註59〕〔魏〕何晏集解，〔梁〕皇侃義疏，《論語集解義疏》，卷三，頁50。
〔註60〕〔魏〕何晏注，〔宋〕邢昺疏，《論語注疏》，卷五，第七葉。
〔註61〕〔宋〕朱熹集注，《四書集注・論語集注》，頁196。
〔註62〕〔清〕劉寶楠正義，《論語正義》，卷六，第二十一至二十二葉。
〔註63〕〔魏〕何晏集解，〔梁〕皇侃義疏，《論語集解義疏》，卷七，頁151。
〔註64〕《論語注疏》及《論語正義》皆作此。
〔註65〕〔魏〕何晏集解，〔梁〕皇侃義疏，《論語集解義疏》，卷七，頁151。

北宋邢昺疏：

> 此章疾時尚力取勝，而不重德。驥是古之善馬名，人不稱其任重致遠之力，但稱其調良之德也。馬尚如是，人亦宜然。〔註66〕

南宋朱熹集注：

> 驥，善馬之名。德，謂調良也。尹氏曰，驥雖有力，其稱在德。人有才而無德，則亦奚足尚哉。〔註67〕

清劉寶楠正義：

> ……驥，古之善馬。德者，調良之謂。謂有五御之威儀。……。說文云，驥，千里馬也。莊子馬蹄篇釋文，驥，千里善馬也。謂驥一日行千里，此其力也。周官保氏職五馭。鄭司農云，五馭，鳴和鸞，逐水曲，過君表，舞交衢，逐禽左。此謂御者之容。驥馬調良，能有其德，故為善馬。人之稱之當以此。〔註68〕

「驥不稱其力，稱其德也。」實可析分為「驥不稱其力」和「驥稱其德」二句，其動詞「稱」之主詞，除何晏之主張不明，而朱熹似乎主張為原句之「驥」，其他三家都主張為隱而不顯之「伯樂」或「人」。

　　雖然以上三章句例之解讀，各家容或都還存在著些許異議；但至少已經足以證明，主詞隱而不顯之使用句法，在《論語》裡絕非單一特例。

　　其次，還可進一步從《詩經》中尋得更多清楚明白的句例。孔子在《論語》裡屢屢稱揚《詩》之文采及實用。不但要求兒子和眾弟子認真學習《詩》，以奠立待人處事應對進退之基礎；更曾數度援引《詩》句，以抒發己志。若設想說孔子曾經從《詩》句學得某些表情達意之語言用法，應當十分合情合理。

　　根據毛亨傳、鄭玄箋、陸德明音義、孔穎達疏之《附釋音毛詩注疏》，至少可以列舉以下十四篇句例，都具有相同或類似用法：

> 1、《詩經·國風·周南·關雎》第四、五章：參差荇菜，左右采之。窈窕淑女，琴瑟友之。(……〔傳〕宜以琴瑟友樂之。〔箋〕同志為友。言賢女之助后妃共荇菜，其情意乃與琴瑟之志同。共荇菜之時，樂必作。〔疏〕……毛以為后妃本己求淑女之意。……若

〔註66〕　〔魏〕何晏注，〔宋〕邢昺疏，《論語注疏》，卷十四，第八葉。
〔註67〕　〔宋〕朱熹集注，《四書集注·論語集注》，頁361。
〔註68〕　〔清〕劉寶楠正義，《論語正義》，卷十七，第十九葉。

來則琴瑟友而樂之。思設樂以待之，親之至也。……鄭以爲后妃化感群下，既求得之又樂助采之。……既化，后妃莫不和親。故當共荇菜之時，作此琴瑟之樂，樂此窈窕之淑女。……此稱后妃之意。后妃言己思此淑女，若來，己宜以琴瑟友而樂之。言友者，親之如友。……）參差荇菜，左右芼之。窈窕淑女，鍾鼓樂之。（……〔傳〕德盛者宜有鍾鼓之樂。〔箋〕琴瑟在堂，鍾鼓在庭。言共荇菜之時，上下之樂皆作，盛其禮也。……〔疏〕……此詩美后妃能化淑女，共樂其事。既得荇菜以祭廟，上下樂作，盛此淑女所共之禮也。樂雖主神，因共荇菜，歸美淑女耳。）〔註69〕

〈關雎〉篇中之「琴瑟友之」及「鍾鼓樂之」兩句，其動詞「友」和「樂」之主詞並非「琴瑟」和「鍾鼓」，亦非上句之「窈窕淑女」，而是隱而不顯之「后妃」。

2、《詩經・國風・召南・鵲巢》第一、二、三章：維鵲有巢，維鳩居之。之子于歸，百兩御之。（〔傳〕百兩，百乘也。諸侯之子嫁於諸侯，送御皆百乘。〔箋〕之子，是子也。御，迎也。是如鳲鳩之子，其往嫁也，家人送之，良人迎之。車皆百乘，象有百官之盛。〔音義〕御，五嫁反。本亦作訝，又作迓，同。……〔疏〕……言諸侯之女嫁於諸侯，送迎皆百乘者，探解下章將之。明此諸侯之禮，嫁女於諸侯，故迎之百乘。諸侯之女，故送亦百乘。……家人謂父母也。……良人謂夫也。……言迓之者，夫自以其車迎之。送之則其家以車送之。故知壻車在百兩迎之中，婦車在百兩將之中，明矣。）……之子于歸，百兩將之。（〔傳〕將，送也。……）……之子于歸，百兩成之。（〔傳〕能成百兩之禮也。〔箋〕是子有鳲鳩之德，宜配國君，故以百兩之禮送迎成之。〔疏〕……傳言夫人有鳲鳩之德，故能成此百兩迎之禮。箋以迓爲迎夫人，將之謂送夫人，成之謂成夫人，故易以百兩之禮送迎成之。）〔註70〕

〔註69〕〔漢〕毛亨傳，〔漢〕鄭玄箋，〔唐〕陸德明音義，〔唐〕孔穎達疏，《附釋音毛詩注疏》，卷第一之一，第十三至十四葉。

〔註70〕〔漢〕毛亨傳，〔漢〕鄭玄箋，〔唐〕陸德明音義，〔唐〕孔穎達疏，《附釋音

〈鵲巢〉篇中之「百兩御之」、「百兩將之」、「百兩成之」三句，其動詞「御」、「將」、「成」之主詞並非「百兩」，亦非上句之「之子」，而是隱而不顯之「家人」和「良人」。

> 3、《詩經・國風・邶風・北門》第二、三章：王事適我，政事一埤益我。（〔傳〕適，之。埤，厚也。〔箋〕國有王命役使之事，則不以之彼，必來之我。有賦稅之事，則減彼一，而以益我。言君政偏，己兼其苦。……）……（〔疏〕此仕者言君既昏闇，非直使己貧窶。又若國有王命役使之事，則不以之彼，必來之我，使己勞於行役。若有賦稅之事，則減彼一，而厚益我，使己困於資財。君既政偏，己兼其苦，……）……王事敦我，政事一埤遺我。（〔傳〕敦，厚。遺，加也。〔箋〕敦猶投擲也。〔音義〕敦，毛如字。韓詩云，敦，迫。鄭都回反，投摛也。……〔疏〕箋以役事與之，無所為厚也。且上云適我，此亦宜為之己之義，故易傳以為投擲於己也。）〔註71〕

〈北門〉篇中之「王事適我」、「政事一埤益我」、「王事敦我」、「政事一埤遺我」四句，其動詞「適」、「益」、「敦」、「遺」之主詞並非「王事」、「政事」，而是隱而不顯之「君」。

> 4、《詩經・國風・鄘風・干旄》第一、二、三章：孑孑干旄，在浚之郊。素絲紕之，良馬四之。（〔傳〕紕，所以織組也。總紕於此，成文於彼。願以素絲紕組之法御四馬也。〔箋〕素絲者以為縷，以縫紕旌旗之旒縿，或以維持之。浚郊之賢者既識卿大夫建旄而來，又識其乘善馬。四之者，見之數也。……〔疏〕毛以為衛之臣子好善，故賢者樂告之以善道。言建孑孑然之干旄，而食邑在於浚之郊，此好善者我願告之以素絲紕組之法，而御善馬四彎之數，以此法而治民也。織組者，總紕於此，成文於彼，猶如御者執彎於此，馬驂於彼。以喻治民，立化於己，而德加於民，使之得所，有文章也。賢者願以此道告之。……鄭以為浚郊處士言，衛之卿大夫建此孑孑之干旄，來在浚之郊。以素絲為

毛詩注疏》，卷第一之三，第八葉。

〔註71〕 〔漢〕毛亨傳，〔漢〕鄭玄箋，〔唐〕陸德明音義，〔唐〕孔穎達疏，《附釋音毛詩注疏》，卷第二之三，第六葉。

縷，縫紕此旌旗之旒綏，又以維持之。而乘善馬，乃四見於己也。故賢者有善道樂以告之。……）……素絲組之，良馬五之。（〔傳〕總以素絲而成組也。驂馬五轡。〔箋〕以素絲縷縫組於旌旗，以爲之飾。五之者，亦爲五見之也。……）……素絲祝之，良馬六之。（〔傳〕祝，織也。四馬六轡。〔箋〕祝當作屬。屬，著也。六之者，亦謂六見之也。〔音義〕祝，毛之六反，鄭之蜀反。……）〔註72〕

〈干旄〉篇中之「素絲紕之」、「良馬四之」、「素絲組之」、「良馬五之」、「素絲祝之」、「良馬六之」六句，其動詞「紕」、「四」、「組」、「五」、「祝」、「六」之主詞並非「素絲」、「良馬」，而是隱而不顯之「好善臣子」。

5、《詩經・國風・衛風・河廣》第一章：誰謂河廣，一葦杭之。（〔傳〕杭，渡也。〔箋〕誰謂河水廣，與一葦加之，則可以渡之。喻狹也。今我之不渡，直自不往耳，非爲其廣。……〔疏〕言一葦者，謂一束也。可以浮之水上而渡，若桴栰然，非一根葦也。此假有渡者之辭，非喻夫人之嚮宋渡河也。何者，此文公之時，衛已在河南，自衛適宋，不渡河。）〔註73〕

〈河廣〉篇中之「一葦杭之」一句，其動詞「杭」之主詞並非「一葦」，而是隱而不顯之「夫人」或「渡者」。

6、《詩經・國風・鄭風・將仲子》第一、二、三章：仲可懷也，父母之言，亦可畏也。（〔箋〕懷私曰懷，言仲子之言可私懷也。我迫於父母有言，不得從也。〔疏〕祭仲數諫莊公，莊公不能用之，反請於仲子兮。……仲子之言可懷私也。雖然，父母之言亦可畏也。言莊公以小不忍至於大亂，故陳其拒諫之辭以刺之。……）……仲可懷也，諸兄之言，亦可畏也。……仲可懷也，人之多言，亦可畏也。〔註74〕

〈將仲子〉篇中之「仲可懷也」一句三見，其動詞「懷」之主詞並非「仲」（祭

〔註72〕〔漢〕毛亨傳，〔漢〕鄭玄箋，〔唐〕陸德明音義，〔唐〕孔穎達疏，《附釋音毛詩注疏》，卷第三之二，第二至四葉。

〔註73〕〔漢〕毛亨傳，〔漢〕鄭玄箋，〔唐〕陸德明音義，〔唐〕孔穎達疏，《附釋音毛詩注疏》，卷第三之三，第六葉。

〔註74〕〔漢〕毛亨傳，〔漢〕鄭玄箋，〔唐〕陸德明音義，〔唐〕孔穎達疏，《附釋音毛詩注疏》，卷第四之二，第四至五葉。

仲），而是隱而不顯之「莊公」。

　　7、《詩經・國風・檜風・羔裘》第一、二章：羔裘逍遙，狐裘以朝。
　　　　（〔傳〕羔裘以遊燕，狐裘以適朝。〔箋〕諸侯之朝服緇衣羔裘，
　　　　大蜡而息民則有黃衣狐裘。今以朝服燕，祭服朝，是其好絜衣服
　　　　也。先言燕，後言朝，見君之志不能自強於政治。……〔疏〕言
　　　　檜君好絜衣服，不脩政事。羔裘是適朝之常服，今服之以逍遙。
　　　　狐裘是息民之祭服，今服之以在朝。言其志好鮮絜，變易常服
　　　　也。……）羔裘翱翔，狐裘在堂。（〔傳〕堂，公堂也。〔箋〕翱
　　　　翔猶逍遙也。……〔疏〕……此刺不能自強於政治，則在朝在堂
　　　　皆是政治之事。上言以朝，謂日出視朝。此云在堂，謂正寢之堂。
　　　　人君日出視朝乃退，適路寢以聽大夫所治之政。二者於禮同服羔
　　　　裘，今檜君皆用狐裘，故二章各舉其一。）〔註75〕

〈羔裘〉篇中之「羔裘逍遙」、「狐裘以朝」、「羔裘翱翔」、「狐裘在堂」四句，
其動詞「逍遙」、「朝」、「翱翔」、「在」之主詞並非「羔裘」、「狐裘」，而是隱
而不顯之「檜君」。

　　8、《詩經・小雅・鹿鳴之什・伐木》第五、六章：籩豆有踐，兄弟
　　　　無遠。（〔箋〕踐，陳列貌。兄弟，父之黨，母之黨。）民之失
　　　　德，乾餱以愆。（〔傳〕餱，食也。〔箋〕失德謂見謗訕也。民尚
　　　　以乾餱之食獲愆過於人，況天子之饌反可以恨兄弟乎。故不當遠
　　　　之。〔音義〕……遠，于萬反，亦如字。）有酒湑我，無酒酤我。
　　　　（〔傳〕湑，茜之也。酤，一宿酒也。〔箋〕酤，買也。此族人陳
　　　　王之恩也。王有酒則湅茜之，王無酒酤買之。要欲厚於族人。
　　　　〔音義〕湑本又作醑，思敘反。酤，毛音戶，說文同，鄭音顧，
　　　　又音沽。茜，所六反。與左傳縮酒同義，謂以茅湅之而去其糟
　　　　也。字從艸。湅，子禮反。）……（〔疏〕……既有酒矣，又籩
　　　　豆有踐然行列而陳之矣。兄弟親戚無有疏遠，皆使召之而與之燕
　　　　也。王又自言己不可不召族人之意。下民之失德見謗訕者以何故
　　　　乎，正由乾餱之食不分於人，以獲愆過。乾餱之食尚以獲愆，況
　　　　天子之饌可不召親戚令之恨乎。故盡召而燕之。族人陳王之恩，

〔註75〕〔漢〕毛亨傳，〔漢〕鄭玄箋，〔唐〕陸德明音義，〔唐〕孔穎達疏，《附釋音
　　　　毛詩注疏》，卷第七之二，第二至三葉。

言王有酒，則湑涑之以飲我，王無酒，則卒造一宿之酤酒以與
我。……）〔註76〕

〈伐木〉篇中之「兄弟無遠」、「乾餱以愆」、「有酒湑我」、「無酒酤我」四句，
其動詞「遠」、「愆」、「湑」、「酤」之主詞並非「兄弟」、「乾餱」、「酒」，而是
隱而不顯之「王」、上句之「民」。

9、《詩經・小雅・谷風之什・大東》第四章：舟人之子，熊羆是裘。
（〔傳〕舟人，舟楫之人。熊羆是裘言富也。〔箋〕舟當作周，裘
當作求，聲相近故也。周人之子謂周世臣之子孫。退在賤官，使
搏熊羆，在冥氏宂氏之職。……）私人之子，百僚是試。（〔傳〕
私人，私家人也。是試，用於百官也。〔箋〕此言周衰，群小得
志。……〔疏〕毛以爲言王政之偏。……王既政偏如是，又上下
無制，致舟楫之人之子以熊羆之皮是爲衣裘。言賤人踰制而奢富
也。其私家之人之子，則百僚之官於是登用之。小人得志驕貴
也。……箋以此章八句辭皆相反。舉鮮盛而對職勞，以是裘而對
是試。則周人私人猶東人西人也。既東西勞逸不同，則周私所主
爲異。又是試爲上之所用，則是裘非身之所衣，皆是王使之也。
以此知舟當作周，裘當作求。周世臣之子孫者，謂在周有功德，
世爲臣，其子孫賢者也。……）〔註77〕

〈大東〉篇中之「熊羆是裘」、「百僚是試」二句，其動詞依毛亨之意爲「是」、
「試」，依鄭玄之意爲「裘」、「試」，其主詞皆並非「熊羆」、「百僚」，而是上
句之「舟人之子」、「私人之子」。

10、《詩經・小雅・甫田之什・桑扈》第四章：兕觥其觩，旨酒思
柔。（〔箋〕兕觥，罰爵也。古之王者與群臣燕飲，上下無失禮
者，其罰爵徒觩然陳設而已。其飲美酒，思得柔順中和，與共
其樂。言不愳教自淫恣也。……）〔註78〕

〈桑扈〉篇中之「旨酒思柔」一句，其動詞「思」之主詞並非「旨酒」，而是

〔註76〕〔漢〕毛亨傳，〔漢〕鄭玄箋，〔唐〕陸德明音義，〔唐〕孔穎達疏，《附釋音
毛詩注疏》，卷第九之三，第三至四葉。

〔註77〕〔漢〕毛亨傳，〔漢〕鄭玄箋，〔唐〕陸德明音義，〔唐〕孔穎達疏，《附釋音
毛詩注疏》，卷第十三之一，第六至七葉。

〔註78〕〔漢〕毛亨傳，〔漢〕鄭玄箋，〔唐〕陸德明音義，〔唐〕孔穎達疏，《附釋音
毛詩注疏》，卷第十四之二，第五葉。

隱而不顯之「古之王者與群臣」。

11、《詩經・大雅・生民之什・鳧鷖》第五章：鳧鷖在亹，公尸來
止熏熏。旨酒欣欣，燔炙芬芬。（〔傳〕欣欣然，樂也。……〔箋〕……
小神之尸卑，用美酒，有燔炙可用褻味也。……〔疏〕毛以爲
時既大平，……於此之時，成王祭其宗廟，以明日燕尸。公尸
之來止，燕坐熏熏然，其又和說而得其宜。於是行旨美之酒，
欣欣然歡樂。薦燔炙之羞，芬芬然馨香。……鄭以……公尸之
來止處，自以神卑之故，熏熏然坐而不安。於是有旨酒欣欣然
美，燔炙芬芬然香。……傳……飲美酒而言欣欣，故爲樂。謂
尸之樂也。……箋……因其神卑而變其文，用美酒，有燔炙。
以其神卑，可用褻美之味。……）〔註79〕

〈鳧鷖〉篇中之「旨酒欣欣」一句，其動詞依毛亨之意爲「欣欣」，其主詞並
非「旨酒」，而是上句之「公尸」。

12、《詩經・周頌・閔予小子之什・絲衣》一章：兕觥其觩，旨酒
思柔。（〔箋〕柔，安也。繹之旅士用兕觥，變於祭也。飲美酒
者，皆思自安。……〔疏〕上經說祭初行禮，唯謂士耳。此言
飲美皆思自安，則是諸助祭者，非獨士也。……）〔註80〕

〈絲衣〉篇中之「旨酒思柔」一句，其動詞「思」之主詞並非「旨酒」，而是
隱而不顯之「士」或和「助祭者」。

13、《詩經・魯頌・駉之什・閟宮》第三章：周公之孫，莊公之子。
龍旂承祀，六轡耳耳。（〔傳〕周公之孫，莊公之子，謂僖公
也。……〔箋〕交龍爲旂，承祀謂視祭事也。……〔疏〕……
至於今日，周公後世之孫，魯莊公之子，謂僖公也。其車建交
龍之旂，承奉宗廟祭祀。……交龍爲旂，春官司常文。承者，
奉持之義，故云承祀謂視祭事。此龍旂承祀謂視宗廟之
祭。……）〔註81〕

〔註79〕〔漢〕毛亨傳，〔漢〕鄭玄箋，〔唐〕陸德明音義，〔唐〕孔穎達疏，《附釋音
毛詩注疏》，卷第十七之二，第十二至十三葉。

〔註80〕〔漢〕毛亨傳，〔漢〕鄭玄箋，〔唐〕陸德明音義，〔唐〕孔穎達疏，《附釋音
毛詩注疏》，卷第十九之四，第九葉。

〔註81〕〔漢〕毛亨傳，〔漢〕鄭玄箋，〔唐〕陸德明音義，〔唐〕孔穎達疏，《附釋音
毛詩注疏》，卷第二十之二，第三至五葉。

〈閟宮〉篇中之「龍旂承祀」一句，其動詞「承」之主詞並非「龍旂」，而是
上句之「周公之孫，莊公之子」。

14、《詩經‧商頌‧那之什‧殷武》第三章：歲事來辟，勿予禍
適，稼穡匪解。（〔傳〕辟，君。適，過也。〔箋〕……來辟猶來
王也。……以歲時來朝覲於我殷王者，勿罪過與之禍適。徒勅
以勸民稼穡，非可解倦。……〔音義〕……解音懈，注同。……
〔疏〕……此亦責楚之辭。……常以歲時行朝覲之事，來見君
王。我殷王勿予之患禍，不責其罪過。唯告之以勸民稼穡之
事，非得有解惰而已。……）〔註82〕

〈殷武〉篇中之「稼穡匪解」一句，其動詞「解」之主詞並非「稼穡」，而是
隱而不顯之「民」。

以上《詩經》這十四篇中之諸多句例，主詞若非隱而不顯，則是屬於上
句。而其在《詩經》裡之各類型分佈均勻，涵蓋了《國風》之七國風各一
篇，《小雅》三篇，《大雅》一篇，《周頌》一篇，《魯頌》一篇，《商頌》一篇。
由此而觀，動詞前之名詞並非主詞之這類句法，在《詩經》裡雖然還不能說
俯拾即是，但已然足以說所在多有。

結合上列《論語》和《詩經》中之眾多類似用法句例來看，在一句之
中，動詞之主詞不必定是在前的名詞。真正的主詞可能隱而不顯，也可能存
在於先前的句子裡。那麼，孔子所說「性相近也」和「習相遠也」二句，
以動詞用法解讀「近」和「遠」，其主詞也可以不必定要是在前的「性」和
「習」。如前所述，可能或許孔子當時談話的主題已是與「性」「習」普遍相
關之「人」，所以毋庸贅辭；也可能或許上句有所言及，但因無關緊要而不被
弟子所記錄。無論情況為何，將這二句之真正主詞解讀為隱而不顯的「人」，
在句子使用的方法上，雖然不常見，但絕非不可接受。

第七節　新解決方案

以此解讀法做為解決方案，孔子說「性相近也。習相遠也。」之真正意
義實為：人因為「性」而互相親近；人因為「習」而互相疏遠。由於將「性」

〔註82〕〔漢〕毛亨傳，〔漢〕鄭玄箋，〔唐〕陸德明音義，〔唐〕孔穎達疏，《附釋音
毛詩注疏》，卷第二十之四，第六葉。

和「習」解讀爲人互相親近或疏遠的原因，也就可以合理地進一步解釋：孔子認爲「性」使人互相親近；「習」使人互相疏遠。

　　基於這個觀點來闡發孔子的「性」概念內容，由於人之各種屬性特質與他人相較有同有異，相同的屬性特質自然會使人互相親近，相異的屬性特質自然會使人互相疏遠；甚至可以說，能使人互相親近的屬性特質必然相同，能使人互相疏遠的屬性特質必然相異。「習」使人疏遠之原因正是由於人之「習」中必有相異之成分，至少從一般生活經驗來看，人人之「習」或多或少有所差異乃是一種常態。那麼，相對而言，「性」使人親近之原因也就正是由於人之「性」全然相同。

　　至少從一般生活經驗來看，或多或少有所差異之事物，會造成彼此逐漸疏遠之動態者，便是其中相異的成分；而會造成彼此逐漸親近之動態者，便是其中相同的成分。以此經驗來看待或多或少有所差異之「人」之動態，孔子之言豈非正是一種洞悉人情世故之眞知灼見！

第八節　關鍵問題之探討

　　檢視本文所提四項關鍵問題，這個解決方案頗能妥善地回答。第一項關鍵問題：孔子對「性」與「習」兩種事物，分別說「相近也」「相遠也」之實指意義爲何？本文主張此兩句之「近」「遠」應理解爲動詞用法，且兩句之眞正主詞並非字面所見之「性」「習」，而是隱而不顯之「人」。其意實爲「人因性而相互親近」和「人因習而相互疏遠」。孔子在此章表達了對人際互動本質之深刻洞見；人與人基於「性」與「習」之差異，將呈現不同的互動狀態。吾人尚且可由此處之理解更進一步，推演探究關於孔子「性」概念之實質內涵。由於相同的事物可使人相互親近，相異的事物可使人相互疏遠，且在一般經驗中反之亦然，可使人親近者乃相同的事物，可使人疏遠者乃相異的事物；故而可合理推知，孔子認爲人之「性」乃是普遍皆同。

　　第二項關鍵問題：孔子在此同時談及「性」與「習」，兩者之間的關係如何？《論語》中之「習」字凡三見，除了本章之外，另兩章是：

　　1、《論語・學而第一》：子曰，學而時習之，不亦說乎。有朋自遠
　　　　方來，不亦樂乎。人不知而不慍，不亦君子乎。〔註83〕

〔註83〕〔宋〕朱熹集注，《四書集注・論語集注》，頁 119～120。

南宋朱熹集注：

> 說悅同。學之爲言效也。人性皆善，而覺有先後。後覺者必效先覺之所爲，乃可以明善而復其初也。習，鳥數飛也。學之不已，如鳥數飛也。說，喜意也。既學而又時時習之，則所學者熟，而中心喜說，其進自不能已矣。程子曰，習，重習也。時復思繹，浹洽於中，則說也。又曰，學者將以行之也。時習之則所學者在我，故說。謝氏曰，時習者，無時而不習。坐如尸，坐時習也。立如齊，立時習也。……〔註84〕

2、《論語・學而第一》：曾子曰，吾日三省吾身。爲人謀而不忠乎。
與朋友交而不信乎。傳不習乎。〔註85〕

南宋朱熹集注：

> ……傳，謂受之於師。習，謂熟之於己。……〔註86〕

這兩章中之「習」皆與師之所傳和弟之所學相關。依朱熹注解，乃是表示學生向老師學其所傳後，自己之重複的思惟與熟練。其中他對「習」字本義之認識，實乃出自許慎《說文解字》：「習，數飛也。从羽，白聲。凡習之屬皆从習。」〔註87〕引申之即可有重複施爲之意。所以段玉裁於此注解：「數，所角切。月令，鷹乃學習。引伸之義爲習熟。……」〔註88〕以鳥類初學飛翔，必有不斷重複揮翅之熟練漸進過程，來比喻人亦需要不斷重複施爲，才能在知識和技能上漸進熟練。

此引申義在《爾雅》中更早有明示：

> 《爾雅・釋詁下》：閑，狎，串，貫，習也。〔註89〕

晉郭璞注：

> 串，厭串。貫，貫忕也。今俗語皆然。〔註90〕

北宋邢昺疏：

> 皆便習也。莊二十二年左傳曰，敕其不閑於教訓。曲禮曰，賢者狎

〔註84〕 〔宋〕朱熹集注，《四書集注・論語集注》，頁119。
〔註85〕 〔宋〕朱熹集注，《四書集注・論語集注》，頁122。
〔註86〕 〔宋〕朱熹集注，《四書集注・論語集注》，頁122。
〔註87〕 〔漢〕許慎撰，〔清〕段玉裁注，《說文解字注》，頁139。
〔註88〕 〔漢〕許慎撰，〔清〕段玉裁注，《說文解字注》，頁139。
〔註89〕 〔晉〕郭璞注，〔宋〕邢昺疏，《爾雅注疏》，卷二，第七葉。
〔註90〕 〔晉〕郭璞注，〔宋〕邢昺疏，《爾雅注疏》，卷二，第七葉。

而敬之。大雅皇矣云，串夷載路。齊風猗嗟云，射則貫兮。皆是習
也。郭云串厭串貫貫忕也今俗語皆然者，當時晉時有此厭串貫忕之
語，故以爲證也。〔註91〕

清阮元校勘：

貫，唐石經，單疏本，雪牎本同。釋文，慣本又作貫，又作遺，同
古患反。按玉篇，慣，習也。本此經。後漢書馮異傳注引爾雅，忕，
復也。郭氏曰謂慣忕，復爲之也。亦用慣字。今本注不然。〔註92〕

可見「習」之引申可爲「慣習」之意。事實上，日後一般用法大都取其引申
義，而非本義。然而吾人於此明瞭「習」之本義與引申義之關係，很有助於
理解此章孔子所認爲「性」與「習」之關係。

孔子將「性」與「習」對舉言之，而「習」之意乃爲傳學後之重複思惟
熟練；依本文解決方案，「習」於此當爲名詞，亦即可理解爲重複施爲所獲
之結果。於是，對舉之「性」應乃是不需傳學後重複思惟熟練，即已獲有之
事物。此即所謂得之於天，不思而有、不學而得之天性。

結合兩項關鍵問題之回答來看，孔子此章所言，其眞實意涵甚爲深遠。
「性相近也。習相遠也。」兩句，眞正的意義爲「人因爲先天本性而彼此相
互親近；人因爲後天慣習而彼此相互疏遠。」正由於先天本性人人相同，故
而能使彼此親近；正由於後天慣習人人有異，故而能使彼此疏遠。

第三項關鍵問題：爲何子貢既已明說「夫子之『言』性與天道」，卻仍表
示「不可得而聞也」？蔡仁厚先生對此問題有著精闢的見解，本文於此認同
蔡先生的論點。「聞」字至少可以區分出「耳聞」、「見聞」、「知聞」等三層意
義，此章中之兩個「聞」字可能包含這些不同層次的用法。如此思考之關鍵
處即在「言」字與「聞」字之表面矛盾；既已說夫子有所「言」，卻又立即說
此「言」不可「聞」，豈不怪哉！正是因爲這個矛盾太過明白，甚至招搖，令
人難以相信會是優秀如子貢者所說，所以可見其中必有深意。此亦正可以是
語言修辭之一法，子貢欲要聽者警覺，進而深察其言、深體其意。

包含「耳聞」、「見聞」和「知聞」等三層意義之第一個「聞」字，意指
孔子之德行文章明白彰顯於外，人人都可耳聞、見聞、進而知聞。同樣包含

〔註91〕　〔晉〕郭璞注，〔宋〕邢昺疏，《爾雅注疏》，卷二，第七葉。
〔註92〕　〔清〕阮元校勘，〈爾雅注疏卷二校勘記〉，〔晉〕郭璞注，〔宋〕邢昺疏，《爾
　　　　　雅注疏》，卷二，第十七葉。

三層意義之第二個「聞」字，則意指關於孔子對「性與天道」之「言」，即使耳聞、見聞，也無法深入知聞。

　　值得附帶一提，那種直截地簡單看法，將子貢所說後半段話解釋為類似：孔子關於性與天道的言說乃是無法獲得聽聞；因為孔子根本不曾說過。從此處「聞」字三層意義的剖析觀點來看，假若後半段話可以這般解釋，那麼子貢前半段話就必須要解釋為：孔子的德行文章可以獲得聽聞。然而，既是德行文章，子貢即使再如何自謙不能知聞，豈有不見聞之理！這將使前半段話難以充分合理說明，除非前後兩個「聞」字意義不一致。又假若所謂聽聞乃指不識孔子之旁人而言，意思為孔子的德行文章可以令旁人獲得聽聞；那麼後半段話也當該是說孔子關於性與天道之言說，無法令旁人獲得聽聞。如此的解釋將使得後半段話等於是肯定：孔子曾有過關於性與天道之言說；而這正會與原本的簡單看法相互矛盾。

　　第四項關鍵問題：子貢在此提到「夫子之文章」與「夫子之言性與天道」，兩者之間的關係如何？本文所討論之各家觀點，基本上都主張兩者約略屬於類似實踐與理論之關係。但是各家對其間關係內容之描述，則各有不同的思考面向。蔡仁厚先生繼承自牟宗三先生，認為「夫子之文章」是孔子體證貫通性命與天道之外在德行表現，「夫子之言性與天道」則是孔子對此貫通之理智測度所得言詞內容。至於此一貫通之印證，即是孔子之「仁」。

　　然而蔡先生不同於牟先生之處，他並未特別強調說明孔子之所以少言甚至罕言「性」之哲學上的理由，如牟先生所說之「存有之秘密」，而僅只取孔子個人志趣不類於希臘式哲人之觀點。於是，關於為何孔子少言罕言「性」，但卻同時並不少言罕言「天」、「命」、「道」、「天命」、「天道」、以及「仁」等此一衍生問題，可說暫時避開了回答之迫切。但是此一衍生問題並未因而消失，更還沒有獲得有效的解答。

　　上文所討論各家的論點，大體上都肯定「性」字概念在春秋時代即已普遍通行；事實上，曾使用「性」字之文獻雖不算多，但仍散見先秦時代各典籍篇章。然而，《爾雅》未錄「性」字；許慎《說文解字》云：「性，人之易气性善者也。从心生聲。」〔註93〕段玉裁注云：「論語曰，性相近也。孟子曰，人性之善也，猶水之就下也。董仲舒曰，性者，生之質也。質樸之謂

〔註93〕　〔漢〕許慎撰，〔清〕段玉裁注，《說文解字注》，頁506。

性。」〔註 94〕許慎之理解明顯受到漢代流行陰陽五行學說之影響，這可從列於「性」上之「情」字解釋更清楚地對照看出：「情，人之会气有欲者。从心青聲。」〔註 95〕

　　東漢許慎選擇當時流行學說之觀點來解釋「性」，捨棄西漢董仲舒較爲直截的解釋。然而時代上應爲更早的《爾雅》卻不著錄；即使戰國時期關於「性」之討論乃是當時熱門議題之一，即使現代各家學者大致上皆認爲春秋時期「性」字概念已普遍通行。加上《爾雅》素爲儒家所重，一般據信也可能曾經儒家後學所整理。又由於先秦學界對「性」字概念之討論主要焦點在其內容之道德屬性上，而非直接針對其內容；最明顯的極少數例外之一是《孟子》裡所記載之告子簡易觀點「生之謂性」和「食色性也」，但孟子卻用一相對較爲複雜曲折的觀點駁斥之。於是，吾人對此可以有一合理推想：一般言之，關於「性」字概念之內容，時代愈早則觀點愈單純；其後乃是因爲關於該內容之道德屬性之討論興起，才使得「性」概念內容觀點愈呈精緻與繁複。職是之故，吾人所以會看到孟子以較爲複雜的觀點反對告子，荀子以更爲複雜的觀點反對孟子，然而《爾雅》仍不著錄「性」字之意義；西漢董仲舒較爲直截了當地解釋之，東漢許慎則採用陰陽五行觀點以搭配道德屬性之解釋。

　　基於此一合理推想，依據上文所提解決方案之論點，本文認爲孔子之「性」概念內容可能極爲單純，僅只是一種關於人之本質之思考；而這種思考在當時也已經普遍通行。在孔子之思想體系中，這種思考與「天道」與「習」都有著密切的關係，由此再進一步可以連接到「仁」之實踐。孔子思想體系的創造性部分並不直接在「性」概念之內容，而是在或直接或間接與「性」連結之「天道」、「習」、「仁」等概念內容上；於是，吾人便見到了孔子多所談論「天」、「命」、「道」、「天命」、「天道」、「仁」、甚至與「習」密切相關之「學」，但卻少言罕言「性」。

第九節　分章問題之討論

　　《論語・陽貨第十七》章句緊接著「子曰，性相近也。習相遠也。」其

〔註 94〕〔漢〕許慎撰，〔清〕段玉裁注，《說文解字注》，頁 506。
〔註 95〕〔漢〕許慎撰，〔清〕段玉裁注，《說文解字注》，頁 506。

後之「子曰，唯上知與下愚不移。」〔註96〕何晏集解、皇侃義疏、邢昺疏、劉寶楠正義版本皆合爲一章，朱熹集注版本即使分爲下章，亦注明與上章關係密切。兩段章句不論是否應當分立爲兩章，兩者之意義在傳統觀點裡實際上互有關連。證之以此新解決方案，正可以適切地解釋兩段章句間意義之連接。

　　對後一段章句之意義，上列諸家之注解各有看法。何晏集解云：「孔安國曰，上智不可使強爲惡，下愚不可使強賢也。」〔註97〕

　　皇侃義疏云：「前既曰性近習遠，而又有異，此則明之也。夫降聖以還，賢愚萬品，若大而言之，且分爲三。上分是聖，下分是愚，愚人以上聖人以下，其中階品不同而共爲一。此之共一則有推移。今云上智謂聖人，下愚愚人也。夫人不生則已，若有生之始，便稟天地陰陽氛氳之氣。氣有清濁，若稟得淳清者則爲聖人，若得淳濁者則爲愚人。愚人淳濁，雖澄亦不清。聖人淳清，攪之不濁。故上聖遇昏亂之世不能撓其眞，下愚値重堯疊舜不能變其惡。故云，唯上智與下愚不移也。而上智以下，下愚以上，二者中閒，顏閔以下，一善以上。其中亦多清少濁，或多濁少清，或半清半濁。澄之則清，攪之則濁。如此之徒以隨世變改，君遇善則清升，逢惡則淬淪。所以別云，性相近習相遠也。」〔註98〕

　　邢昺疏云：「此章言君子當愼其所習也。性謂人所稟受以生而靜者也。未爲外物所感則人皆相似，是近也。既爲外物所感則習以性成，若習於善則爲君子，若習於惡則爲小人，是相遠也。故君子愼所習。然此乃是中人耳，其性可上可下。故遇善則升，逢惡則墜也。孔子又嘗曰，唯上知聖人不可移之使爲惡，下愚之人不可移之使強賢。此則非如中人性習相近遠也。」〔註99〕

　　朱熹集注云：「此承上章而言。人之氣質相近之中，又有美惡一定，而非習之所能移者。程子曰，人性本善，有不可移者何也。語其性則皆善也。語其才則有下愚之不移。所謂下愚有二焉，自暴自棄也。人苟以善自治，則無不可移。雖昏愚之至，皆可漸磨而進也。惟自暴者拒之以不信，自棄者絕之以不爲。雖聖人與居，不能化而入也。仲尼之所謂下愚也。然其質非必昏且愚也。往往強戾而才力有過人者，商辛是也。聖人以其自絕於善，謂

〔註96〕〔宋〕朱熹集注，《四書集注‧論語集注》，頁401。
〔註97〕〔魏〕何晏集解，〔梁〕皇侃義疏，《論語集解義疏》，卷九，頁176。
〔註98〕〔魏〕何晏集解，〔梁〕皇侃義疏，《論語集解義疏》，卷九，頁176。
〔註99〕〔魏〕何晏注，〔宋〕邢昺疏，《論語注疏》，卷十七，第一葉。

之下愚。然考其歸則誠愚也。或曰，此與上章當合爲一，子曰二字，蓋衍文耳。」〔註100〕

劉寶楠正義云：「阮氏元論性篇，性中雖有秉彝，而才性必有智愚之別。然愚者非惡也。智者善，愚者亦善也。古人每言才性，即孟子所謂非才之罪也。韓文公原性，因此孔子之言，爲三品之說。雖不似李習之之悖於諸經，然以下愚爲惡，誤矣。……今案阮說是也。……又以上章及此章爲三品，漢人早有此說，而文公因之。然有性善有性不善，性可以爲善可以爲不善，孟子已辭而闢之，而斷爲性善，則知三品之言非矣。夫子言生而知之爲上，即此上智。困而學之爲又次，困即是愚，而爲又次，無不可移也。至困而不學乃云民斯爲下，下即此所云下愚。戴氏震孟子字義疏證，……以不移定爲下愚，又往往在知善而不爲，知不善而爲之者。故曰不移，不曰不可移。……程氏瑤田論學小記，……犬牛之愚無仁義禮智之端，人之愚未嘗無仁義禮智之端。……此習於惡則惡之事也。……此習於善則善之事也。案如程說，是愚亦可爲善，則愚非惡矣。如戴說，即下愚亦可移。蓋均本孟子性善之旨，以發明夫子言外之意。」〔註101〕

傳統觀點除了朱熹似乎將「上知」和「下愚」僅解釋爲人之某種性質，其他各家皆解釋爲具有某種性質之人；然而朱熹隨後引二程之說法，亦同樣解釋爲具有某種性質之人。這也就是說，基本上傳統觀點認爲孔子所謂「不移」者，乃是「上知」和「下愚」之人，而非人之「上知」和「下愚」。如此一來，事實上各家在解釋這後一段章句時，其論述觀點發生了與前一段章句不一致的轉換。解釋前一段章句時，由於直覺地將「近」「遠」理解爲形容詞，所以論述之主體在人之「性」和「習」，亦即是人之某種性質。然而，當解釋後一段章句時，論述主體卻轉變成具有某種性質之人。這種觀點之轉變在欠缺文本支持下，對這兩段被認爲意義關連緊密、甚至應該合而爲一的章句而言，不能不說是一種詮釋上的缺陷。

依照本文提出之新解決方案，這項詮釋上的缺陷不會存在。「性相近也。習相遠也。」應當理解爲：人因爲「性」而互相親近；人因爲「習」而互相疏遠。在此，論述之主體乃是具有某種性質之人，這樣便完全可以與解釋後一段章句之論述主體一致。而又或者這樣說，後一段章句之論述主體是具有

〔註100〕〔宋〕朱熹集注，《四書集注・論語集注》，頁401。
〔註101〕〔清〕劉寶楠正義，《論語正義》，卷二十，第三至四葉。

某種性質之人，正足以反證本文所提前一段章句之新解決方案實爲適當。

其次，傳統觀點以形容詞理解「性」「習」，於是前一段章句被解釋爲孔子談論了人之某種靜態性質。但後一段章句之「移」毫無疑問是動詞，所以後一段章句便被解釋爲孔子談論了人之某種動態性質。同樣地，這裡又有著前後兩段章句之詮釋觀點不一致的缺陷。雖然這項缺陷不如上一項嚴重，而盡可以用委婉曲折的說明，來解釋爲何孔子會在談論完人之某種靜態性質後，緊接著轉而談論人之某種動態性質，就如同傳統觀點一般。但以理論完備性之要求而言，若是有另一種論點能夠避免這項缺陷，亦不得不承認在這方面仍略勝一籌。

依照本文提出之新解決方案，這項詮釋上的缺陷也不會存在。「性相近也。習相遠也。」應當理解爲：人因爲「性」而互相親近；人因爲「習」而互相疏遠。在此，孔子所談論的正是人之某種動態性質，這樣便完全可以與解釋後一段章句之詮釋觀點一致。而又或者這樣說，後一段章句解釋爲孔子談論了人之某種動態性質，正足以反證本文所提前一段章句之新解決方案實爲適當。

孔子在這兩段章句裡所要表達之內容，是關於人與他人互動之事態；前一段章句「子曰，性相近也。習相遠也。」表達的是普遍情形，後一段章句「子曰，唯上知與下愚不移。」表達的是例外狀況。在普遍情形下，一般人時而會因先天皆同之「性」而互相親近，時而會因後天有所不同之「習」而互相疏遠；而在例外狀況中，「上知」與「下愚」則不會有此動態。

《論語・季氏第十六》：「孔子曰，生而知之者，上也。學而知之者，次也。困而學之，又其次也。困而不學，民斯爲下矣。」〔註102〕由此可知，「上知」即當指「生而知之者」，「下愚」即當指「困而不學」之民。既是「生而知之者」，則不需傳學後重複思惟熟練，亦即沒有與人可能不同之「習」，於是便不會有與人時而互相親近、時而互相疏遠之動態。而既是「困而不學」之民，則不曾傳學後重複思惟熟練，同樣沒有與人可能不同之「習」，於是也不會有與人時而互相親近、時而互相疏遠之動態。「上知」與「下愚」共同擁有者乃是不思而有、不學而得之天「性」，但是「上知」乃是已知者，所以能直道而行，毫無動搖；而「下愚」則是不知者，所以僅能夠順其天「性」而爲，難以動搖。

〔註102〕〔宋〕朱熹集注，《四書集注・論語集注》，頁394～395。

　　合而觀之，孔子在這兩段章句裡傳達了他對人之一種洞見：一般人通常表現出普遍情形，有時親近別人、有時疏遠別人；「上知」與「下愚」則呈現為例外狀況，定然行走在自己之道路上。本文所提出之新解決方案，得以適切而順當地詮釋這兩段章句，不論其是否應該合併為一。

第陸章　孔子之心性概念體系

　　綜合上文對孔子「心」「性」概念內容之分析，可以獲得一種關於孔子心性概念思想體系之理解。從「心」和「性」開始，孔子發展出一套完整的關於宇宙中人之生活合理安排之思想系統。其中居於最重要領導地位的概念，除了「心」和「性」，還有「天命」、「天道」、「學」、「習」，以及仁、智、勇、孝、忠、義、禮、信……等等眾多德行概念。

　　這些起始於「心」和「性」之諸多重要思想概念，彼此可以相互組合成一個體系架構。「心」分別連結著「天命」和「學」，而「天命」連結著「學」；「性」分別連結著「天道」和「習」；「天命」透過「天」、「命」、「道」結合著「天道」，「學」則結合著「習」；然後「學」又關連著以「仁」為首之包含智、勇、孝、忠、義、禮、信……等等眾多德行。

　　此一體系架構之描摹乃是基於《論語》章句文本分析，根據理解各個重要概念內容而組合彼此之關係。圖示如下：

【孔子心性概念體系】

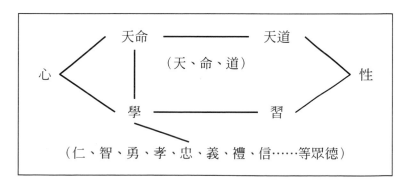

以下各節即接續本文對於孔子「心」「性」思想之概念分析，探究《論語》中具有理論系統重要性之章句，針對孔子心性概念體系架構之各個連結關係，依序論述之。

第一節　心與天命

「天命」一詞見於《論語》者，凡二章。兩者於章句意義中都與「心」之功能直接相關。

　　1、《論語‧爲政第二》：子曰，吾十有五而志于學。三十而立。四十而不惑。五十而知天命。六十而耳順。七十而從心所欲，不踰矩。〔註1〕

　　2、《論語‧季氏第十六》：孔子曰，君子有三畏。畏天命。畏大人。畏聖人之言。小人不知天命而不畏也。狎大人。侮聖人之言。〔註2〕

這兩章中之「天命」都接於「知」之後，第 2 章裡還接於「畏」之後。從本文第一章之討論，可證明孔子使用心概念至少含有「認知力」之功能。此一「心」之「認知力」非僅只能認知一般形而下之事物，更能夠認知形而上之「天命」。然而人有知天命有不知天命，乃是君子與小人差別之一；而君子與小人之形成，在孔子而言，純然是基於個人選擇所導致。可見此處知天命與不知天命之不同，並非人先天所具有之差異，而是個人選擇爲君子或爲小人所致之後果。

由於小人不知天命，所以不畏天命；當然反之，君子乃因知天命而畏天命。「畏」在《論語》文本中雖然沒有直接與「心」概念關連，但依據吾人對「畏懼」、「敬畏」之一般理解乃是出自於「心」，以及此處第 2 章之「畏」乃與「心」之「認知力」功能結合在一起；「畏」是因「知」天命而後發生，而若「不知」天命則不發生「畏」。是故吾人必須承認，孔子之「心」在「知」「天命」之後，會連帶產生「畏」之狀態。

於是，孔子之「心」概念以其「認知力」功能連結著「天命」。此一連結並非與生俱來，乃是個人選擇努力所獲；當獲得此一連結時，將會同時在

〔註1〕　〔宋〕朱熹集注，《四書集注‧論語集注》，頁135。
〔註2〕　〔宋〕朱熹集注，《四書集注‧論語集注》，頁394。

「心」中產生一種「畏」之狀態，而其對象則是「天命」。所以，「畏天命」
與否，在孔子也就可以成爲吾人檢驗一人是否已「知天命」之判斷標準；凡
不畏天命者，必定尚未知天命。

第二節　心與學

　　「學」字見於《論語》者，凡四十三章；其意義單純而易懂。從吾人一
般之理解來看，「學」顯然必與「心」之功能發揮有關；而從文本進行探討，
自然也能證明此一看法。

1、《論語・爲政第二》：子曰，吾十有五而志于學。三十而立。四
　　十而不惑。五十而知天命。六十而耳順。七十而從心所欲，不踰
　　矩。〔註3〕

2、《論語・爲政第二》：子曰，學而不思則罔。思而不學則殆。
　　〔註4〕

3、《論語・述而第七》：子曰，默而識之，學而不厭，誨人不倦，
　　何有於我哉。〔註5〕

4、《論語・先進第十一》：子路使子羔爲費宰。子曰，賊夫人之
　　子。子路曰，有民人焉。有社稷焉。何必讀書，然後爲學。子
　　曰，是故惡夫佞者。〔註6〕

5、《論語・衛靈公第十五》：子曰，賜也，女以予爲多學而識之者
　　與。對曰，然。非與。曰，非也。予一以貫之。〔註7〕

6、《論語・衛靈公第十五》：子曰，吾嘗終日不食，終夜不寢，以
　　思。無益。不如學也。〔註8〕

7、《論語・季氏第十六》：孔子曰，生而知之者，上也。學而知
　　之者，次也。困而學之，又其次也。困而不學，民斯爲下矣。
　　〔註9〕

〔註3〕　〔宋〕朱熹集注，《四書集注・論語集注》，頁135。
〔註4〕　〔宋〕朱熹集注，《四書集注・論語集注》，頁142。
〔註5〕　〔宋〕朱熹集注，《四書集注・論語集注》，頁220。
〔註6〕　〔宋〕朱熹集注，《四書集注・論語集注》，頁298。
〔註7〕　〔宋〕朱熹集注，《四書集注・論語集注》，頁370。
〔註8〕　〔宋〕朱熹集注，《四書集注・論語集注》，頁382。
〔註9〕　〔宋〕朱熹集注，《四書集注・論語集注》，頁394～395。

8、《論語・子張第十九》：子夏曰，日知其所亡，月無忘其所能，可謂好學也已矣。〔註10〕

引文第 1 章裡孔子說「志于學」。依據本文第一章之分析，孔子之「心」概念內容具有「意向力」之功能；此處之「志于學」即應該是說「心」之「意向力」發揮在「學」之上。並且自「十有五而志于學」至「七十而從心所欲，不踰矩」乃是孔子自道其一生修養歷程，故而「學」是其修養之起點，「心」則是其修養終點之一部分。所以可見「心」之作用貫串孔子一生修養之始終，並自始即與「學」連結在一起。

引文第 7 章裡孔子說「學而知之者」，意思是學習後才知道者。本文分析孔子之「心」概念具有「認知力」，孔子在此處即是明白地將「學」與「心」之「認知力」結合。引文第 3、5 兩章裡孔子談及「學」時皆兼言「識之」，此「識之」乃「記憶力」之作用。「記憶力」無疑是「心」之「認知力」之一種附屬基礎能力；若是「認知力」不包含有「記憶力」，吾人將不知「心」該如何發揮其「認知」事物之功能。

引文第 2 章裡孔子表示「學」必須與「思」緊密結合，不可須臾離也。引文第 6 章裡孔子則從反面陳述相同的觀點，不「學」之「思」毫無益處。「思」作為一種生活功能，其屬於「心」之一部分乃不言而喻。依據本文之分析，「思」應即是指孔子「心」概念中之「認知力」與「判斷評價力」之綜合運用。

引文第 4、8 兩章裡分別有子路說及「讀書」與「學」，子夏說及「知」、「忘」與「學」。雖然並非孔子親口說出，兩位優秀弟子所使用之語詞概念，應能恰當地反映孔子思想之語詞概念。何況其中子路還是在與孔子言語對答過程裡說及，即使孔子不同意子路之見解，但顯然兩人可以溝通互動。子路認為「學」不必定要「讀書」，也可以從人民社稷之相關政務來「學」；孔子之不同意雖然未必表示他認為「學」必定要「讀書」，但至少已表示他認為「學」確實與「讀書」相關。進行「讀書」一事，正需要「心」之「認知力」、「記憶力」甚至「判斷評價力」。至於子夏說「學」關係著「知」和「忘」，亦即是關係著「心」之「認知力」和「記憶力」。

〔註10〕 〔宋〕朱熹集注，《四書集注・論語集注》，頁 431。

第三節　天命與學

「天命」與「學」在《論語》裡同時被提及僅只一章，即孔子自道其一生修養歷程。

> 1、《論語・爲政第二》：子曰，吾十有五而志于學。三十而立。四
> 十而不惑。五十而知天命。六十而耳順。七十而從心所欲，不踰
> 矩。〔註11〕

在此章中孔子從「志于學」說起，其後各個階段各有不同境界成就。然而孔子終其一生皆自許、自勉於「學」，非僅十五歲至三十歲此階段而已。這可以從以下各章引文看出。

> 2、《論語・述而第七》：子曰，德之不脩，學之不講，聞義不能徙，
> 不善不能改，是吾憂也。〔註12〕

孔子在第2章中表示擔憂自己不能「講學」，其意實乃自勉堅持學習並精深鑽研。

> 3、《論語・述而第七》：子曰，默而識之，學而不厭，誨人不倦，
> 何有於我哉。〔註13〕

在第3章裡孔子自許「學而不厭」，可見「學」之一事在孔子並非僅限某一人生階段，當乃終身「不厭」。

> 4、《論語・公冶長第五》：子曰，十室之邑，必有忠信如丘者焉。
> 不如丘之好學也。〔註14〕

在第4章裡孔子謙言自己忠信之德未必過人，但對「好學」一事則極有自信。若非終身行之，何以能自信「好學」！

> 5、《論語・述而第七》：子曰，加我數年，五十以學易，可以無大
> 過矣。〔註15〕

在第5章裡孔子自言五十歲時「學」《易》；或如朱熹據《史記》之考證，其時孔子實已年近七十歲。〔註16〕總是表明了孔子直至中老年都仍不斷學習、不停修養。

〔註11〕〔宋〕朱熹集注，《四書集注・論語集注》，頁135。
〔註12〕〔宋〕朱熹集注，《四書集注・論語集注》，頁220。
〔註13〕〔宋〕朱熹集注，《四書集注・論語集注》，頁220。
〔註14〕〔宋〕朱熹集注，《四書集注・論語集注》，頁197。
〔註15〕〔宋〕朱熹集注，《四書集注・論語集注》，頁228。
〔註16〕〔宋〕朱熹集注，《四書集注・論語集注》，頁228。

6、《論語・憲問第十四》：子曰，莫我知也夫。子貢曰，何爲其莫
知子也。子曰，不怨天，不尤人。下學而上達。知我者其天
乎。〔註17〕

在第 6 章裡孔子慨歎自己之人生態度不爲人所知，其中即包含「下學而上達」。一人若因自己不爲人知而有所慨歎，其所慨歎者當是自己深感滿意者。此章之「學」即是孔子對自己滿意處之一；既是滿意處，當即是一生用心維護處。亦在此處可以得見何以孔子在第 5 章裡如此自言，在第 4 章裡如此自信，在第 3 章裡如此自許，正因其在第 2 章裡如此自勉。

「學」不僅是孔子終身自許自勉之事，也是其在當時普爲世人所知聞之個人鮮明特質。

7、《論語・子張第十九》：衛公孫朝問於子貢曰，仲尼焉學。子
貢曰，文武之道，未墜於地。在人。賢者識其大者，不賢者識
其小者。莫不有文武之道焉。夫子焉不學。而亦何常師之有。

〔註18〕

衛國大夫公孫朝向子貢請問孔子所「學」之事，子貢回答云孔子遍以有識者爲師，向其「學」文武之道。公卿貴冑與孔門弟子談論孔子之「學」，可見「學」之在孔子乃是當時他人關注焦點之一。

8、《論語・子罕第九》：達巷黨人曰，大哉孔子。博學而無所成
名。子聞之，謂門弟子曰，吾何執。執御乎。執射乎。吾執御
矣。〔註19〕

達巷黨人讚譽孔子「博學」，輾轉爲孔子所聽聞。可見此「博學」之個人特質早已廣爲人知，而「博學」之名聲亦已廣泛流傳。

由以上各章引文之分析可知，孔子自十五歲起以「學」自勵，即不曾停止以「學」來進德修業、培養人格。故而在他五十歲時達到「知天命」之境界，亦必是經由「學」之過程而至。事實上基於此分析，孔子自道其一生修養歷程，每一階段亦莫不經由「學」而達至。於是，「學」與「天命」之間至少在此處可得一因「知」而連結之關係。

〔註17〕〔宋〕朱熹集注，《四書集注・論語集注》，頁 361～362。
〔註18〕〔宋〕朱熹集注，《四書集注・論語集注》，頁 437～438。
〔註19〕〔宋〕朱熹集注，《四書集注・論語集注》，頁 253。

第四節　性與天道

「天道」在《論語》裡只見於與「性」同時被提及之該章。

1、《論語・公冶長第五》：子貢曰，夫子之文章，可得而聞也。夫子之言性與天道，不可得而聞也。〔註20〕

雖然僅只一章，但卻是極重要之一章。在此章中，子貢明白說出孔子確實曾有過關於「性」與「天道」之言談，只是難以徹底知聞其深意。儘管關於「性」與「天道」之關係內容還可再議，但至少已可從此處確定兩者必有連結。

基於本文前章之討論，孔子之「性」概念乃是關乎人先天之本質，所謂不學而能、不思而得者。既然「性」關連著「天道」，亦即是說人之不學而能、不思而得之先天本質關連著「天道」。此一關連之內容即是「夫子之言」之內容。子貢將「夫子之文章」與「夫子之言」對舉，前者既是孔子之德行實踐，可知後者即是此實踐之理論。於是，「夫子之言」是孔子德行實踐之理論，其內容即是「性」與「天道」之關連內容。那麼，人之不學而能、不思而得之先天本質所關連著「天道」之內容，即是孔子證成其德行實踐之論述內容。

由此可以再進一步推理，孔子如何思考「性」與「天道」之關係。

2、《論語・述而第七》：子曰，天生德於予，桓魋其如予何。〔註21〕

孔子在此章說自己之「德」乃天之所生，此意若非是說自己所具備之德行未經修養即全然得自於天，則應是說自己修養而成之德行乃得自於天所賦與之潛能。前者指一種天生之具體狀態，後者則指一種潛能之實現。根據前一節之討論，已可知前者非常不符合孔子平日經常言及自己進德修業之學習；又如：

3、《論語・述而第七》：子曰，我非生而知之者。好古，敏以求之者也。〔註22〕

在此章中孔子表明自己並非生而知之者，乃學而知之者。既說自己不是生而知之者，又怎會說自己是生而有德者！於是可知，孔子在第 2 章所說，乃是指上天賦與他實現德行之潛能。

〔註20〕〔宋〕朱熹集注，《四書集注・論語集注》，頁 187。
〔註21〕〔宋〕朱熹集注，《四書集注・論語集注》，頁 231。
〔註22〕〔宋〕朱熹集注，《四書集注・論語集注》，頁 230。

那麼，這種潛能是否只屬於孔子一人所有，或者一部分人所有而已？

　4、《論語‧述而第七》：子曰，仁遠乎哉。我欲仁，斯仁至矣。
〔註23〕

在此章中孔子說「仁」並不遠，原因是「我」欲求「仁」則「仁」必至。此處孔子說「我」若是僅指自己一人，那麼由此來證明「仁」並不遠又有何意義？莫非是以此驕人？若說僅指一部分人則語法語氣上又不相契；可見此處之「我」必是指普天下所有之人。既然孔子所最看重之「仁」德，他都認為遍屬每一個人皆可以擁有，則其他德行亦可以類推而知。

　如此，人普遍擁有「天」所賦與之德行潛能，此亦應即是人不學而能、不思而得之先天本質之一部分，也就是「性」之一部分。固然「天」與「天道」二概念內容可能還存在著某些差異，但在此處應該無關乎大局。吾人可以由此推知，「夫子之言」既是孔子德行實踐之理論，則「性」與「天道」之關連即是人得自於「天」之德行潛能與「天道」之關連；其內容當即是關於人為何普遍擁有德行潛能、此潛能來自何方、此潛能之存在有何意義等等問題之解答。

第五節　性與習

　「習」字見於《論語》者，凡三章。其中一章與「性」同時被提及，另兩章分別與「學」和「傳」同時被提及。

　1、《論語‧陽貨第十七》：子曰，性相近也。習相遠也。〔註24〕
　2、《論語‧學而第一》：子曰，學而時習之，不亦說乎。有朋自遠
　　　方來，不亦樂乎。人不知而不慍，不亦君子乎。〔註25〕
　3、《論語‧學而第一》：曾子曰，吾日三省吾身。為人謀而不忠乎。
　　　與朋友交而不信乎。傳不習乎。〔註26〕

本文在前章已經對此處引文第 1 章句內容進行詳盡討論，關於其所可能引發之關鍵問題皆已深入探究，並提出相應的解決方案。根據本文之解決方案，綜析「習」字之本義及引申義之使用，在引文第 2、3 章裡之「習」字應為重

〔註23〕　〔宋〕朱熹集注，《四書集注‧論語集注》，頁 234。
〔註24〕　〔宋〕朱熹集注，《四書集注‧論語集注》，頁 400。
〔註25〕　〔宋〕朱熹集注，《四書集注‧論語集注》，頁 119～120。
〔註26〕　〔宋〕朱熹集注，《四書集注‧論語集注》，頁 122。

複實行操作之意，即練習、修習等；而在第 1 章裡則應爲因重複實行操作而成之結果，即慣習、積習等。

此等意義皆表示一種經由後天持續進行的過程，才造成之狀態。於是與「習」相對之「性」，吾人便可以理解乃是一種先天即存在之狀態；亦即是人之不學而能、不思而得之先天本質。再依上一節之討論，孔子所關心之「性」，實爲人所得自於「天」之賦與，而能夠實踐德行之潛能。

在此便可以更進一步討論孔子「性」概念之屬善屬惡問題。「性相近也。習相遠也。」兩句，依本文之解決方案，其意實爲「人因性而相互親近」和「人因習而相互疏遠」。人會因彼此相同的事物而親近，會因彼此不同的事物而疏遠，此乃基於日常經驗之普通常識。「習」乃慣習，故而人與人之間容或會有些許之差異，這些差異將使人彼此相互疏遠。「性」乃人得自於「天」之德行潛能，故而人人相同，而相同的「性」將使人彼此相互親近。

明乎此，吾人若要進一步追問孔子之「性」概念內容究竟屬善或屬惡，這或許是試圖要將道德判斷加諸可能屬於非道德判斷領域；因爲孔子之「性」乃是一種潛能，一種尚未實現但可能實現之狀態，對這般狀態加以道德判斷是否合理正當，恐怕還有著爭議。但若是暫時擱置爭議，非要進行道德判斷不可，則只能從這潛能之歸屬領域著手。此潛能乃是實踐德行之潛能，既屬德行領域，且是得自於「天」而實踐於人世間之德行，則此得自於「天」之德行潛能毫無疑議概皆屬善；亦即孔子之「性」概念內容全然屬善。

第六節　天命與天道

「天命」和「天道」都是複合詞，它們顯然共同都從「天」字衍生而來；前者與「命」字結合而成，後者與「道」字結合而成。

一、天

「天」字見於《論語》者，凡三十三章。其中除了複合成「天命」和「天道」二詞以外，還有複合成「天下」、「天子」、「天祿」者；其他皆是以單一詞「天」存在者。而無論單一詞或複合詞，「天」之用法應當都是「上天」之意。從其中「天」用法意義之概念分析，可以探究孔子對「天」之觀點。

1、《論語・述而第七》：子曰，天生德於予，桓魋其如予何。〔註27〕

在引文第 1 章裡，孔子說「天」能有「生」之作用。此意指「天」能主動賦與其創生物，或說是「天」具有主動創生者之特質。

2、《論語・子罕第九》：子畏於匡。曰，文王既沒，文不在茲乎。天之將喪斯文也，後死者不得與於斯文也。天之未喪斯文也，匡人其如予何。〔註28〕

3、《論語・先進第十一》：顏淵死。子曰，噫。天喪予。天喪予。〔註29〕

在第 2、3 章裡孔子所說之「天」，還能有與「生」相對之「喪」之作用。此意指「天」能主動取消其創生物，或說是「天」具有主動毀滅者之特質。

4、《論語・雍也第六》：子見南子。子路不說。夫子矢之曰，予所否者，天厭之。天厭之。〔註30〕

5、《論語・八佾第三》：王孫賈問曰，與其媚於奧，寧媚於竈。何謂也。子曰，不然。獲罪於天，無所禱也。〔註31〕

在第 4 章裡，孔子所說之「天」能厭棄人；而在第 5 章裡，「天」更能降罪於人。此意指「天」能有情緒作用，並能因之而施加懲罰作用，或說是「天」具有主動裁罰者之特質。

6、《論語・憲問第十四》：子曰，莫我知也夫。子貢曰，何爲其莫知子也。子曰，不怨天，不尤人。下學而上達。知我者其天乎。〔註32〕

在第 6 章裡孔子所說之「天」，更進一步能有「知」之作用。此意指「天」能認知事物之樣貌、狀態、功能、變化等等，或說是「天」具有主動智能者之特質。

綜合以上諸種特質分析，皆相近似以人所具有之各種特質來比擬於「天」；由此可知，孔子之「天」概念內容至少具備一種類似所謂「人格天」之面向。在此一面向中之「天」，猶如一擁有極高權威之主宰，能夠對人事物

〔註27〕 〔宋〕朱熹集注，《四書集注・論語集注》，頁231。
〔註28〕 〔宋〕朱熹集注，《四書集注・論語集注》，頁255。
〔註29〕 〔宋〕朱熹集注，《四書集注・論語集注》，頁289。
〔註30〕 〔宋〕朱熹集注，《四書集注・論語集注》，頁214。
〔註31〕 〔宋〕朱熹集注，《四書集注・論語集注》，頁157～158。
〔註32〕 〔宋〕朱熹集注，《四書集注・論語集注》，頁361～362。

產生絕對的影響力。

　　7、《論語・顏淵第十二》：司馬牛憂曰，人皆有兄弟，我獨亡。
　　　　子夏曰，商聞之矣，死生有命，富貴在天。君子敬而無失，與
　　　　人恭而有禮。四海之內，皆兄弟也。君子何患乎無兄弟也。
　　〔註33〕

在第 7 章裡，子夏回應司馬牛，所謂他聽聞之「死生有命，富貴在天。」一
語，當是來自孔子平日之言談；否則孔門弟子相互勸勉之時，所引用之智慧
格言竟非孔子之語，或非是經過孔子認可之民間俗話或他人言說，豈不奇哉！
無怪乎朱熹於此章句處注語直云：蓋聞之夫子。〔註34〕在此句格言中，「天」
能決定人之貧富貴賤，與其相對之「命」則甚至蘊含人之生死大限。貧富貴
賤和生死大限當是一般人一生所最重視者，孔子「天」和「命」概念中所擁
有權威之大，於此可見。

　　然而除了類似「人格天」之面向外，孔子之「天」還具備另一種類似「形
上天」之面向。

　　8、《論語・陽貨第十七》：子曰，予欲無言。子貢曰，子如不言，
　　　　則小子何述焉。子曰，天何言哉。四時行焉。百物生焉。天何言
　　　　哉。〔註35〕

在第 8 章裡，孔子說「天」不言語，但大地上之四季更迭、萬物滋長并然有
序。此意指「天」能使四季萬物自然運作，或說是「天」具有大地秩序來源
者之特質。

　　9、《論語・泰伯第八》：子曰，大哉。堯之為君也。巍巍乎。唯天
　　　　為大，唯堯則之。蕩蕩乎。民無能名焉。巍巍乎。其有成功也。
　　　　煥乎。其有文章。〔註36〕

在第 9 章裡，孔子說「天」如許高大廣遠，唯有堯能夠「則」之。《爾雅・
釋詁第一》：典、彝、法、則、刑、範、矩、庸、恆、律、戛、職、秩，常
也。柯、憲、刑、範、辟、律、矩、則，法也。〔註37〕「則」既釋為「常」，
也釋為「法」；與憲、範、刑、律、矩等字同義。何晏於此處集解云：孔安

〔註33〕　〔宋〕朱熹集注，《四書集注・論語集注》，頁 310。
〔註34〕　〔宋〕朱熹集注，《四書集注・論語集注》，頁 310。
〔註35〕　〔宋〕朱熹集注，《四書集注・論語集注》，頁 410～411。
〔註36〕　〔宋〕朱熹集注，《四書集注・論語集注》，頁 250。
〔註37〕　〔晉〕郭璞注，〔宋〕邢昺疏，《爾雅注疏》，卷一，第六葉。

國曰，則，法也。美堯能法天而行化也。〔註38〕皇侃於此處義疏云：則，法也。言唯天德巍巍，既高且大，而唯堯能法而行之也。所以有則天之德者。……〔註39〕邢昺於此處疏云：則，法也。大矣哉，堯之爲君也。……唯天爲大，萬物資始，四時行焉。唯堯能法此天道，而行其化焉。……〔註40〕劉寶楠於此處正義云：……書堯典云，乃命羲和，欽若昊天。歷象日月星辰，敬授民時。欽，敬也。若，順也。歷，數也。象，法也。言順天以法之也。……皆堯法天之驗也。〔註41〕以上諸家注解皆釋「則」爲「法」，效法之意。他們都不同於朱熹釋「則」爲「準」，齊等之意；〔註42〕朱熹之解釋應是過度引申了。在此章中，孔子表示了堯能效法「天」，大治天下。此意指「天」之內容能讓人學習，並使天下大治，或說是「天」具有人間理想基礎者之特質。

綜合以上兩種特質分析，皆是將「天」視爲一形上的存有者，而能對大地人間產生條理秩序之作用，或讓人取法傚效。由此可知，孔子之「天」概念內容至少還具備另一種類似所謂「形上天」之面向。

從孔子「天」概念之類似「人格天」和類似「形上天」這兩個面向，可以發現孔子之「天命」和「天道」兩概念之間，可能具有一種十分特殊的關係。

二、命

「命」字見於《論語》者，凡二十一章。除了複合詞「天命」、「國命」、「君命」，其他皆是以單一詞「命」存在。依其內容之概念分析，「命」之用法具有「生命」、「命令」、「命定」等意義。

1、《論語·雍也第六》：哀公問，弟子孰爲好學。孔子對曰，有顏回者好學。不遷怒，不貳過。不幸短命死矣。今也則亡，未聞好學者也。〔註43〕

2、《論語·憲問第十四》：子路問成人。子曰，若臧武仲之知，公

〔註38〕〔魏〕何晏集解，〔梁〕皇侃義疏，《論語集解義疏》，卷四，頁82。
〔註39〕〔魏〕何晏集解，〔梁〕皇侃義疏，《論語集解義疏》，卷四，頁82。
〔註40〕〔魏〕何晏集解，〔宋〕邢昺疏，《論語注疏》，卷八，第四葉。
〔註41〕〔魏〕何晏集解，〔清〕劉寶楠正義，《論語正義》，卷九，第十二葉。
〔註42〕〔宋〕朱熹集注，《四書集注·論語集注》，頁250。
〔註43〕〔宋〕朱熹集注，《四書集注·論語集注》，頁199。

綽之不欲，卞莊子之勇，冉求之藝，文之以禮樂，亦可以爲成人矣。曰，今之成人者何必然。見利思義，見危授命，久要不忘平生之言，亦可以爲成人矣。〔註44〕

在第1、2章裡之「命」，皆是單純「生命」之意。

3、《論語・憲問第十四》：子曰，爲命。禪諶草創之，世叔討論之，行人子羽脩飾之，東里子產潤色之。〔註45〕

4、《論語・憲問第十四》：闕黨童子將命。或問之曰，益者與。子曰，吾見其居於位也。見其與先生並行也。非求益者也。欲速成者也。〔註46〕

5、《論語・陽貨第十七》：孺悲欲見孔子。孔子辭以疾。將命者出戶，取瑟而歌，使之聞之。〔註47〕

在第3、4、5章裡之「命」，皆是「命令」之意。

6、《論語・先進第十一》：子曰，回也其庶乎。屢空。賜不受命，而貨殖焉。億則屢中。〔註48〕

7、《論語・雍也第六》：伯牛有疾，子問之。自牖執其手，曰，亡之，命矣夫。斯人也，而有斯疾也。斯人也，而有斯疾也。〔註49〕

8、《論語・堯曰第二十》：子曰，不知命，無以爲君子也。不知禮，無以立也。不知言，無以知人也。〔註50〕

9、《論語・子罕第九》：子罕言利，與命，與仁。〔註51〕

在第6、7、8、9章裡之「命」，則皆是「命定」之意。

10、《論語・顏淵第十二》：司馬牛憂曰，人皆有兄弟，我獨亡。子夏曰，商聞之矣，死生有命，富貴在天。君子敬而無失，與人恭而有禮。四海之内，皆兄弟也。君子何患乎無兄弟也。〔註52〕

〔註44〕〔宋〕朱熹集注，《四書集注・論語集注》，頁348。
〔註45〕〔宋〕朱熹集注，《四書集注・論語集注》，頁345。
〔註46〕〔宋〕朱熹集注，《四書集注・論語集注》，頁367～368。
〔註47〕〔宋〕朱熹集注，《四書集注・論語集注》，頁411。
〔註48〕〔宋〕朱熹集注，《四書集注・論語集注》，頁294。
〔註49〕〔宋〕朱熹集注，《四書集注・論語集注》，頁205。
〔註50〕〔宋〕朱熹集注，《四書集注・論語集注》，頁445。
〔註51〕〔宋〕朱熹集注，《四書集注・論語集注》，頁253。
〔註52〕〔宋〕朱熹集注，《四書集注・論語集注》，頁310。

在第 10 章裡，子夏曾經聽聞孔子說過「死生有命，富貴在天。」這兩句話正是所謂互文見義，「命」來自於「天」，可理解爲從「天」之「命令」進一步形成「天」之「命定」，其內容是關於人之富貴生死。

> 11、《論語・子路第十三》：子貢問曰，何如斯可謂之士矣。子曰，行己有恥。使於四方，不辱君命。可謂士矣。曰，敢問其次。曰，宗族稱孝焉，鄉黨稱弟焉。曰，敢問其次。曰，言必信，行必果。硜硜然小人哉。抑亦可以爲次矣。曰，今之從政者何如。子曰，噫，斗筲之人，何足算也。〔註53〕

在第 11 章裡孔子說「君命」，其意當是「君」之「命令」。

> 12、《論語・季氏第十六》：孔子曰，天下有道，則禮樂征伐自天子出。天下無道，則禮樂征伐自諸侯出。自諸侯出，蓋十世希不失矣。自大夫出，五世希不失矣。陪臣執國命，三世希不失矣。天下有道，則政不在大夫。天下有道，則庶人不議。〔註54〕

在第 12 章裡孔子說「國命」，其意當是「國」之「命令」。

> 13、《論語・季氏第十六》：孔子曰，君子有三畏。畏天命。畏大人。畏聖人之言。小人不知天命而不畏也。狎大人。侮聖人之言。〔註55〕

> 14、《論語・爲政第二》：子曰，吾十有五而志于學。三十而立。四十而不惑。五十而知天命。六十而耳順。七十而從心所欲，不踰矩。〔註56〕

於是在第 13、14 章裡吾人看到孔子說「天命」，可以從以上諸章之分析得見，孔子之意如同第 10 章一般，乃是從「天」之「命令」進一步形成「天」之「命定」。但其內容依上下文脈絡而言，應該不僅只限於人之富貴生死，而是蘊含更廣泛的人生領域；在第 13 章與君子之修爲有關，在第 14 章則更與孔子一生學思修養有關。

> 15、《論語・憲問第十四》：公伯寮愬子路於季孫。子服景伯以告，曰，夫子固有惑志於公伯寮，吾力猶能肆諸市朝。子曰，道之將行也與，命也。道之將廢也與，命也。公伯寮其如命

〔註53〕〔宋〕朱熹集注，《四書集注・論語集注》，頁 337～338。
〔註54〕〔宋〕朱熹集注，《四書集注・論語集注》，頁 390～391。
〔註55〕〔宋〕朱熹集注，《四書集注・論語集注》，頁 394。
〔註56〕〔宋〕朱熹集注，《四書集注・論語集注》，頁 135。

何。〔註57〕

而在第 15 章裡，孔子同時說「命」與「道」，此「命」顯然是人無可如之何之「天命」，亦即「天」之「命令」和「命定」。孔子表示無論「道」能否行於世，一皆是「天命」。

由以上各個「命」字之用法意義來看，孔子之「天命」概念乃是以其「天」之類似「人格天」面向結合「命」之「命令」、「命定」義；因爲「命令」需要出自於意志，而意志則存在於人或能比擬爲人者，至於「天」之「命定」則是從「天」之「命令」衍義而成。

三、道

「道」字見於《論語》者，凡六十章。除了複合成「天道」、「道路」以外，其他皆是以單一詞「道」存在。所可注意者，其中有組合成「父之道」、「夫子之道」、「善人之道」、「君子之道」、「先王之道」、「文武之道」等詞組用法。依其內容之概念分析，「道」字具有「道路」、「言說」、「引導」、「軌範」等意義。暫可不論單純「道路」、「言說」、「引導」之義，孔子所著重之「道」在由本義「道路」所引申之「軌範」意義用法上。

　　1、《論語·雍也第六》：子曰，誰能出不由戶。何莫由斯道也。

〔註58〕

　　2、《論語·公冶長第五》：子曰，道不行，乘桴浮于海。從我者其

　　　由與。子路聞之喜。子曰，由也，好勇過我。無所取材。〔註59〕

在第1、2章裡孔子顯然以雙關語用法說「道」，字面上既是說其本義「道路」，言外之意又指引申義「軌範」或一種極高理想；所以孔子意謂人人都應遵循軌範而行，而當此極高理想無法實現時，或許只能選擇退隱。

　　3、《論語·雍也第六》：子曰，齊一變，至於魯。魯一變，至於道。

〔註60〕

在第 3 章裡孔子說齊國改變可達到魯國境界，魯國改變則可達到「道」之境界。當其時，齊強魯弱，但魯國頗善繼承周文，可見此處「道」乃指國政之一種極高理想。

〔註57〕　〔宋〕朱熹集注，《四書集注·論語集注》，頁 362〜363。
〔註58〕　〔宋〕朱熹集注，《四書集注·論語集注》，頁 209。
〔註59〕　〔宋〕朱熹集注，《四書集注·論語集注》，頁 182〜183。
〔註60〕　〔宋〕朱熹集注，《四書集注·論語集注》，頁 212。

4、《論語·公冶長第五》：子謂公冶長，可妻也。雖在縲絏之中，非其罪也。以其子妻之。子謂南容，邦有道不廢。邦無道免於刑戮。以其兄之子妻之。〔註61〕

5、《論語·公冶長第五》：子曰，甯武子，邦有道則知。邦無道則愚。其知可及也。其愚不可及也。〔註62〕

6、《論語·憲問第十四》：憲問恥。子曰，邦有道，穀。邦無道，穀。恥也。〔註63〕

7、《論語·憲問第十四》：子曰，邦有道，危言危行。邦無道，危行言孫。〔註64〕

8、《論語·衛靈公第十五》：子曰，直哉史魚。邦有道，如矢。邦無道，如矢。君子哉蘧伯玉。邦有道，則仕。邦無道，則可卷而懷之。〔註65〕

在第4、5、6、7、8章裡，孔子指示在邦國有「道」無「道」時該如何自處；有「道」時當展才用世，無「道」時當明哲保身。可見此「道」乃指國政之一種理想狀態。

9、《論語·泰伯第八》：子曰，篤信好學，守死善道。危邦不入，亂邦不居。天下有道則見，無道則隱。邦有道，貧且賤焉，恥也。邦無道，富且貴焉，恥也。〔註66〕

在第9章裡，孔子所談之「道」不但適用一己之身，且適用邦國，更及於天下。孔子認為個人應善行此「道」；當天下有「道」時現於世，無「道」時隱於野；當邦國有「道」時應思策謀政，無「道」時應斂跡去位。可知此處「道」不僅指國政之一種理想狀態，也指世界之一種理想環境，亦是指個人之一種理想志向。

10、《論語·述而第七》：子曰，志於道，據於德，依於仁，游於藝。〔註67〕

〔註61〕〔宋〕朱熹集注，《四書集注·論語集注》，頁179。
〔註62〕〔宋〕朱熹集注，《四書集注·論語集注》，頁192～193。
〔註63〕〔宋〕朱熹集注，《四書集注·論語集注》，頁342。
〔註64〕〔宋〕朱熹集注，《四書集注·論語集注》，頁343。
〔註65〕〔宋〕朱熹集注，《四書集注·論語集注》，頁372～373。
〔註66〕〔宋〕朱熹集注，《四書集注·論語集注》，頁247～248。
〔註67〕〔宋〕朱熹集注，《四書集注·論語集注》，頁221～222。

11、《論語・衛靈公第十五》：子曰，人能弘道。非道弘人。〔註68〕

12、《論語・衛靈公第十五》：子曰，君子謀道不謀食。耕也，餒在
　　其中矣。學也，祿在其中矣。君子憂道不憂貧。〔註69〕

在第 10、11、12 章裡，孔子表明「道」是人所應立志于斯、弘揚于斯、謀求
于斯、憂心于斯。可見「道」在孔子而言，是人應當念茲在茲、奉於胸臆、
力求實現之事物；如此看來，「道」正是一種人應當擁有之理想目標。

　　從上引諸章之分析，「道」之本義「道路」引申有「軌範」之義，並由此
引申義進一步賦與一種極高的理想。孔子所言之「道」即以此種蘊含極高理
想意涵之「軌範」義，表達其對天地人間之精神理想。

13、《論語・八佾第三》：子曰，射不主皮，爲力不同科。古之道
　　也。〔註70〕

在第 13 章裡，「古之道」意指古代之理想軌範。

14、《論語・學而第一》：子曰，父在觀其志。父沒觀其行。三年無
　　改於父之道，可謂孝矣。〔註71〕

在第 14 章裡，「父之道」意指父親之理想軌範。

15、《論語・先進第十一》：子張問善人之道。子曰，不踐迹。亦不
　　入於室。〔註72〕

在第 15 章裡，「善人之道」意指善人之理想軌範。

16、《論語・公冶長第五》：子謂子產，有君子之道四焉。其行己也
　　恭，其事上也敬，其養民也惠，其使民也義。〔註73〕

17、《論語・憲問第十四》：子曰，君子道者三，我無能焉。仁者不
　　憂，知者不惑，勇者不懼。子貢曰，夫子自道也。〔註74〕

在第 19 章裡，「君子之道」意指君子之理想軌範；而在第 17 章裡，「君子道」
則明白即是「君子之道」。

18、《論語・子張第十九》：衛公孫朝問於子貢曰，仲尼焉學。子

〔註68〕　〔宋〕朱熹集注，《四書集注・論語集注》，頁 381。
〔註69〕　〔宋〕朱熹集注，《四書集注・論語集注》，頁 382。
〔註70〕　〔宋〕朱熹集注，《四書集注・論語集注》，頁 159。
〔註71〕　〔宋〕朱熹集注，《四書集注・論語集注》，頁 128。
〔註72〕　〔宋〕朱熹集注，《四書集注・論語集注》，頁 295。
〔註73〕　〔宋〕朱熹集注，《四書集注・論語集注》，頁 189。
〔註74〕　〔宋〕朱熹集注，《四書集注・論語集注》，頁 359。

貢曰，文武之道，未墜於地。在人。賢者識其大者，不賢者
識其小者。莫不有文武之道焉。夫子焉不學。而亦何常師之
有。〔註75〕

在第18章裡，子貢談論孔子之學，「文武之道」意指文王武王之理想軌範。

19、《論語・學而第一》：有子曰，禮之用，和爲貴。先王之道斯爲
美。小大由之。有所不行。知和而和，不以禮節之。亦不可行
也。〔註76〕

在第 19 章裡，有若之思想觀念無疑來自孔子，「先王之道」意指先王之理想
軌範。

20、《論語・里仁第四》：子曰，參乎，吾道一以貫之。曾子曰，
唯。子出。門人問曰，何謂也。曾子曰，夫子之道，忠恕而已
矣。〔註77〕

21、《論語・雍也第六》：冉求曰，非不說子之道，力不足也。子
曰，力不足者，中道而廢。今女畫。〔註78〕

在第20章裡曾參說「夫子之道」和第21章裡冉求說「子之道」，都意指孔子
之理想軌範。

於是，吾人便可以看出，孔子所說之「天道」，實際是其一貫使用「道」
字意義用法之另一個例。

22、《論語・公冶長第五》：子貢曰，夫子之文章，可得而聞也。夫
子之言性與天道，不可得而聞也。〔註79〕

在第 22 章裡，「天道」亦應即是「天之道」，表達「天」之「軌範」，可爲人
所遵循，而成爲一種極高的理想；亦即意指「天」之「理想軌範」。

由以上各個「道」字之用法意義來看，孔子之「天道」概念乃是以其「天」
之類似「形上天」面向結合「道」之蘊含理想意涵之「軌範」義；因爲「軌
範」乃是一種抽象的存有，而能成爲具體事物之秩序準則。

那麼，孔子之「道」與「命」之關係也就能夠因此而呈現得更爲清楚。

23、《論語・憲問第十四》：公伯寮愬子路於季孫。子服景伯以

〔註75〕　〔宋〕朱熹集注，《四書集注・論語集注》，頁 437～438。
〔註76〕　〔宋〕朱熹集注，《四書集注・論語集注》，頁 129。
〔註77〕　〔宋〕朱熹集注，《四書集注・論語集注》，頁 173～174。
〔註78〕　〔宋〕朱熹集注，《四書集注・論語集注》，頁 206。
〔註79〕　〔宋〕朱熹集注，《四書集注・論語集注》，頁 187。

告，曰，夫子固有惑志於公伯寮，吾力猶能肆諸市朝。子曰，

道之將行也與。命也。道之將廢也與。命也。公伯寮其如命

何。〔註80〕

在第 23 章裡，孔子說無論「道」將行將廢，都是「命」。依上述討論，此處之「命」顯然是「天命」，表達「天」之「命令」和「命定」；「道」則是「軌範」，表達一種理想秩序。此一理想軌範之存在，並不蘊涵其必然能大行於世間，而是要依靠人努力去弘揚實現；所以孔子說：「人能弘道，非道弘人。」但不管人是否最終弘揚實現了此理想軌範，都受到「天命」之宰制和侷限。對於「天命」，人實是無可奈何；君子或因僅能「知天命」，故而不得不「畏天命」。於是，如果此「道」並非「天道」，人都無法違逆「天命」，對於「天道」就當更是如此。

四、天命和天道

至此，已可討論一個進一步的問題：孔子思想概念體系連結「心」和「天命」、連結「性」和「天道」，是否出於偶然？這問題之關鍵是：為何孔子不將「心」直接連結「天道」，不將「性」直接連結「天命」？原因只是孔子偶然同時提及「心」和「天命」，又偶然同時提及「性」和「天道」，恰巧為弟子所記錄？或者原因只是孔子也曾同時提及「心」和「天道」、「性」和「天命」，但不巧未被弟子所記錄？

經過上文之探究，此問題關鍵之真正原因已是昭然若揭。孔子之「天命」概念，是以其「天」之類似「人格天」面向結合「命」之需要人格意志之「命令」義及衍生成「命定」義。孔子之「天道」概念，是以其「天」之類似「形上天」面向結合「道」之抽象存有之「軌範」義及賦與極高的理想。在另一方面，孔子之「心」概念，具有「認知力」、「判斷評價力」、「意志力」、「欲求力」、「意向力」、「記憶力」等諸多功能。孔子之「性」概念，是指人不學而能、不思而得之先天本質中，能夠實踐德行之潛能。

明乎此，孔子之「心」概念所具備的是動態功能之特質，其與比擬為人格意志行使之「天命」結合，乃是自然而然；孔子之「性」概念所具備的是靜態潛能之特質，其與視為形上理想之「天道」結合，亦是自然而然。相對而言，「心」與「天道」，「性」與「天命」，兩兩概念內容性質之不相契合，

〔註80〕　〔宋〕朱熹集注，《四書集注・論語集注》，頁 362～363。

自然難以在一思想概念體系中直接連結。

於是，孔子結合「心」和「天命」，結合「性」和「天道」，確非偶然，實爲必然的發展。孔子不直接連結「心」與「天道」、「性」與「天命」，乃有其思想體系內在的因素所致。

五、學與天、命、道、天道

「學」不單只與「天命」連結，也個別與「天」、「命」、「道」、「天道」有著或直接或間接的連結。

1、《論語・憲問第十四》：子曰，莫我知也夫。子貢曰，何爲其莫知子也。子曰，不怨天，不尤人。下學而上達。知我者其天乎。〔註81〕

在第 1 章裡孔子慨歎唯有「天」能夠「知」自己，此處「知」非僅只是「知道」，更有著「肯定」之意，這才是慨歎之所在。「學」是孔子深有自信因而有所感慨處之一，其自信定能得到「天」之認識且肯定。若要得到「天」之肯定，必要達到「天」之肯定標準；所以孔子之「學」概念含有以達成「天」之標準爲目標之內容。

2、《論語・堯曰第二十》：子曰，不知命，無以爲君子也。不知禮，無以立也。不知言，無以知人也。〔註82〕

在第 2 章裡孔子說君子應當「知命」，即知道「命」。如何才能「知」，可見於《論語・季氏第十六》：「孔子曰，生而知之者，上也。學而知之者，次也。困而學之，又其次也。困而不學，民斯爲下矣。」〔註83〕而又見《論語・述而第七》：「子曰，我非生而知之者。好古，敏以求之者也。」〔註84〕於是可知孔子認爲人皆應透過「學」之努力，才能獲得「知」，其中自然包括知道「命」。那麼，君子應當「知命」，意謂著君子應當努力「學」，然後才得以知道「命」。孔子之「學」概念，於此連結著「命」。

3、《論語・學而第一》：子曰，君子食無求飽，居無求安，敏於事而慎於言，就有道而正焉。可謂好學也已。〔註85〕

〔註81〕 〔宋〕朱熹集注，《四書集注・論語集注》，頁 361～362。
〔註82〕 〔宋〕朱熹集注，《四書集注・論語集注》，頁 445。
〔註83〕 〔宋〕朱熹集注，《四書集注・論語集注》，頁 394～395。
〔註84〕 〔宋〕朱熹集注，《四書集注・論語集注》，頁 230。
〔註85〕 〔宋〕朱熹集注，《四書集注・論語集注》，頁 130。

4、《論語・子罕第九》：子曰，可與共學，未可與適道。可與適道，
　　未可與立。可與立，未可與權。〔註86〕

5、《論語・衛靈公第十五》：子曰，君子謀道不謀食。耕也，餒在
　　其中矣。學也，祿在其中矣。君子憂道不憂貧。〔註87〕

6、《論語・陽貨第十七》：子之武城，聞弦歌之聲。夫子莞爾而笑
　　曰，割雞焉用牛刀。子游對曰，昔者偃也聞諸夫子曰，君子學道
　　則愛人。小人學道則易使也。子曰，二三子，偃之言是也。前言
　　戲之耳。〔註88〕

7、《論語・泰伯第八》：子曰，篤信好學，守死善道。危邦不入，
　　亂邦不居。天下有道則見，無道則隱。邦有道，貧且賤焉，恥也。
　　邦無道，富且貴焉，恥也。〔註89〕

8、《論語・子張第十九》：衛公孫朝問於子貢曰，仲尼焉學。子貢
　　曰，文武之道，未墜於地。在人。賢者識其大者，不賢者識其小
　　者。莫不有文武之道焉。夫子焉不學。而亦何常師之有。〔註90〕

在第 3、4、5、6、7 章裡孔子所說人應當「學」之「道」，以及第 8 章裡子貢
說孔子自己所「學」之「道」，皆是理想軌範之意。可見孔子之「學」概念與
「道」有著緊密連結。

9、《論語・公冶長第五》：子貢曰，夫子之文章，可得而聞也。夫
　　子之言性與天道，不可得而聞也。〔註91〕

在第 9 章裡，優秀弟子子貢說無法知聞孔子所言之「性」與「天道」之關係
內容，這明顯是子貢「學」而有所不得，是故有此感歎。而孔子既對弟子有
所教導，亦必是盼望弟子「學」而能成。可見孔子之「學」概念也與「性」
與「天道」有所連結。

第七節　學與習

「習」字見於《論語》者，凡三章。其中一章與「學」同時被提及，另

〔註86〕〔宋〕朱熹集注，《四書集注・論語集注》，頁 268。
〔註87〕〔宋〕朱熹集注，《四書集注・論語集注》，頁 382。
〔註88〕〔宋〕朱熹集注，《四書集注・論語集注》，頁 401～402。
〔註89〕〔宋〕朱熹集注，《四書集注・論語集注》，頁 247～248。
〔註90〕〔宋〕朱熹集注，《四書集注・論語集注》，頁 437～438。
〔註91〕〔宋〕朱熹集注，《四書集注・論語集注》，頁 187。

兩章分別與「傳」和「性」同時被提及。

1、《論語·學而第一》：子曰，學而時習之，不亦說乎。有朋自遠
方來，不亦樂乎。人不知而不慍，不亦君子乎。〔註92〕

在第1章裡孔子同時說及「學」和「習」，明白表示「學」之後應該時常「習」；此「習」即由其本義引申而來之重複實行操作之意，亦即練習、修習等。

2、《論語·學而第一》：曾子曰，吾日三省吾身。為人謀而不忠乎。
與朋友交而不信乎。傳不習乎。〔註93〕

在第2章裡曾子自省是否「習」其師之所「傳」。師之所「傳」即是弟之所「學」；此「習」也是重複實行操作之意，亦是練習、修習等。

3、《論語·陽貨第十七》：子曰，性相近也。習相遠也。〔註94〕

在第3章裡孔子所說與「性」相對之「習」，依本文之解決方案，應詮解為由重複操作而成之結果，亦即慣習、積習等。

與「學」、「傳」相對之「習」，其內容若要判斷屬善屬惡，在此概皆應屬善。這是因為其內容都由所「學」所「傳」而來；在孔門之所「傳」之所「學」，豈有不善之理。但與「性」相對之「習」則不然。慣習、積習等未必都由所「學」所「傳」而成；其中固然會有一部分是如此，但仍會有其他部分並非來自所「學」所「傳」，然而卻由於重複實行操作，即後天積累所致，便成為「習」之一部分。所以，與「性」相對之「習」，其內容若要判斷屬善屬惡，應是有可能部分屬善部分屬惡。

於是，可能有屬惡部分之「習」，不但會因其內容來自後天所積累，在人與人之間原本即可能有所差異，而使得人與人相互疏遠；也會因其內容可能部分屬惡，而造成人際疏遠之後果。這就應該是為何孔子說「習相遠也」之所見。

第八節　學與眾德

「學」字見於《論語》者，凡四十三章。其中不但有同時與「德」被提及，還有眾多與諸德目和德行同時被提及之章句。「學」與「眾德」之連結，明白可見。

〔註92〕〔宋〕朱熹集注，《四書集注·論語集注》，頁119～120。
〔註93〕〔宋〕朱熹集注，《四書集注·論語集注》，頁122。
〔註94〕〔宋〕朱熹集注，《四書集注·論語集注》，頁400。

1、《論語・述而第七》：子曰，德之不脩，學之不講，聞義不能徙，
不善不能改，是吾憂也。〔註95〕

在第1章裡孔子同時說到「學」與「德」，他自道「脩德」、「講學」、「徙義」、
「改不善」是其所憂念之事。可見「學」概念之在孔子，是與「德」概念以
及如「義」之德目和如「改不善」之德行，有著密切的連結。

2、《論語・陽貨第十七》：子曰，由也，女聞六言六蔽矣乎。對曰，
未也。居，吾語女。好仁不好學，其蔽也愚。好知不好學，其蔽
也蕩。好信不好學，其蔽也賊。好直不好學，其蔽也絞。好勇不
好學，其蔽也亂。好剛不好學，其蔽也狂。〔註96〕

3、《論語・子路第十三》：樊遲請學稼。子曰，吾不如老農。請學爲
圃。曰，吾不如老圃。樊遲出。子曰，小人哉，樊須也。上好禮，
則民莫敢不敬。上好義，則民莫敢不服。上好信，則民莫敢不用
情。夫如是，則四方之民襁負其子而至矣。焉用稼。〔註97〕

4、《論語・雍也第六》：子曰，君子博學於文，約之以禮，亦可以
弗畔矣夫。〔註98〕

在第 2 章裡，孔子分別將「學」與「仁」、「知」、「信」、「直」、「勇」、「剛」
等德目連結；認爲這些德目之實踐不能無「學」，否則易生流弊。在第3章裡，
孔子責備樊遲欲「學」稼圃，認爲經世濟民唯需「禮」、「義」、「信」等德目；
其意實爲所須「學」者，如許德目而已。在第 4 章裡，孔子說君子應廣博地
「學」「文」，並以「禮」來規約其所「學」；此與「文」相對之「禮」，顯然
既指禮制儀軌，又指遵守禮制儀軌所成之德目。

5、《論語・學而第一》：子曰，君子不重則不威，學則不固。主忠
信。無友不如己者。過則勿憚改。〔註99〕

6、《論語・學而第一》：子曰，君子食無求飽，居無求安，敏於事
而慎於言，就有道而正焉。可謂好學也已。〔註100〕

7、《論語・爲政第二》：子張學干祿。子曰，多聞闕疑，慎言其餘，

〔註95〕〔宋〕朱熹集注，《四書集注・論語集注》，頁 220。
〔註96〕〔宋〕朱熹集注，《四書集注・論語集注》，頁 405～406。
〔註97〕〔宋〕朱熹集注，《四書集注・論語集注》，頁 328～329。
〔註98〕〔宋〕朱熹集注，《四書集注・論語集注》，頁 214。
〔註99〕〔宋〕朱熹集注，《四書集注・論語集注》，頁 125～126。
〔註100〕〔宋〕朱熹集注，《四書集注・論語集注》，頁 130。

則寡尤。多見闕殆，慎行其餘，則寡悔。言寡尤，行寡悔，祿在
其中矣。〔註 101〕

8、《論語・雍也第六》：哀公問，弟子孰爲好學。孔子對曰，有顏
回者好學。不遷怒，不貳過。不幸短命死矣。今也則亡，未聞好
學者也。〔註 102〕

在第 5 章裡，孔子說君子應莊重以牢固其所「學」；而所「學」者除「忠」、「信」
等德目外，尚有「無友不如己者」、「過則勿憚改」等德行。在第 6 章裡，孔
子說君子之「學」至少應包含「食無求飽」、「居無求安」、「敏於事而慎於言」、
「就有道而正焉」等德行。在第 7 章裡，孔子轉化子張欲「學」干求祿位之
心思，而教之以應當「學」「多聞闕疑，慎言其餘。」、「多見闕殆，慎行其餘。」
等言行之德行。在第 8 章裡，孔子回答哀公之問，明示顏回「不遷怒」、「不
貳過」等德行可謂眞正之「學」。

9、《論語・述而第七》：子曰，加我數年，五十以學易，可以無大
過矣。〔註 103〕

10、《論語・陽貨第十七》：子曰，小子，何莫學夫詩。詩可以興，
可以觀，可以群，可以怨。邇之事父，遠之事君。多識於鳥獸
草木之名。〔註 104〕

11、《論語・季氏第十六》：陳亢問於伯魚曰，子亦有異聞乎。對曰，
未也。嘗獨立，鯉趨而過庭。曰，學詩乎。對曰，未也。不學
詩，無以言。鯉退而學詩。他日，又獨立，鯉趨而過庭。曰，
學禮乎。對曰，未也。不學禮，無以立。鯉退而學禮。聞斯二
者。陳亢退而喜曰，問一得三。聞詩，聞禮，又聞君子之遠其
子也。〔註 105〕

在第 9 章裡，孔子自言認爲「學」《易》之後，德行可以更上一層樓，不會再
有大過錯。在第 10 章裡，孔子教導弟子應當「學」《詩》，有助於「事父」、「事
君」等德行。在第 11 章裡，孔鯉說孔子教導他「學」《詩》以豐贍言談之內涵，
「學」《禮》以正立於世，皆所以助益德行。

〔註 101〕 〔宋〕朱熹集注，《四書集注・論語集注》，頁 143。
〔註 102〕 〔宋〕朱熹集注，《四書集注・論語集注》，頁 199。
〔註 103〕 〔宋〕朱熹集注，《四書集注・論語集注》，頁 228。
〔註 104〕 〔宋〕朱熹集注，《四書集注・論語集注》，頁 406。
〔註 105〕 〔宋〕朱熹集注，《四書集注・論語集注》，頁 396～397。

12、《論語・憲問第十四》：子曰，莫我知也夫。子貢曰，何爲其莫
　　　知子也。子曰，不怨天，不尤人。下學而上達。知我者其天
　　　乎。〔註106〕

在第12章裡孔子慨歎自己之人生態度不爲人所知，其中包括「不怨天」、「不尤人」、「下學而上達」。「學」在下且向上通達，而「人」在下、「天」在上，則可知所「學」乃關乎「人」者，所通達乃關乎「天」者。所「學」要能貫通「人」「天」，並能爲「天」所「知」，如上文所述，亦即能爲「天」所認知且肯定；則孔子之所「學」當即是「人」之「德」而合乎「天」之「命」者。是以當有所不達時，不可怨乎「天」，不可尤乎「人」，唯有「學而不厭」、「爲之不厭」，務求己「德」上合「天命」而已。

13、《論語・爲政第二》：子曰，吾十有五而志于學。三十而立。四
　　　十而不惑。五十而知天命。六十而耳順。七十而從心所欲，不
　　　踰矩。〔註107〕

在第13章裡孔子自述一生學思修養歷程，從「志于學」、「立」、「不惑」、「知天命」、「耳順」，直到「從心所欲，不踰矩。」如上文所述，「學」是孔子終身自許自勉之事，非僅在某一人生階段而已。所以從「志于學」開始，「學」即緊密關連每一階段之境界。「立」可參見「立於禮」、「不知禮，無以立也。」、「不學禮，無以立。」乃關乎「德」。「不惑」可參見「知者不惑」，乃關乎「德」。「知天命」可參見「不知命，無以爲君子也。」、「小人不知天命而不畏也。」，乃關乎「德」。「耳順」之詮釋，何晏、皇侃、邢昺、朱熹、劉寶楠各家皆解爲與「知」相關。但「不惑」已是「知」，「知天命」更達「知」之極高層次，而其後之最終境界「從心所欲，不踰矩」則與「心」相關；如此，「耳順」此一境界即應有關「知」與「心」之連繫。「耳順」既直解爲聽聞而不逆，聽聞後得其旨爲「知」，而能不逆於「心」，其意當爲「心」無不容受。既無不容受，則不慍不憂；是以孔子說「人不知而不慍，不亦君子乎。」、「仁者不憂」。於是「耳順」亦關乎「德」。最高境界「從心所欲，不踰矩。」依本文第一章之論述，乃是孔子身「心」言行之「德」之終極成就，完全符合「天」所「命」之規矩；此來自「天命」之規矩即是「天」之極高理想的軌範，亦即「天」之「道」，「天道」是也。

〔註106〕〔宋〕朱熹集注，《四書集注・論語集注》，頁361～362。
〔註107〕〔宋〕朱熹集注，《四書集注・論語集注》，頁135。

第九節　仁與眾德

「仁」字見於《論語》者，凡五十九章。其中與諸多德目德行同時被提及之章句，在在顯示「仁」在眾德中之特殊地位。分析這些章句內容，可得見孔子思想體系裡，「仁」實乃眾德之首。

> 1、《論語・述而第七》：子曰，志於道，據於德，依於仁，游於藝。〔註108〕

在第 1 章裡孔子將「仁」與「道」、「德」並舉，可知「仁」雖然亦是德目之一，但卻有著獨特的地位，能與其他諸德目德行之總名「德」平列。「游於藝」則需要「學」，是以「學」乃行「道」、進「德」、爲「仁」之關鍵。

> 2、《論語・學而第一》：子曰，弟子入則孝，出則弟。謹而信。汎愛眾，而親仁。行有餘力，則以學文。〔註109〕
>
> 3、《論語・學而第一》：有子曰，其爲人也孝弟，而好犯上者，鮮矣。不好犯上，而好作亂者，未之有也。君子務本，本立而道生。孝弟也者，其爲仁之本與。〔註110〕

在第 2 章裡，孔子闡明進「德」修業之次第，由「孝」、「弟」、「謹」、「信」、「愛」，逐步達至「仁」。此一次第由內而外，由親至疏，層層擴大，最終層次則是「仁」。有餘力才「學文」，可見「文」乃餘事；但「學」如上文所述，則終身行之，最高層次之「德」即是「仁」。在第 3 章裡，有若說「孝」「弟」是本，「爲仁」是「道」；有若之思想顯然來自孔子，足爲旁證。可見「仁」在眾「德」中之首要地位。

> 4、《論語・陽貨第十七》：子張問仁於孔子。孔子曰，能行五者於天下，爲仁矣。請問之。曰，恭寬信敏惠。恭則不侮。寬則得眾。信則人任焉。敏則有功。惠則足以使人。〔註111〕
>
> 5、《論語・子路第十三》：樊遲問仁。子曰，居處恭，執事敬，與人忠。雖之夷狄，不可棄也。〔註112〕

在第 4 章裡，孔子回答子張，「恭」、「寬」、「信」、「敏」、「惠」五種德目合之可以「爲仁」。在第 5 章裡，孔子回答樊遲，「恭」、「敬」、「忠」三種德目合

〔註108〕〔宋〕朱熹集注，《四書集注・論語集注》，頁 221～222。
〔註109〕〔宋〕朱熹集注，《四書集注・論語集注》，頁 124。
〔註110〕〔宋〕朱熹集注，《四書集注・論語集注》，頁 120～121。
〔註111〕〔宋〕朱熹集注，《四書集注・論語集注》，頁 403。
〔註112〕〔宋〕朱熹集注，《四書集注・論語集注》，頁 336。

之即爲「仁」。可見「仁」具有統合眾「德」之特質。

6、《論語・公冶長第五》：子張問曰，令尹子文三仕爲令尹，無喜色。三已之，無慍色。舊令尹之政，必以告新令尹。何如。子曰，忠矣。曰，仁矣乎。曰，未知，焉得仁。崔子弑齊君。陳文子有馬十乘，棄而違之。至於他邦，則曰，猶吾大夫崔子也。違之。之一邦，則又曰，猶吾大夫崔子也。違之。何如。子曰，清矣。曰，仁矣乎。曰，未知，焉得仁。〔註113〕

7、《論語・憲問第十四》：子曰，有德者必有言，有言者不必有德。仁者必有勇，勇者不必有仁。〔註114〕

8、《論語・衛靈公第十五》：子曰，當仁不讓於師。〔註115〕

9、《論語・憲問第十四》：克伐怨欲不行焉，可以爲仁矣。子曰，可以爲難矣。仁則吾不知也。〔註116〕

在第 6 章裡，孔子對令尹子文許之以「忠」，對陳文子許之以「清」，但都不許之以「仁」。在第 7 章裡，孔子說「仁」之層次涵蓋「勇」，並將「仁者」與「有德者」對舉。在第 8 章裡，孔子表示若是擔當「仁」之重任，則即使對其師亦不遜「讓」。在第 9 章裡，孔子認爲雖然消除「克」、「伐」、「怨」、「欲」等行爲實屬不易，但仍不足以「爲仁」。可見「仁」與眾「德」相比較後更爲珍貴難得。

10、《論語・八佾第三》：子曰，人而不仁，如禮何。人而不仁，如樂何。〔註117〕

11、《論語・顏淵第十二》：顏淵問仁。子曰，克己復禮爲仁。一日克己復禮，天下歸仁焉。爲仁由己，而由人乎哉。顏淵曰，請問其目。子曰，非禮勿視，非禮勿聽，非禮勿言，非禮勿動。顏淵曰，回雖不敏，請事斯語矣。〔註118〕

12、《論語・陽貨第十七》：宰我問，三年之喪，期已久矣。君子三年不爲禮，禮必壞。三年不爲樂，樂必崩。舊穀既沒，新穀既

〔註113〕〔宋〕朱熹集注，《四書集注・論語集注》，頁190～191。
〔註114〕〔宋〕朱熹集注，《四書集注・論語集注》，頁344。
〔註115〕〔宋〕朱熹集注，《四書集注・論語集注》，頁384。
〔註116〕〔宋〕朱熹集注，《四書集注・論語集注》，頁342。
〔註117〕〔宋〕朱熹集注，《四書集注・論語集注》，頁150。
〔註118〕〔宋〕朱熹集注，《四書集注・論語集注》，頁304～305。

升，鑽燧改火。期可已矣。子曰，食夫稻，衣夫錦，於女安乎。
曰，安。女安則爲之。夫君子之居喪，食旨不甘，聞樂不樂，
居處不安，故不爲也。今女安，則爲之。宰我出。子曰，予之
不仁也。子生三年，然後免於父母之懷。夫三年之喪，天下之
通喪也。予也有三年之愛於其父母乎。〔註119〕

在第10章裡，孔子明白表示「禮」、「樂」若無「仁」則對人之意義不大。在第11章裡，孔子回答顏淵，「仁」可經由視聽言動之踐「禮」來實現；亦即意謂「仁」可爲「禮」之目的。在第12章裡，孔子責備宰我以「禮」、「樂」爲理由質疑三年之喪，乃是「不仁」；清楚傳達「禮」、「樂」之重要性遠不如「仁」。「禮」、「樂」之在孔子，不僅只是個人進「德」修業之重要項目，也是孔子對於政治教化理想之所寄；但即使如此，其意義、價值、重要性仍遠不如「仁」，那麼其他眾「德」於是可知。

13、《論語‧里仁第四》：子曰，富與貴是人之所欲也。不以其道得
之，不處也。貧與賤是人之所惡也。不以其道得之，不去也。
君子去仁，惡乎成名。君子無終食之間違仁。造次必於是，顛
沛必於是。〔註120〕

14、《論語‧憲問第十四》：子曰，君子而不仁者有矣夫。未有小人
而仁者也。〔註121〕

在第13章裡，孔子警示若是君子離開「仁」，便有損其名聲；所以君子無論處於何種境地，都不應長時間違背「仁」。而在第14章裡，孔子則明白說君子仍可能不「仁」。君子乃是次於聖賢之有才「德」者，孔子云：「聖人，吾不得而見之矣。得見君子者，斯可矣。」（〈述而第七〉）〔註122〕如此之人都可能短期甚或長期不具備「仁」，可見擁有「仁」比諸擁有其他眾「德」更加困難。

15、《論語‧雍也第六》：子曰，回也，其心三月不違仁。其餘則日
月至焉而已矣。〔註123〕

在第15章裡，孔子歡賞顏回能夠三個月不違背「仁」，其他弟子則至多一月

〔註119〕 〔宋〕朱熹集注，《四書集注‧論語集注》，頁411～413。
〔註120〕 〔宋〕朱熹集注，《四書集注‧論語集注》，頁168～169。
〔註121〕 〔宋〕朱熹集注，《四書集注‧論語集注》，頁345。
〔註122〕 〔宋〕朱熹集注，《四書集注‧論語集注》，頁232。
〔註123〕 〔宋〕朱熹集注，《四書集注‧論語集注》，頁203。

乃至一日而已。以顏回之德行之受孔子器重，仍只能擁有「仁」持續三月，其實踐之困難可想而知。

　　16、《論語・述而第七》：子曰，若聖與仁，則吾豈敢。抑爲之不
　　　　厭，誨人不倦，則可謂云爾已矣。公西華曰，正唯弟子不能學
　　　　也。〔註124〕

在第16章裡，孔子自謙不敢承受「聖」與「仁」之名聲。「聖」乃是至「德」全「德」者之名，孔子將「仁」與其並列，且謙言自己仍未達至此境界；可見「仁」之難能可貴，其他眾「德」無法與之相侔。

　　17、《論語・衛靈公第十五》：子曰，志士仁人，無求生以害仁，有
　　　　殺身以成仁。〔註125〕

在第17章裡，孔子直言矢志以「仁」爲己任之人需要對自己生命有所覺悟；當情況必要時，消極上不可因生命而危害「仁」，積極上必須用生命來成就「仁」。正如曾參所云：「士不可以不弘毅，任重而道遠。仁以爲己任，不亦重乎。死而後已，不亦遠乎。」（〈泰伯第八〉）〔註126〕「仁」乃是必須以一生生命來追求實現之「德」，其境界之高，其地位之貴，其價值之重，其意義之大，在孔子思想體系之諸多德目德行中，實是無與倫比。

〔註124〕〔宋〕朱熹集注，《四書集注・論語集注》，頁236～237。
〔註125〕〔宋〕朱熹集注，《四書集注・論語集注》，頁373。
〔註126〕〔宋〕朱熹集注，《四書集注・論語集注》，頁244。

第柒章　孔子心性概念體系之發展

　　本文分析孔子「心」「性」概念內容，綜合孔子「心」「性」概念體系，所得結論不全同於前賢。惟恐差若毫釐，繆以千里，有需要進一步省察本文所論述孔子思想觀點，與其後儒家思想發展之脈絡關係。以下將先匯整徐復觀、唐君毅、牟宗三、蔡仁厚四位先生之觀點，以見其彼此間之異同；然後分別針對一般認為先秦儒家影響較大之其他四部經典：《孟子》、《中庸》、《易傳》、《大學》，討論其核心概念之代表性文本，以呈現孔子「心」「性」概念體系與其間之發展脈絡。

第一節　諸賢大家之觀點

一、徐復觀

　　徐復觀先生認為「古代整個文化的開創、人性論的開創，以孔孟老莊為中心」，〔註1〕而「由於孔子對仁的開闢，不僅奠定了爾後正統地人性論的方向，並且也由此而奠定了中國正統文化的基本性格。」〔註2〕徐先生認為繼孔子思想而起之儒家經典是《中庸》，「實則今日之《中庸》，原係分為兩篇。上篇可以推定出於子思，其中或也雜有他的門人的話。下篇則是上篇思想的發展。它係出於子思之門人，即將現《中庸》編定成書之人。如後所述，此人

〔註1〕徐復觀，《中國人性論史：先秦篇》，頁461。
〔註2〕徐復觀，《中國人性論史：先秦篇》，頁100。

仍在孟子之前。」〔註3〕「孔子在事實上已將性與天道結合在一起；但子貢卻只能說出『性與天道』的漠然觀念。一直要到代表子思思想的《中庸》上篇，才能清楚說出『天命之謂性』的話。」〔註4〕所以《中庸》之地位「在思想上言，則爲上承孔子，下啓孟子」。〔註5〕

徐先生認爲「孟子在中國文化中最大的貢獻，是性善說的提出。但這並非能突然出現的，而係長期發展的結果。」〔註6〕「性善兩字說出後，主觀實踐的結論，通過概念而可訴之於每一個人的思想，乃可以在客觀上爲萬人萬世立教。」〔註7〕而「孟子所說的性善，實際便是心善。經過此一點醒後，每一個人皆可在自己的心上當下認取善的根苗，而無須向外憑空懸擬。」〔註8〕於是可知「中國文化發展的性格，是從上向下落，從外向內收的性格。由下落以後而再向上昇起以言天命，此天命實乃道德所達到之境界，實即道德自身之無限性。由內收以後而再向外擴充以言天下國家，此天下國家實乃道德實踐之對象，實即道德自身之客觀性、構造性。」〔註9〕

徐先生認爲「但就現在可以看得到的文獻來說，孔子以後，他門下對於性與天道的看法，大概可分爲三派發展。」〔註10〕第一、「從曾子、子思到孟子是一派；這一派……由心所證驗的善端以言性善。……這一派言道德，都是內發性的；並且仁是居於統攝的地位。我以這一派爲孔門的正統派。……但此派到了孟子達到高峰後，……直到宋代程明道，才慢慢地復活」。〔註11〕第二、「另一派則是以《易傳》爲中心的一派。這一派的特點，在堅持性善的這一點上，與前一派相同。但以陰陽言天命，則與前一派不同。」〔註12〕「但兩漢的思想，實以《易》及《易傳》爲主，以形成一代思想的特性。……宋代理學興起，遠承子思孟子之緒，但仍援《易傳》以與子思、孟子合流，……可以說《易傳》這一派思想，是形成於戰國中葉，因其影響於道家而其勢始

〔註3〕 徐復觀，《中國人性論史：先秦篇》，頁103。
〔註4〕 徐復觀，《中國人性論史：先秦篇》，頁163。
〔註5〕 徐復觀，《中國人性論史：先秦篇》，頁163。
〔註6〕 徐復觀，《中國人性論史：先秦篇》，頁161。
〔註7〕 徐復觀，《中國人性論史：先秦篇》，頁163。
〔註8〕 徐復觀，《中國人性論史：先秦篇》，頁163。
〔註9〕 徐復觀，《中國人性論史：先秦篇》，頁163～164。
〔註10〕 徐復觀，《中國人性論史：先秦篇》，頁199。
〔註11〕 徐復觀，《中國人性論史：先秦篇》，頁199～200。
〔註12〕 徐復觀，《中國人性論史：先秦篇》，頁200。

大，因漢人重陰陽五行而其勢更張。」〔註13〕第三、「第三派，是以禮的傳承爲中心的一派。……禮的傳承者，因強調禮的作用太過，多忽視了沉潛自反的工夫，把性善的觀念，反而逐漸朦朧起來了。此派思想，以荀子爲頂點。……但在這一系統之下所談的道德，始終是外在性的道德；雖然也不斷説到仁，但仁在道德中，並未眞正居於統攝的地位。」〔註14〕

徐先生認爲「先秦儒家思想，……從外在地道德法則性質的天命，落實而爲孔子的内在於生命之中，成爲人生命本質的性；從作爲生命本質的性，落實而爲孟子的在人生命之内，爲人的生命作主，並由每一個人當下可以把握得到的心。」〔註15〕而「心有德性與知性的兩面。德性乃人的道德主體；孟子在這一方面顯發得特爲著明。知性是人的知識主體；這一方面，由荀子顯發得相當的清楚。所以先秦儒家的人性論，到了孟荀而已大體分別發展成熟」。〔註16〕但最終是「由《大學》一篇而得到了一個富有深度的綜合。也可以説是先秦儒家人性論的完成。」〔註17〕

他認爲《大學》有三個特點，「第一，在它的本身，不言天道、天命，也不言性，而只言心；並如後所説，更從心落實一步而提出一個「意」來；此乃表示它是繼承孟荀以後所應當有的發展。」〔註18〕「第二，《大學》的三綱領、八條目，把道德與知識，組成一個系統。這便完成了孟、荀兩人的綜合。把道德、知識、及天下國家與身，以心與意爲中心，組成一個系統。這便把先秦儒家整個思想，完成了合内外之道的完整建構。」〔註19〕「第三，因爲正心、誠意，是極於治國平天下，於是道德的無限性，亦即是由孔子所提出的「仁」的無限性，可以不上伸向天命，而直接向外擴展於客觀世界之中。」〔註20〕於是「在《大學》一書中，可以看到人的道德主體，清明朗澈，沒有殘留一點原始宗教的渣滓；在這種清明朗澈的道德主體中，「仁」自然要求對於「知」的追求，個人自然會與天下國家相結合。」〔註21〕

〔註13〕徐復觀，《中國人性論史：先秦篇》，頁201。
〔註14〕徐復觀，《中國人性論史：先秦篇》，頁200。
〔註15〕徐復觀，《中國人性論史：先秦篇》，頁263。
〔註16〕徐復觀，《中國人性論史：先秦篇》，頁263。
〔註17〕徐復觀，《中國人性論史：先秦篇》，頁263。
〔註18〕徐復觀，《中國人性論史：先秦篇》，頁263。
〔註19〕徐復觀，《中國人性論史：先秦篇》，頁264。
〔註20〕徐復觀，《中國人性論史：先秦篇》，頁264。
〔註21〕徐復觀，《中國人性論史：先秦篇》，頁265。

二、唐君毅

唐君毅先生認爲「在孔子前，天命與人性，猶有上下內外之相對。自孔子教人志道據德，依仁以游藝學文，下學之事，通於上達，乃更無天命人性之相對可言。」〔註22〕而「孔子之後明主性善之論者爲孟子。」〔註23〕孟子與告子、莊子、荀子「此告、孟、莊、荀四家之論，亦即中國最早言心性之四基本形態。……此中心性各有四種，亦即後之心性論之基本觀念之所本者也。」〔註24〕其中孟子與荀子之「心」概念，「此中之『心』：有其性善者，如孟子之道德心；……有可善可惡者，如荀子所謂能知道行道，而亦未嘗不可不知道不行道之心。」〔註25〕而其「性」概念，「此中之性：……有自然生命之欲望之性，而趨向於與心所知之道相違反，亦即趨向於惡，以與善相違者，如荀子之所謂性；……再有赴就道德心之生而言其善之性，如孟子之所謂心之性。」〔註26〕

唐先生認爲「後人對之加以綜合而泛泛言之者，則爲《禮記・禮運》所謂人有血氣心知之性。……〈樂記〉謂人生而靜，爲天之性，……至於能在眞實義上，求貫通綜合此上之四型之言性者，則應爲承孟子言心性而來之《中庸》《易傳》之言性。」〔註27〕他認爲「《中庸》由率性修道，而言成己成物之盡性之教，乃盡己性，即盡人性，盡物性，以合內外爲一率性修道之教。盡性自必待乎心知之明之合乎智，與感物之情之合乎仁。」〔註28〕然而「《中庸》未嘗言心，亦不重論情，唯皆攝之於一率性、修道、盡性之教之中。故《中庸》之教，如歸之一語，則『盡性』二言而盡；再約之爲一言，則『誠』之一言而足。」〔註29〕

唐先生認爲《易傳》之思想相通於《中庸》，他說「至《中庸》之連天命以論性之思想之特色，亦即在視此性爲一人之自求其德行之純一不不已，而必自成其德之性，是即一必歸於『成』之性，亦必歸於『正』之性，而通於

〔註22〕唐君毅，《中國哲學原論：原性篇》，頁32。
〔註23〕唐君毅，《中國哲學原論：原性篇》，頁33。
〔註24〕唐君毅，《中國哲學原論：原性篇》，頁534。
〔註25〕唐君毅，《中國哲學原論：原性篇》，頁534。
〔註26〕唐君毅，《中國哲學原論：原性篇》，頁534。
〔註27〕唐君毅，《中國哲學原論：原性篇》，頁534～535。
〔註28〕唐君毅，《中國哲學原論：原性篇》，頁86。
〔註29〕唐君毅，《中國哲學原論：原性篇》，頁86。

《易傳》之旨。」〔註30〕「此性，亦即徹始徹終，以底於成與正，而藏自命於內之性命。故人之盡性，即能完成天之所命，以至於命也。是又見《易傳》之言成之者性，言各正性命，盡性至命，正爲與《中庸》爲相類之思想形態也。」〔註31〕

　　唐先生認爲「《大學》《中庸》二篇之言聖賢修養工夫或心性之學，皆同本孟子心性之善之義。」〔註32〕「吾昔嘗觀宋明至今中國儒學之發展，實大體有類於繞《大學》中所謂八目之次第一周。」〔註33〕「是見八百年來中國思想之發展，實有如循《大學》八條目之次序，由程朱之以格物爲始教，至陽明之以致知爲宗，劉蕺山之以誠意爲宗，歷顧、黃、王、而由正心修身之內聖之學，以轉至重治國平天下之外王之學。既歷《大學》之八條目一周，乃再歸於清末以來，以格致之學之名，爲引入西方科學之資」。〔註34〕然而，「八百年來儒學思想之關連於《大學》格物致知之教者，實不斷有新思想之孳生，咸超軼於《大學》明文之所及。……蓋此由承繼以超軼，以超軼爲承繼，正爲儒學發展之常軌」。〔註35〕

　　唐先生認爲《大學》「此思想之發展，至於今日，則爲一德性之知或良知，與知識之知之畢竟之如何關連之純理論問題。而此問題之討論，亦儘可根本脫離《大學》本文原意及朱子陽明之說本爲如何，一學術史之問題而討論者。」〔註36〕於是他「更進而純理論的約略分析此德性之知或良知，與知識之知之四種關係，兼說明昔賢之說，大體上皆可綜攝於此四種相待關係之情形中」。〔註37〕「第一種情形爲德性之知或良知，直接通過知識之知而表現之情形。……此情形，亦即陽明先生所謂聞見之知直接爲德性之知之用之情形。」〔註38〕「第二種情形爲『吾人依德性之知或良知，以肯定具眞理價值之知識之本身爲一善，及吾人之當具有此善，於是肯定；知識自身之當求』之情形。……清代學者及今之科學家之重記誦考證，及求自然社會之知識者，恆

〔註30〕唐君毅，《中國哲學原論：原性篇》，頁88。
〔註31〕唐君毅，《中國哲學原論：原性篇》，頁88。
〔註32〕唐君毅，《中國哲學原論：導論篇》，頁144。
〔註33〕唐君毅，《中國哲學原論：導論篇》，頁298。
〔註34〕唐君毅，《中國哲學原論：導論篇》，頁301。
〔註35〕唐君毅，《中國哲學原論：導論篇》，頁303。
〔註36〕唐君毅，《中國哲學原論：導論篇》，頁360～361。
〔註37〕唐君毅，《中國哲學原論：導論篇》，頁361。
〔註38〕唐君毅，《中國哲學原論：導論篇》，頁361。

不免於忽德性之知或良知之知者，亦即由此二知之表面相斥關係，而遂只務求知識之知，以往而不返者也。」〔註39〕「第三種情形，為吾人既本良知以發動一當有之行為，而吾人欲求此行為在一具體特殊之情境下，得以貫澈而達其目的，而又覺不能只循我之良知，及已有知識之運用，便能實際貫澈時；於是吾人遂暫自節其良知初所發動之行為，以安靜下來，而求對此具體情境，及如何對付此情境之進一步之知識，進而依此知識，以規定吾以後為達此目的而當採之行為之道。……吾人前文論朱子，其所以以理為超越於現實之心知之外者，亦蓋即主要依此情形而立論者也。」〔註40〕「第四種情形，為吾人所已知之『我所在之具體特殊之情境』，明顯與為我之良知所認可而發出之全幅要求或命令相衝突之情形。此即如吾人前文於論朱子一節，所提及之忠孝不能兩全之情形。」〔註41〕

三、牟宗三

牟宗三先生順韓愈〈原道〉之說而認為「道統」乃「此堯、舜、禹、湯、文、武、周公、孔子、孟子一線相承之道，其本質內容為仁義，其經典之文為《詩》、《書》、《易》、《春秋》，其表現于客觀政治社會之制度為禮樂刑政。此道通過此一線之相承而不斷，以見其為中華民族文化之命脈，即名曰『道統』」。〔註42〕「然自堯、舜三代以至于孔子乃至孔子後之孟子，此一系相承之道統，就道之自覺之內容言，至孔子實起一創闢之突進，此即其立仁教以闢精神領域是。」〔註43〕而「此一創闢之突進，與堯、舜三代之政規業績合而觀之，則此相承之道即後來所謂『內聖外王之道』（語出《莊子·天下》篇）。此『內聖外王之道』之成立即是孔子對于堯、舜三代王者相承之『道之本統』之再建立。」〔註44〕

牟先生認為「內聖一面之彰顯自孔子立仁教始。曾子、子思、孟子、《中庸》、《易傳》之傳承即是本孔子仁教而展開者。就中以孟子為中心，其器識雖足以籠罩外王，然重點與中點以及其重大之貢獻實落在內聖之本之挺立

〔註39〕唐君毅，《中國哲學原論：導論篇》，頁362～364。
〔註40〕唐君毅，《中國哲學原論：導論篇》，頁364～365。
〔註41〕唐君毅，《中國哲學原論：導論篇》，頁365。
〔註42〕牟宗三，《心體與性體》（一），頁197。
〔註43〕牟宗三，《心體與性體》（一），頁199。
〔註44〕牟宗三，《心體與性體》（一），頁199。

處。」〔註 45〕「此內聖之學，就其為學言，實有其獨立之領域與本性，此即彰著道德之本性（自性）以及相應道德本性而為道德實踐所達至之最高歸宿為何所是者是。自孔子立仁教後，此一系之發展是其最順適而又是最本質之發展，亦是其最有成而亦最有永久價值之發展，此可曰孔子之傳統。」〔註 46〕「然此道既是內聖外王之道，則外王一面亦是器識上所必應函攝到之本質的一面，此即《大學》所謂治國平天下者是。『外王』者，即客觀而外在地于政治社會方面以王道（非霸道）治國平天下之謂也。」〔註 47〕

　　牟先生認為「關于明言『性』字之文獻以及關于天命、天道、敬德、祈天永命之文獻。前者自生而言性，是一個暗流，不及後者之彰顯，而後者則是通過孔子後孟子、《中庸》、《易傳》言性命天道之先在背景。」〔註 48〕從這裡可以將儒家人性論區分成積極和消極兩面，積極面是「由此背景言性是自理或德而言性，是超越之性，是理想主義的義理當然之性，是儒家人性論之積極面，亦是儒家所特有之人性論，亦是正宗儒家之所以為正宗之本質的特徵。……積極面之人性論之成立，孔子之仁是其重要的關鍵。」〔註 49〕消極面是「自生而言性是實在論態度的實然之性，是後來所謂氣性、才性、氣質之性，是儒家人性論之消極面，不是儒家所特有，如是儒家而又只如此言性，便是其非正宗處。」〔註 50〕

　　牟先生認為「正宗儒家本孔子『踐仁以知天』自德以言性，此是儒家之所以為理想主義之特別凸出者。外此，自生以言性者，則有道家、告子、荀子、世碩、公孫尼子，下及兩漢董仲舒、王充之言氣性，以及劉劭之言才性，此亦源遠流長之傳統，而統攝于宋儒所言之氣質之性，此為踐仁知天中消極面之性論，亦皆由古統中通過孔子所開出之傳統而見其意義之切者也。」〔註 51〕

　　牟先生認為先秦儒家與宋明儒者有五點不同之處，第一、「孔子踐仁知天，未說仁與天合一或為一，但依宋、明儒，其共同傾向則認為仁之內容的意義（intensional meaning）與天之內容的意義到最後完全合一，或即是一。

〔註 45〕　牟宗三，《心體與性體》（一），頁 199。
〔註 46〕　牟宗三，《心體與性體》（一），頁 199。
〔註 47〕　牟宗三，《心體與性體》（一），頁 199。
〔註 48〕　牟宗三，《心體與性體》（一），頁 226。
〔註 49〕　牟宗三，《心體與性體》（一），頁 226。
〔註 50〕　牟宗三，《心體與性體》（一），頁 226。
〔註 51〕　牟宗三，《心體與性體》（一），頁 233。

（在此，伊川、朱子稍有不同）。」〔註52〕第二、「孟子言盡心知性知天，心性是一，但未顯明地表示心性與天是一。宋、明儒的共同傾向則認爲心性天是一。（在此，伊川、朱子亦有不同）。」〔註53〕第三、「《中庸》說『天命之謂性』，但未顯明地表示天所命于吾人之性其內容的意義完全同于那『天命不已』之實體，或『天命不已』之實體內在于個體即是個體之性。宋、明儒則顯明地如此表示。此所謂天道性命通而爲一也。在此，伊川、朱子亦無異辭，惟對於天命實體與性體理解有不同。」〔註54〕又，「天道性命相貫通乃宋、明儒共同之意識，亦是由先秦儒家之發展所看出之共同意識，……橫渠作品中有若干語句表現此觀念最爲精切諦當，……《正蒙・誠明篇》云：『天所性者通極於道，氣之昏明不足以蔽之。天所命者通極於性，遇之吉凶不足以戕之。』此四句即是天道性命相貫通之最精切而諦當之表示者。」〔註55〕第四、「《易傳》說「乾道變化，各正性命」（〈乾彖〉），此字面的意思只表示在乾道（天道）變化底過程中各個體皆得正定其性命，未顯明地表示此所正之『性』即是乾道實體或『爲物不貳，生物不測』之天道實體內在于各個體而爲其性，所正之『命』亦即是此實體所定之命。但宋、明儒則顯明地如此表示，在此處與在《中庸》處同。」〔註56〕第五、「《大學》言『明明德』，未表示『明德』即是吾人之心性（就本有之心性說明德），甚至根本不表示此意，乃只是『光明的德行』之意。但宋、明儒一起皆認爲『明德』是就因地之心性說，不就果地之『德行』說。又《大學》言『致知在格物』亦不必如伊川、朱子所理解，『致知』爲致吾心氣之靈之知，『格物』爲即物而窮其存在之理（窮究實然者之所以然之理）。至於陽明解爲『致良知之天理以正物』，則只是孟子學之《大學》，非必《大學》之本義。劉蕺山之誠意教則亦只是《中庸》、孟子學之《大學》，亦非《大學》之本義。……是則《大學》只列舉出一個實踐底綱領，只說一個當然，而未說出其所以然，在內聖之學之義理方向上爲不確定者，究往那裡走，其自身不能決定，故人得以填彩而有三套之講法。」〔註57〕

〔註52〕牟宗三，《心體與性體》（一），頁 19。
〔註53〕牟宗三，《心體與性體》（一），頁 19。
〔註54〕牟宗三，《心體與性體》（一），頁 19。
〔註55〕牟宗三，《心體與性體》（一），頁 437。
〔註56〕牟宗三，《心體與性體》（一），頁 19。
〔註57〕牟宗三，《心體與性體》（一），頁 19～20。

　　牟先生認爲先秦儒家之正宗傳承,「此無論就孟子的『性善』之心性說,或就《中庸》的『天命之謂性』之性以及誠說;無論就濂溪之誠、太極、寂感之神說,或就橫渠之太和、太虛、天地之性說,或就明道之仁、天理、實體、於穆不已之體說,或就象山之本心即性即理說,或就陽明之良知說,或就蕺山之意說皆然。而總之曰:性即是道,性外無道;心即是理,心外無理。性、道(亦曰性、天)是道德的亦是宇宙性的性、道,心、理是道德的亦是宇宙性的心、理;而性、道與心、理其極也是一,故吾人亦總性體心體連稱。」〔註58〕而「此道德的而又是宇宙的性體心體通過『寂感眞幾』一概念即轉而爲本體宇宙論的生化之理、實現之理。這生化之理是由實踐的體證而呈現」。〔註59〕他認爲「儒家惟因通過道德性的性體心體之本體宇宙論的意義,把這性體心體轉而爲寂感眞幾之『生化之理』,而寂感眞幾這生化之理又通過道德性的性體心體之支持而貞定住其道德性的眞正創造之意義,它始打通了道德界與自然界之隔絕。這是儒家『道德的形上學』之徹底完成。」〔註60〕

四、蔡仁厚

　　蔡仁厚先生認爲「聖王之統,通稱道統。孔子所繼承的即是這個聖王之統。但孔子不只是繼承道統而已,他還有新的開發。」〔註61〕孔子所繼承的道統是「周公依據三代政教之迹以制訂聖王之政規(修德愛民,推行仁政王道),這是『王者盡制』的一面,這一面以二帝三王爲標準,所完成的是王者禮樂中的成人與人倫,是生活行爲的形式規範。」〔註62〕而新的開發是「到了孔子,乃反身上提而透顯形而上的仁義之心,給予周文以超越的解析與安立;超越『事』而從『理』上說話,……禮樂之事,立根於仁義之心,……這是對『道之本統』的再開發。這一面是『聖者盡倫』(倫、理也),以孔子爲標準,所完成的是成德之教中的成人與人倫,是生命德性的自覺實踐。」〔註63〕

〔註58〕牟宗三,《心體與性體》(一),頁186。
〔註59〕牟宗三,《心體與性體》(一),頁186。
〔註60〕牟宗三,《心體與性體》(一),頁187。
〔註61〕蔡仁厚,《中國哲學史》(上),頁53。
〔註62〕蔡仁厚,《中國哲學史》(上),頁53。
〔註63〕蔡仁厚,《中國哲學史》(上),頁53。

　　蔡先生認爲「孔子爲儒家之開山，儒之爲儒，必須由『聖者盡倫』的成德之教（仁教）來規定，如此，乃能確定儒家之教義與儒者生命智慧之方向。」〔註64〕而「成德之教，必通內外，通上下。……由成己而成物，這是通內外；……上達天德，與天合德，這是通上下。通天人上下，通物我內外，這纔是儒者生命智慧的大方向。」〔註65〕

　　蔡先生認爲「孟子最大的貢獻，可以約爲三端：1、建立心性之學的義理規模；2、弘揚仁政王道的政治理想；3、提揭人禽、義利、夷夏之三辨。」〔註66〕其中「心性是道德之根，價值之源。儒家的心性之學，由孔子的『仁』開端，到孟子發明性善，建立『盡心知性以知天』的義理規模，而完成了儒家內聖成德之學的基本形態。」〔註67〕「孟子順孔子之『仁』開爲四端而說仁義禮智，又講仁民愛物，講仁政王道，進而更講盡心知性知天，講萬物皆備於我，反身而誠，講過化存神，上下與天地同流。孟子所開顯的義理綱維，正是順孔子之仁而完成的心性之學的義理模型。」〔註68〕

　　蔡先生認爲「儒家從孔子到孟子，再從孟子發展到《中庸》《易傳》，這些儒者的生命皆有著前後相通的存在地呼應。」〔註69〕而「《中庸》《易傳》的發展，是表示要順由孔子的『仁』、孟子的『心、性』，而向存在方面伸展。經過這一步伸展，道德界與存在界遂通而爲一：講道德有其形上之根據，而形上學依然基於道德。故宇宙秩序即是道德秩序（存在原理與實現原理通而爲一）。」〔註70〕於是「由孔孟發展到《中庸》《易傳》，實已透出了一個道德形上學的基礎。下至宋明，則是這個基型的究極完成。」〔註71〕

　　蔡先生認爲「《中庸》言『天命之謂性』，表示天命天道流行下貫而爲性，這是從天道建立性體，是宇宙論的進路。……從天道天命處說下來，以顯示心性的絕對普遍性。這是客觀地從天道建立性體，以成立客觀性原則。」〔註72〕「《易傳》雖然形上學宇宙論的意味很重，但其底子乃是道德意識。其

〔註64〕蔡仁厚，《中國哲學史》（上），頁 53。
〔註65〕蔡仁厚，《中國哲學史》（上），頁 53～54。
〔註66〕蔡仁厚，《中國哲學史》（上），頁 119。
〔註67〕蔡仁厚，《中國哲學史》（上），頁 119。
〔註68〕蔡仁厚，《中國哲學史》（上），頁 137。
〔註69〕蔡仁厚，《中國哲學史》（上），頁 240。
〔註70〕蔡仁厚，《中國哲學史》（上），頁 240。
〔註71〕蔡仁厚，《中國哲學史》（上），頁 240。
〔註72〕蔡仁厚，《中國哲學史》（上），頁 241～242。

性質，是道德的形上學。……皆透顯出『合天人』的趨向。」〔註 73〕而「宋明儒所講論的學問，後世稱之爲道學、理學、性理學、心性之學；其實，宋明階段的儒學，根本就是順《中庸》、《易傳》、《論語》、《孟子》而開顯出來的『道德的形上學』。」〔註 74〕至於「《大學》只提供實踐的綱領，如『三綱領』『八條目』，而義理之方向則不顯豁、不明確」。〔註 75〕

五、綜述

　　徐唐牟蔡四位先生之觀點互有同異，論述則各有條理。依據今日可見之重要文獻而言，儒家心性之學之傳承脈絡至少可以有這幾種看法。

　　徐先生認爲孔子開闢以仁爲人性論之方向後，有三派思想傳承。第一是曾子、子思、孟子，《中庸》是子思及其門人所作。《中庸》言天命之謂性，清楚地結合性與天道；孟子則提出性善說，實際即是心善，以此言天命，於是德行之主觀實踐可以成爲道德之客觀基礎。這一派是孔門正統，主張以仁統攝之內發性道德。第二是《易傳》，亦主張性善，但以陰陽言天命。第三是禮，荀子爲代表，主張並未以仁統攝之外在性道德。孟子顯發德性心，乃人之道德主體；荀子顯發知性心，乃人之知識主體。最後由《大學》完成先秦儒家人性論之綜合：繼承孟荀而從心提出意；三綱領和八條目將道德與知識組成系統；誠意正心極於治國平天下，使道德之無限性直接擴展於客觀世界。

　　唐先生認爲孔子之仁教通達天命人性之相對後，有孟子與荀子言心性。孟子言心乃道德心，其性善；孟子言性乃心之性，是就道德心而言其善。荀子言心乃能知道行道亦可不知道不行道之心，爲可善可惡；荀子言性乃自然生命之性，趨向於與心所知之道相違反，亦即趨向於惡。《中庸》《易傳》繼承孟子，而兼能綜合荀子。《中庸》言率性、修道、盡性以成己成物，盡己性即盡人性、盡物性，可歸結於誠。《易傳》言成之者性、各正性命、盡性至命，人之盡性終必歸於成與正，即能完成天之所命。《大學》亦承孟子，其思想可發展成爲德性之知與知識之知之關係理論。一是德性之知直接通過知識之知而表現；二是德性之知肯定知識之知之價值；三是德性之知爲達目的而求知

〔註 73〕　蔡仁厚，《中國哲學史》（上），頁 258。
〔註 74〕　蔡仁厚，《中國哲學史》（上），頁 258。
〔註 75〕　蔡仁厚，《中國哲學史》（上），頁 258～259。

識之知；四是德性之知與知識之知相衝突。

牟先生認爲孔子創闢仁教之內聖外王之道以承接並再建道統後，內聖一面之傳承爲曾子、子思、孟子、《中庸》、《易傳》，外王一面之傳承爲《大學》。內聖之學目標在彰顯道德本性及道德實踐最高歸宿，此一系可視爲孔子之傳統；外王之學目標在客觀而外在地以王道治國平天下。儒家人性論可分積極與消極兩面，積極面基於孔子踐仁以知天之教，自德而言性，是義理當然之性，此是正宗儒家；消極面自生而言性，是氣性、才性、氣質之性。先秦儒家有五處不同於宋明儒者：一、孔子踐仁知天，但未說仁與天合一；二、孟子言盡心知性知天，心性是一，但未明顯表示心性與天是一；三、《中庸》言天命之謂性，但未明顯表示天道性命通而爲一；四、《易傳》言乾道變化，各正性命，亦未明顯表示天道性命通而爲一；五、《大學》言明明德，未表示明德即是心性，又言致知在格物，其本義亦未必如宋明儒者之所解。正宗儒家之傳承乃是性、道、心、理皆合一，既是道德的也是宇宙的性體心體可經由實踐的體證而呈現本體宇宙論之生化之理，而寂感眞幾之生化之理又通過性體心體而貞定住道德性的創造意義，此即是儒家所完成之道德的形上學。

蔡先生認爲孔子繼承王者禮樂之道統並開發成德之教之德性自覺實踐，將禮樂立根於仁義之心，確立了通天人上下、通物我內外之儒家大方向。孟子繼承孔子之仁而闡明性善，言盡心知性知天，建立心性之學之義理規模。《中庸》《易傳》接著向存在面發展，將道德界與存在界通而爲一，宇宙秩序即是道德秩序。《中庸》言天命之謂性，是從天道建立性體，顯示心性的絕對普遍性；《易傳》也透顯天人合一的趨向。《大學》則義理方向不明確，只提供三綱領、八條目等道德實踐綱領。宋明儒之道學、理學、性理學、心性之學，實是在先秦儒家之基礎上，所究極完成之道德的形上學。

四位先生的論點各自建立在其對經典文獻義理之理解上，雖然其間細節或有不同，但大體宗旨仍能和諧共存。本文以下將根據前章論證孔子「心」「性」概念及其體系所得之結果，分別對《孟子》、《中庸》、《易傳》、《大學》之一部分核心內容，粗略探討其中相關「心」「性」概念之思想，用以一定程度呈現本文論證結果是否能適當連接儒家心性之學之傳承脈絡。〔註76〕

〔註76〕 以下章節中大部分論證觀點曾發表於三篇拙作，後文不另註明：1、〈從《孟子》評人性向善論〉（台灣哲學學會第 2007 年「價值與實在」哲學研討會，

第二節　《孟子》

一、文本分析

孟子最為人所稱道之貢獻即是「性善」之說，本文亦將聚焦探討孟子此一觀點之相關文獻。「性」字在《孟子》書中凡見於十六章，其中有兩章直接說到「性善」，一章提及「人性之善」。

> 1、《孟子・滕文公上》：滕文公為世子，將之楚，過宋而見孟子。孟子道性善，言必稱堯舜。世子自楚反，復見孟子。孟子曰，世子疑吾言乎，夫道一而已矣。成覸謂齊景公曰，彼丈夫也，我丈夫也，吾何畏彼哉。顏淵曰，舜何人也，予何人也，有為者亦若是。公明儀曰，文王我師也，周公豈欺我哉。今滕，絕長補短，將五十里也，猶可以為善國。書曰，若藥不瞑眩，厥疾不瘳。〔註77〕

在第 1 章裡，由第三人稱明確提到孟子主張「性善」，並以堯舜為人格典範；接著孟子以第一人稱主張，這種人格典範是可以經由學習力行而達成之理想。由此可見，孟子所謂「性善」，並非僅只是對「性」之內容以「善」來說明，而更是以「性善」來保證此人格理想之可能。

> 2、《孟子・告子上》：公都子曰，告子曰，性無善無不善也。或曰，性可以為善，可以為不善。是故文武興則民好善，幽厲興則民好暴。或曰，有性善，有性不善。是故，以堯為君而有象，以瞽瞍為父而有舜，以紂為兄之子且以為君，而有微子啟，王子比干。今曰性善，然則彼皆非與。孟子曰，乃若其情，則可以為善矣。乃所謂善也。若夫為不善，非才之罪也。惻隱之心，人皆有之。羞惡之心，人皆有之。恭敬之心，人皆有之。是非之心，人皆有之。惻隱之心，仁也。羞惡之心，義也。恭敬之心，禮

臺中市：台灣哲學學會，東海大學哲學系合辦，2007 年 10 月 20～21 日）；2、〈格物致知之綜析〉（台灣哲學學會 2008 年度「科學、規範與實踐理性」學術研討會，臺北市：台灣哲學學會，國立政治大學哲學系合辦，2008 年 10 月 25～26 日）；3、《《中庸》首章新解》（「哲學：東西之際」華人青年學術會議，香港：香港中文大學哲學系，香港中文大學現象學與當代哲學資料中心合辦，2009 年 5 月 25～27 日）。

〔註77〕　〔宋〕朱熹集注，《四書集注・孟子集注》，頁 591～593。

也。是非之心，智也。仁義禮智，非由外鑠我也。我固有之也。
弗思耳矣。故曰，求則得之，舍則失之。或相倍蓰而無算者，不
能盡其才者也。詩曰，天生蒸民，有物有則。民之秉夷，好是懿
德。孔子曰，爲此詩者，其知道乎。故有物必有則。民之秉夷也，
故好是懿德。〔註78〕

在第 2 章裡，孟子直接談到「性善」，而且深入闡述其「性善」主張之內容。
首先孟子統括說明他所謂「性善」之意，以及人行不善與此無關。「情」字應
解爲「實」。〔註79〕而「乃若」按朱熹註解爲發語詞，〔註80〕按趙岐註則解
「若」爲「順」；〔註81〕但除此之外，還可依一般用法解「若」爲「如」。這
樣前後二「乃」字，二「若」字，皆可以同義而得解。那麼，「乃若其情，則
可以爲善矣。乃所謂善也。若夫爲不善，非才之罪也。」意思即爲：「即是如
性之實情，就可以行善。即是所謂性善之意。如有行不善，並非性材之罪。」
將「性」說成可堪利用之「才」（材），如材之實而用之，則能有善用；而若
人用之行不善，則並不是材不好之緣故。

接著孟子再詳細解說他所謂「性善」之內容，以及人行不善之原因；這
可由「不能盡其才者也」一句對照「非才之罪也」確知，孟子並未岔開「性
善」主題。「性善」內容即是惻隱、羞惡、恭敬（辭讓）、是非等四端之「心」，
亦即是仁義禮智，人所固有之四德；而人行不善之原因則是「弗思耳矣」、「不
能盡其才者也」。在此，孟子將「性」和「心」連結起來，用四端之「心」來
解釋「性」之善；因爲四端之「心」人皆有之，所以說仁義禮智諸德行之善
亦是人所固有，此即「性善」之實義。

3、《孟子・盡心上》：孟子曰，盡其心者，知其性也。知其性，則
知天矣。存其心，養其性，所以事天也。夭壽不貳，修身以俟之，
所以立命也。〔註82〕

在第 3 章裡，孟子將「心」「性」「天」三者貫通起來。於是，若想瞭解「天」，
不需向外追尋，只要反身自求「心」「性」即可。此處所說「盡其心」當即

〔註78〕 〔宋〕朱熹集注，《四書集注・孟子集注》，頁 790〜793。

〔註79〕 蔡仁厚，《孔孟荀哲學》，頁 205〜206。

〔註80〕 〔宋〕朱熹集注，《四書集注・孟子集注》，頁 791。

〔註81〕 〔漢〕趙岐注，〔宋〕孫奭疏，《孟子注疏》（臺北市：臺灣中華書局，1966
年，據阮刻本校刊），卷第十一上，第四葉。

〔註82〕 〔宋〕朱熹集注，《四書集注・孟子集注》，頁 847。

等同於第 2 章所說之「盡其才」，因而「盡心」就可以「知性」；其所盡者乃四端之「心」，其所知者乃「性」之善。至於「知性」即可「知天」，可見孟子意指「性」之善乃得自於「天」，所以瞭解「性」之善後即等同於瞭解「天」。

> 4、《孟子・告子上》：告子曰，性猶湍水也。決諸東方則東流，決諸西方則西流。人性之無分於善不善也，猶水之無分於東西也。孟子曰，水信無分於東西，無分於上下乎。人性之善也，猶水之就下也。人無有不善，水無有不下。今夫水，搏而躍之，可使過顙。激而行之，可使在山。是豈水之性哉。其勢則然也。人之可使爲不善，其性亦猶是也。〔註83〕

在第 4 章裡，孟子與告子論辯，若以水爲喻要如何正確瞭解「人性」之善不善。告子認爲「人性」如湍水，本無善不善之分，可導之於東也可導之於西。孟子針對告子這個湍水比喻，不但指出他引喻失義，還進一步借用來闡發自己之「性善」觀。

孟子說明湍水並非無定向，只不過既非向東也非向西，而是向下；所以告子這個比喻對其論點並不恰當。而之所以不恰當，在於告子是以湍水沒有流往東西之「定向」，來證成「人性」沒有善不善之「定然區分」。在這裡，流向東方或西方並非善或不善之直接類比，否則孟子也不能夠以流向下方來反對告子；因爲論證有效之重點是在湍水「無分於或有分於」東西上下，用以類比「人性」「無分於或有分於」善不善。

所以孟子緊接著下結論，「人性之善也，猶水之就下也。人無有不善，水無有不下。」用告子之湍水比喻來闡明自己之「性善」主張。而既然向東或向西並不是善或不善之直接類比，那麼向下或向上當然也不是善或不善之直接類比；重點仍在湍水究竟「無分於或有分於」某一方向。孟子完整的論述意義應該是：「人性」是有善不善之「定然區分」，即是善，正如同湍水是有流動之「定然方向」，即是下方；有「定然區分」的「人性」沒有不善的，正如同有「定然方向」的湍水沒有不流往下方的。至於人之爲不善，正如湍水之「性」雖向下流，但可逆之使其向上；「人性」雖善，亦可使其人爲不善之事。

〔註83〕〔宋〕朱熹集注，《四書集注・孟子集注》，頁 784～785。

二、綜述

　　從上引文獻之探討，可以獲得孟子「心」「性」之觀點。孟子主張人有四端之「心」，依此而實踐仁義禮智諸德行，這便是人「性」之善，而「性」乃得自於「天」，「性善」即是成就理想人格之保證。

　　由此即可以看出孔子與孟子之發展脈絡關係：孔子之「心」具有「為仁」之「意志力」，發展為孟子之四端之「心」；孔子之「性」主要是得自於「天」之先天實踐德行之潛能，發展為孟子以四端之「心」來解釋其善之「性」，亦得自於「天」；孔子以下學「仁」等眾德來實踐「性」，亦即向上通達「天」，發展為孟子以盡四端之「心」來知「性」，知「性」即可知「天」。

第三節　《中庸》

一、朱熹之詮釋

　　《中庸》根據朱熹之劃分共三十三章，第一章作為全篇之首，具有提綱挈領的思維效果。綜觀《中庸》通篇體系綿密，脈絡井然，首章正是全篇宗旨綱要之所在；而其開篇三句「天命之謂性。率性之謂道。脩道之謂教。」〔註84〕更是《中庸》思想之菁華。

　　對於這開篇三句思想菁華之理解，朱熹之注語歷來是學者重要參考，但也一直受到各方面的質疑。朱熹注語：

> 命，猶令也。性，即理也。天以陰陽五行化生萬物，氣以成形，而理亦賦焉，猶命令也。於是人物之生，因各得其所賦之理，以為健順五常之德，所謂性也。率，循也。道，猶路也。人物各循其性之自然，則其日用事物之間，莫不各有當行之路，是則所謂道也。脩，品節之也。性道雖同，而氣稟或異，故不能無過不及之差。聖人因人物之所當行者而品節之，以為法於天下，則謂之教。若禮、樂、刑、政之屬是也。蓋人之所以為人，道之所以為道，聖人之所以為教，原其所自，無一不本於天而備於我。學者知之，則其於學知所用力而自不能已矣。故子思於此首發明之，讀者所宜深體而默識也。〔註85〕

〔註84〕　〔宋〕朱熹集注，《四書集注・中庸章句》，頁 46。
〔註85〕　〔宋〕朱熹集注，《四書集注・中庸章句》，頁 46。

　　朱熹於注語中，開宗明義即以他自己所認同之「天理」觀點，灌注於《中庸》開篇三句上，以此奠定全章之解釋理論基礎，亦是確立了《中庸》全篇理解之根本方向。他認同「性即理」，以「性」與「理」的合一來解釋「天命之謂性」。但「理」是額外加進來的概念，原本並不存在於首章文本之中。為使此一外加之「理」概念能夠得到合理解釋，並取得合法的理論地位，朱熹引進陰陽五行化生萬物之說法，以「理」「氣」二元論詮釋「天命」。凡是在人在物皆有形有「性」，形從「氣」成，「性」由「理」得；「理」乃是「天」所賦予人和物，成為人和物之「性」，於是「性」與「理」合而為一。也因為此一需要，朱熹解「命」為「令」，以「命令」一義來適應「賦予」一義之詮解。

　　其次，朱熹解「率」為「循」，「率性」即為「循性」亦即「循理」；解「道」為「路」，又更加說明為「當行之路」。人和物遵循「性」，即是遵循「理」。朱熹於此隱含一預設，認定「理」對人和物皆具有普遍的強制性，所以，遵循「理」即遵循「性」乃是人和物所應當行進之路。

　　最後，朱熹解「脩」為「品節之」，「脩道」即是品節人物所當行之路，發而為家國天下運作之法度，此乃聖人立「教」之功。

　　朱熹對開篇三句之詮解表面看來絲絲入扣，將各個字詞概念都安排妥當，彼此互為表裡。然而值得注意的是，他引入了一些原本不屬於這三句文本之內容，以隱約蘊含的方式連接了文本各個字詞概念。其中關鍵的外來概念即是「理」。在此他所說之「理」應即是「天理」。他以自己所認同，得自二程之「大理」觀，將之轉化成為連接此三句文本之核心概念，試圖貫通此三句文本之內在脈絡。雖然此舉使得朱熹之注釋，具備比文本本身更加深廣的意涵，但卻也可能使得朱熹之注語某種程度地偏離文本本身之意旨。以下即分句討論之。

二、天命之謂性

　　朱熹以「令」解「命」，雖然在「命」字的意義使用法上實有所本，但是將「天命」輕易地只解釋為天之命令，則似乎可能太過弱化「天命」之重要意涵。《說文解字》解釋「命」字為：「命，使也，從口令。」﹝註86﹞準此，「命」實是「令」之更進一步衍生義，「命」似乎應該比「令」更強調主動性與強制

﹝註86﹞　﹝漢﹞許慎撰，﹝清﹞段玉裁注，《說文解字注》，頁57。

性。從施「命」的一方言,「命」應該比「令」更具強制性,如「命定」之義;從受「命」的一方言,「命」應該比「令」更具主動性,如「使命」之義。依此觀點,所謂「天命」不應僅僅只理解爲「天」之命令,而還應該理解爲「天」之命定與使命。如此,「性」與「天」的關係就不僅只是朱熹所說:「性」乃得之於「天」之命令;而更進一步應理解成:「性」乃受之於「天」之命定而成爲使命。這其中有著單純被動接受命令與主動接受命定而成爲自己使命之差別。

　　觀諸《中庸》篇內其他各章之「命」字,解爲「命定」「使命」都比單純解爲「命令」還要好。包括有:

　　　　1、《中庸‧第十四章》:……故君子居易以俟命,小人行險以徼
　　　　　　幸。……〔註87〕

　　　　2、《中庸‧第十七章》:……詩曰,嘉樂君子,憲憲令德。宜民宜
　　　　　　人,受祿于天。保佑命之,自天申之。故大德者必受命。〔註88〕

　　　　3、《中庸‧第十八章》:……武王末受命,周公成文武之德,追王
　　　　　　大王,王季,上祀先公以天子之禮。……〔註89〕

　　　　4、《中庸‧第二十六章》:……詩云,維天之命,於穆不已。……
　　　　　　〔註90〕

於是可見,「天命之謂性」應當更適合解釋爲:受之於「天」之命定而成爲使命者,即所謂「性」也。人「性」在此並非僅只被動接受「天」之命令,而更蘊含有能主動接受「天」之命定而成爲自己之使命。

三、率性之謂道

　　同樣,朱熹以「循」解「率」,以「路」解「道」,亦皆是有所本,但卻可能都輕易地太過弱化「率」與「道」的意涵。《爾雅‧釋詁上》記載「適、遵、率、循、由、從,自也。」緊接著又記載「適、遵、率,循也。」〔註91〕固然由此可以看出「率」與「循」在用法上可以互通,但同時也可以由此發

〔註87〕　〔宋〕朱熹集注,《四書集注‧中庸章句》,頁64。
〔註88〕　〔宋〕朱熹集注,《四書集注‧中庸章句》,頁67～68。
〔註89〕　〔宋〕朱熹集注,《四書集注‧中庸章句》,頁69。
〔註90〕　〔宋〕朱熹集注,《四書集注‧中庸章句》,頁92。
〔註91〕　〔晉〕郭璞注,〔宋〕邢昺疏,《爾雅注疏》,卷一,第六葉。又,《爾雅‧釋
　　　　言》還記載著「淪,率也。」那是「率」的另一義,可能是以別音讀之,在
　　　　此暫不討論。

現，它們在意義仍未必全同，僅能說是含有一部分共同的意義。否則，若將「遵、遵、率、循、由、從、自」都看成具有全部相同的意義，那麼，在任何時機任何場合都應該可以彼此任意替換，而這將是令人難以接受之事。

　　與《中庸》成書年代大約同期或相隔不遠之經典文獻中，有許多不能輕易解「率」為「循」的文本。例如：

1、《孟子‧梁惠王上》：……曰，庖有肥肉，廄有肥馬，民有飢色，野有餓莩，此率獸而食人也。獸相食，且人惡之。為民父母，行政不免於率獸而食人，惡在其為民父母也。……〔註92〕

2、《孟子‧公孫丑上》：……信能行此五者，則鄰國之民，仰之若父母矣。率其子弟，攻其父母，自生民以來，未有能濟者也。如此，則無敵於天下。無敵於天下者，天吏也。然而不王者，未之有也。〔註93〕

3、《孟子‧滕文公上》：……然則治天下，獨可耕且為與。有大人之事，有小人之事。且一人之身，而百工之所為備。如必自為而後用之，是率天下而路也。故曰，或勞心，或勞力。勞心者治人，勞力者治於人。治於人者食人，治人者食於人。天下之通義也。……〔註94〕

4、《孟子‧滕文公下》：……湯使亳眾往為之耕，老弱饋食。葛伯率其民，要其有酒食黍稻者奪之，不授者殺之。有童子以黍肉餉，殺而奪之。書曰，葛伯仇餉。此之謂也。……〔註95〕

5、《孟子‧離婁上》：……由此觀之，君不行仁政而富之，皆棄於孔子者也。況於為之強戰。爭地以戰，殺人盈野。爭城以戰，殺人盈城。此所謂率土地而食人肉，罪不容於死。……〔註96〕

6、《孟子‧告子上》：……孟子曰，子能順杞柳之性而以為桮棬乎。將戕賊杞柳而後以為桮棬也。如將戕賊杞柳而以為桮棬，則亦將戕賊人以為仁義與。率天下之人而禍仁義者，必子之言夫。〔註97〕

〔註92〕　〔宋〕朱熹集注，《四書集注‧孟子集注》，頁467～468。
〔註93〕　〔宋〕朱熹集注，《四書集注‧孟子集注》，頁551。
〔註94〕　〔宋〕朱熹集注，《四書集注‧孟子集注》，頁610～611。
〔註95〕　〔宋〕朱熹集注，《四書集注‧孟子集注》，頁636。
〔註96〕　〔宋〕朱熹集注，《四書集注‧孟子集注》，頁675～676。
〔註97〕　〔宋〕朱熹集注，《四書集注‧孟子集注》，頁783～784。

7、《禮記·月令》：……上丁，命樂正習舞，釋菜。天子乃帥三公，
　　九卿，諸侯，大夫，親往視之。……是月之末，擇吉日大合樂。
　　天子乃率三公，九卿，諸侯，大夫，親往視之。……〔註98〕

8、《禮記·大傳》：……牧之野，武王之大事也。既事而退，柴於
　　上帝，祈於社，設奠於牧室。遂率天下諸侯，執豆籩，逡奔走，
　　追王大王亶父，王季歷，文王昌，不以卑臨尊也。……〔註99〕

9、《禮記·喪大記》：……夫人坐于西方。內命婦姑姊妹子姓，立
　　于西方。外命婦率外宗，哭于堂上北面。……〔註100〕

10、《禮記·表記》：……殷人尊神，率民以事神。先鬼而後禮，先罰
　　而後賞，尊而不親。其民之敝，蕩而不靜，勝而無恥。……〔註101〕

11、《禮記·大學》：……堯舜率天下以仁，而民從之。桀紂率天下
　　以暴，而民從之。其所令反其所好，而民不從。……〔註102〕

12、《禮記·燕義》：古者周天子之官，有庶子官。庶子官職諸侯，
　　卿，大夫，士之庶子之卒。掌其戒令，與其教治。別其等，正其
　　位。國有大事，則率國子而致於大子，唯所用之。……〔註103〕

　　由這諸多同期經典文獻之記載看來，「循」只能是「率」之部分意義，最
多是核心意義，但卻不能是全部意義，尤其絕不能是使用上的唯一意義。對
此，「率」在「循」此一呈現較為被動消極的主要意義上，別有主動積極的意
涵在。這意思是說，「率」可以是主動積極地跟從某一理想目標，而非被動消
極地遵循某一強制規定。而在此主動積極跟從理想目標之意涵上，再進一步
即可引申出「表率」、「率先」、「率領」、「統率」等使用意義。以上引的經典
文獻文本來說，將「率」理解為「表率」「率先」「率領」「統率」等意義，都

〔註98〕〔漢〕鄭玄注，〔唐〕孔穎達疏，〔唐〕陸德明音義，《附釋音禮記注疏》（臺
　　　　北市：臺灣中華書局，1966年，據阮刻本校刊），卷第十五，第四至九葉。
〔註99〕〔漢〕鄭玄注，〔唐〕孔穎達疏，〔唐〕陸德明音義，《附釋音禮記注疏》，卷
　　　　第三十四，第一葉。
〔註100〕〔漢〕鄭玄注，〔唐〕孔穎達疏，〔唐〕陸德明音義，《附釋音禮記注疏》，卷
　　　　第四十四，第三葉。
〔註101〕〔漢〕鄭玄注，〔唐〕孔穎達疏，〔唐〕陸德明音義，《附釋音禮記注疏》，卷
　　　　第五十四，第九葉。
〔註102〕〔漢〕鄭玄注，〔唐〕孔穎達疏，〔唐〕陸德明音義，《附釋音禮記注疏》，卷
　　　　第六十，第五葉。
〔註103〕〔漢〕鄭玄注，〔唐〕孔穎達疏，〔唐〕陸德明音義，《附釋音禮記注疏》，卷
　　　　第六十二，第八葉。

比單純理解爲「循」還要來得切合。

　　有趣的是，朱熹在其集注《四書》之《大學》版本中，原《禮記・大學》之「堯舜率天下以仁，而民從之，桀紂率天下以暴，而民從之。」改採用以「帥」取代「率」之文本。〔註104〕在《孟子・梁惠王上》之注語裡，解釋文本「此率獸而食人也」爲「則無異於驅獸以食人矣」。〔註105〕而在《孟子・離婁上》之注語裡，更直接重複文本「此所謂率土地而食人肉」之內容而解釋爲「則是率土地而食人之肉」。〔註106〕至於上列《孟子》其他篇章文本中之「率」字，朱熹則全都只迂迴地說明文本大意，而避免直接解讀字詞。無論是「帥」、「驅」，或是似乎無需解釋的直接以「率」本字理解，朱熹在這些文本之理解上，都是傾向於將「率」理解爲「表率」「率先」「率領」「統率」等意義，而非理解爲「循」。

　　至於「道」，固然「路」是其本義，但在思想經典文獻中，往往將其意義提升到更爲抽象甚至純然形上的層次。由實際具體之「道路」提升至抽象的「方法」，再升至純然形上的「理則」。朱熹之解釋由「路」出發，進至「當行之路」、「所當行者」，再到《中庸》首章下一段文本「道也者，不可須臾離也。可離非道也。」之注語「道者，日用事物當行之理。」〔註107〕也同樣是從具體到抽象，再到純然形上。然而，其注釋將這三個層次分別說明，步步闡述，好處固然是條理分明、脈絡清晰，但壞處則在割裂了《中庸》首章裡共五個「道」字意涵之一致性。

　　依朱熹之說明，首章開篇三句之兩個「道」字，在理解上只應停留在抽象的「方法」層次。下一段之兩個「道」字，才應提高到形上的「理則」層次來理解。然而第四段文本裡之「和也者，天下之達道也。」之「道」，他說「達道者，循性之謂，天下古今之所共由，道之用也。」〔註108〕則是又回到與開篇三句之「道」同等之抽象層次；更有趣的是，他卻在注語用形上層次之「道之用也」之「道」，來解釋他認爲是抽象層次之「天下之達道也」之「道」。在這其中產生貫串功能之概念即是「理」。朱熹以其所認同之理氣二元論，來做爲開篇三句相互連接之理論基礎，也因此使前後五個「道」字，

〔註104〕〔宋〕朱熹集注，《四書集注・大學章句》，頁24。
〔註105〕〔宋〕朱熹集注，《四書集注・孟子集注》，頁468。
〔註106〕〔宋〕朱熹集注，《四書集注・孟子集注》，頁676。
〔註107〕〔宋〕朱熹集注，《四書集注・中庸章句》，頁46～47。
〔註108〕〔宋〕朱熹集注，《四書集注・中庸章句》，頁47～48。

雖被切分爲兩個不同層次，卻仍能彼此統合。這裡面之關鍵，即是在朱熹於「道」之抽象層次解釋上，另加上了「當行」此概念，尤其重要的是此一「當」。由此「應當」之「當」，朱子在抽象層次之「道」上，加上了強制力，特別是道德的強制力。於是，原本僅屬抽象意義之「方法」，在他解釋下成爲具有道德意涵之「應當進行之方法」。從此處再推進一層，變成原本即具道德強制力之形上「理則」之「理」，彷彿頗爲自然。至此，朱熹之理氣二元論也就成功地介入了對「道」之解釋。

在解釋「率性之謂道」上，朱熹以人和物爲主體，認爲此句意在說明人和物遵循本性而爲即是做了應當做之事。再依對上一句「天命之謂性」之解釋，能夠遵循本性即是能夠遵循天理，所以是應當行進之道路。

然而，按照上述對使用「率」字之分析，以及考慮到首章前後五個「道」字之意涵一致性，此句之主體應該即是純然形上層次之「道」，也就是「理則」之「理」。「率性之謂道」應理解爲「統率本性者，即所謂道理。」而這裡如若由「道理」產生了任何的強制力，乃是因爲其形上之固有本質。於是，在如此的理解中，此一「理」之概念，無論就其產生之方式，或就其概念內容之形成，都是由內部自行發展出來，而非由外部加諸其上。

四、脩道之謂教

接下來，似乎爲了使第三句之「道」字停留在抽象層次，朱熹以詮釋的方法引申「脩」字之意義爲「品節之」。如此，必須引入「聖人」概念，唯有聖人才有能力、才有資格品節人物所應當做之事，此即所謂聖人之「教」了。

然而，「脩」字在一般使用上自有其諸多通行之義，其中有部分與「修」字類同；作爲動詞，其意義常與「修」字互通。《大學》裡著名的八條目之一「脩身」，幾乎已是固定語詞，有其固定的意涵。其文本包括有：

1、《大學‧經一章》：……欲齊其家者，先脩其身。欲脩其身者，先正其心。……心正而后身脩，身脩而后家齊，……自天子以至於庶人，壹是皆以脩身爲本。……〔註109〕

2、《大學‧傳之三章》：……如切如磋者，道學也。如琢如磨者，自脩也。……〔註110〕

〔註109〕〔宋〕朱熹集注，《四書集注‧大學章句》，頁8～10。
〔註110〕〔宋〕朱熹集注，《四書集注‧大學章句》，頁14。

3、《大學·傳之七章》：所謂脩身在正其心者，……此謂脩身在正
　　其心。〔註111〕

4、《大學·傳之八章》：所謂齊其家在脩其身者，……此謂身不脩
　　不可以齊其家。〔註112〕

《中庸》在第二十章裡多次提到「脩身」，並且在一開始即將「脩道」與「脩
身」並列：

5、《中庸·第二十章》：……故爲政在人，取人以身，脩身以道，
　　脩道以仁。……故君子不可以不脩身。思脩身，不可以不事親。
　　思事親，不可以不知人。思知人，不可以不知天。……子曰，好
　　學近乎知，力行近乎仁，知恥近乎勇。知斯三者，則知所以脩身。
　　知所以脩身，則知所以治人。知所以治人，則知所以治天下國家
　　矣。凡爲天下國家有九經，曰，脩身也，……脩身則道立，……
　　齊明盛服，非禮不動，所以脩身也。……〔註113〕

此外還可以參考第十九章裡有關「脩」之獨立使用法：「春秋脩其祖廟，陳其
宗器，設其裳衣，薦其時食。」〔註114〕甚至，朱熹自己在首章第五段之注語
中，也寫明「而『修』道之教亦在其中矣」。〔註115〕

　　凡此種種，足見首章第三句「脩道」之「脩」應當解爲與「脩身」之「脩」
同義，其意涵應當即是與「修養」「修練」「修習」之「修」類同。參照上述
關於「道」之理解，則「脩道」之義也應對比「脩身」之義，乃是「修養、
修練、修習道理」。那麼，「脩道之謂教」就需要理解爲「得以修養、修練、
修習道理者，即所謂教法。」這裡的「教法」不必定只能是聖人所傳之教法，
而「脩道」的主體更不應只是聖人，而該是如同「脩身」一般，乃是凡能「脩
道」者，皆可「脩道」，包括人和物。

五、綜述

　　從上述文獻之探討，可以獲得《中庸》「性」之觀點。《中庸》之「性」
是能主動接受「天」之命定而成爲自己之使命，而統率著「性」者即是「道」，

〔註111〕　〔宋〕朱熹集注，《四書集注·大學章句》，頁21。
〔註112〕　〔宋〕朱熹集注，《四書集注·大學章句》，頁22～23。
〔註113〕　〔宋〕朱熹集注，《四書集注·中庸章句》，頁73～79。
〔註114〕　〔宋〕朱熹集注，《四書集注·中庸章句》，頁70～71。
〔註115〕　〔宋〕朱熹集注，《四書集注·中庸章句》，頁48。

凡是足以修養此「道」者即是「教」。此「教」最終自然仍是以孔子所傳之「教」爲依歸。

由此即可以看出孔子與《中庸》之發展脈絡關係：孔子之「性」主要是得自於「天」之先天實踐德行之潛能，發展爲《中庸》經由「天」之命定而成使命之「性」；孔子之「道」是具有極高理想之軌範，發展爲《中庸》之「道」乃統率著「性」；孔子以下學「仁」等眾德來實踐「性」，亦即向上通達「天」，發展爲《中庸》之足以修養「道」之「教」。

第四節　《易傳》

一、文本分析

《易傳》裡有六處提及「性」，其中三處較爲一般所熟知而經常被說起，分別是「各正性命」、「成之者性也」、「窮理盡性以至於命」。以下即對這三處文本進行討論分析。

> 1、《周易・乾・象傳》：大哉乾元。萬物資始，乃統天。雲行雨施，品物流形。大明終始，六位時成，時乘六龍以御天。乾道變化，各正性命。保合大和，乃利貞。首出庶物，萬國咸寧。
>
> 〔註116〕

「乾卦」之象辭云：「乾道變化，各正性命。」王弼注云：「天也者，形之名也。……夫形也者，物之累也。……乘變化而御大器，靜專動直，不失大和，豈非正性命之情者邪。」〔註117〕孔穎達疏云：「此二句更申明乾元資始之義。道體无形，自然使物開通，謂之爲道。言乾卦之德，自然通物，故云乾道也。變謂後來改前，以漸移改，謂之變也。化謂一有一无，忽然而改，謂之爲化。言乾之爲道，使物漸變者，使物卒化者，各能正定物之性命。性者，天生之質，若剛若柔，遲速之別。命者，人所稟受，若貴賤夭壽之屬是也。」〔註118〕於是可知，此處之「性」乃得之於乾道之「天」，因遵循「天」變化之原理法

〔註116〕〔魏〕王弼注，〔晉〕韓康伯注，〔唐〕孔穎達正義，《周易正義》（臺北市：臺灣中華書局，1966年，據阮刻本校刊），卷第一，第四至五葉。

〔註117〕〔魏〕王弼注，〔晉〕韓康伯注，〔唐〕孔穎達正義，《周易正義》，卷第一，第四葉。

〔註118〕〔魏〕王弼注，〔晉〕韓康伯注，〔唐〕孔穎達正義，《周易正義》，卷第一，第四葉。

則，而能獲致正定之狀態。而此處之「命」即人所承受「天」之「命定」，而獲致一生之興衰榮辱。

2、《周易·繫辭上》：……一陰一陽之謂道，繼之者善也，成之者性也。仁者見之謂之仁，知者見之謂之知，百姓日用而不知，故君子之道鮮矣。〔註119〕

〈繫辭〉云：「繼之者善也，成之者性也。」韓康伯注云：「仁者資道以見其仁，知者資道以見其知，各盡其分。」〔註120〕孔穎達疏云：「繼之者善也者，道是生物開通，善是順理養物，故繼道之功者，唯善行也。成之者性也者，若能成就此道者，是人之本性。若性仁者，成就此道爲仁。性知者，成就此道爲知也。故云，仁者見之謂之仁，知者見之謂之知。是仁之與知，皆資道而得成仁知也。」〔註121〕於是可知，此處之「性」具有成就「天」之「道」之可能。而足以繼承「天」之「道」之功用者，即是「善」，所以此「性」成就之可能亦在其「善」。此「性」之「善」在不同人身上，可呈現爲不同的德行，這便是仁者知者等等之區別。

3、《周易·說卦》：昔者聖人之作易也，幽贊於神明而生著，參天兩地而倚數，觀變於陰陽而立卦，發揮於剛柔而生爻，和順於道德而理於義，窮理盡性以至於命。〔註122〕

〈說卦〉云：「窮理盡性以至於命。」韓康伯注云：「命者，生之極。窮理則盡其極也。」〔註123〕孔穎達疏云：「著數既生，爻卦又立，易道周備，无理不盡。聖人用之，上以和協順成聖人之道德，下以治理斷人倫之正義。又能窮極萬物深妙之理，究盡生靈所稟之性。物理既窮，生性又盡，至於一期所賦之命，莫不窮其短長，定其吉凶。……命者，人所稟受，有其定分。從生至終，有長短之極，故曰，命者生之極也。此所賦命，乃自然之至理，故窮理

〔註119〕〔魏〕王弼注，〔晉〕韓康伯注，〔唐〕孔穎達正義，《周易正義》，卷第七，第七葉。

〔註120〕〔魏〕王弼注，〔晉〕韓康伯注，〔唐〕孔穎達正義，《周易正義》，卷第七，第七葉。

〔註121〕〔魏〕王弼注，〔晉〕韓康伯注，〔唐〕孔穎達正義，《周易正義》，卷第七，第七葉。

〔註122〕〔魏〕王弼注，〔晉〕韓康伯注，〔唐〕孔穎達正義，《周易正義》，卷第九，第一至二葉。

〔註123〕〔魏〕王弼注，〔晉〕韓康伯注，〔唐〕孔穎達正義，《周易正義》，卷第九，第二葉。

則盡其極也。」〔註124〕於是可知，此處之「命」是人一生壽夭禍福之極限，而此極限乃來之於「天」。人之能力無法違逆「命」，但卻可經由窮究萬物之原理、盡顯人「性」之內容，來達到完全實現「命」之極限。

二、綜述

從上引文獻之分析，可以獲得《易傳》「性」之觀點。《易傳》之「性」是得自於「天」，具有成就「天」之「道」之可能，而此成就之可能即是「性」之「善」。人之「命」乃「天」所「命定」之人一生狀態和處境，其中各有其極限。人唯有能夠窮究萬物之理、實踐呈顯人「性」之「善」，以達致「命」之極限。

由此即可以看出孔子與《易傳》之發展脈絡關係：孔子之「性」主要是得自於「天」之先天實踐潛能，發展為《易傳》得自於「天」而能成就「天」之「道」之「性」；孔子之「命」主要乃「天」之「命令」，進而成為「天」之「命定」和人之「使命」，發展為《易傳》由「天」所「命定」，而有其極限之人生狀態和處境之「命」；孔子以下學「仁」等眾德來實踐「性」，得以證知「天命」，發展為《易傳》以窮究物理、盡顯人「性」來達致「命」之極限。

第五節　《大學》

一、朱熹與王守仁之詮釋

《大學》一書所提出之三綱領八條目，自朱熹以來便成為儒者論學之入門台階。朱熹繼承二程對古本《大學》之創造性詮釋，補足並串連了三綱領八條目之間，原本應有的綿密脈絡關係。尤其所作〈格物致知補傳〉，更將其心性論主張一致地貫徹於解釋《大學》精神。而他對格物致知兩條目之理解，也從此成為儒家學術之正宗觀點。這情況要直到王守仁時代提出另一不同之理解，情勢才稍有改變。直到當代，在牟宗三先生指出朱王之外別有胡劉一系之前，朱熹和王守仁之解釋，乃是儒學傳統理解《大學》最具影響力的兩

〔註124〕〔魏〕王弼注，〔晉〕韓康伯注，〔唐〕孔穎達正義，《周易正義》，卷第九，第二葉。

條思路。

　　然而，歷來對朱王二系之理解思路，也一直存在程度不一的異議。這一方面固然是因為《大學》文獻本身過於簡潔，以及似乎略有缺漏，以致容許超過一種以上之詮釋角度；另一方面卻也是由於，朱王二人皆試圖將《大學》內容配合其心性論的觀點，以作為證明或延伸其心性論主張。這在關於「格物致知」之解釋上，尤其表現得明顯。所以相對而言，朱王二人之解釋更著重在完成其各自之理論系統，而相對較少關心《大學》本身應有的內在脈絡與外部連繫。

　　朱熹繼承二程之工作，重編《禮記‧大學》篇之章句序次，考定為經一章、傳十章。他對「格物致知」之解釋，集中於〈經一章〉之注解，以及〈傳之五章〉之補傳。他於〈經一章〉中關於「欲誠其意者，先致其知。致知在格物。」之注語如下：

> ……誠，實也。意者，心之所發也。實其心之所發，欲其一於善而無自欺也。致，推極也。知，猶識也。推極吾之知識，欲其所知無不盡也。格，至也。物，猶事也。窮至事物之理，欲其極處無不到也。……〔註125〕

在關於「物格而后知至，知至而后意誠。」的注語如下：

> 物格者，物理之極處無不到也。知至者，吾心之所知無不盡也。知既盡，則意可得而實矣。……〔註126〕

而在〈傳之五章〉中關於「此謂知本。此謂知之至也。」則別作補傳：

> ……所謂致知在格物者，言欲致吾之知，在即物而窮其理也。蓋人心之靈莫不有知，而天下之物莫不有理，惟於理有未窮，故其知有不盡也。是以大學始教，必使學者即凡天下之物，莫不因其已知之理而益窮之，以求至乎其極。至於用力之久，而一旦豁然貫通焉，則眾物之表裡精粗無不到，而吾心之全體大用無不明矣。此謂物格，此謂知之至也。〔註127〕

　　朱熹解「格」為「至」乃極至，而非一般到達之意；解「物」為「事」乃事物，即萬事萬物之意；解「致」為「推極」則是擴充至極之意；解「知」

〔註125〕〔宋〕朱熹集注，《四書集注‧大學章句》，頁9。
〔註126〕〔宋〕朱熹集注，《四書集注‧大學章句》，頁9～10。
〔註127〕〔宋〕朱熹集注，《四書集注‧大學章句》，頁17～18。

爲「識」，亦即知識；〔註128〕解「知至」與「知之至也」之「至」爲「無不盡」，且能達到「心之全體大用無不明」；而「致知」與「知至」、「知之至也」的關係，乃是手段與目的，或過程與結果的關係。

依此，朱熹對「格物」「致知」「知至」三者及其關係之直接解釋大約是：極至對待萬事萬物，用以擴充知識至極，則能使知識無所不盡，亦即使心知之用無所不明。由此再進一步，就能詮釋成朱熹所述敘之內容。

王守仁不滿意朱熹之詮釋，倡導恢復閱讀古本《大學》。他對《大學》之解釋，集中於晚年所作〈大學問〉一文。其中關於「格物致知」以及相關的「知至」之論述如下：

> ……然意之所發，有善有惡；不有以明其善惡之分，亦將眞妄錯雜，雖欲誠之，不可得而誠矣。故欲誠其意，必在於致知焉。致者，至也，如云喪致乎哀之致。易言知至至之，知至者，知也；至之者，致也。致知云者，非若後儒所謂充廣其知識之謂也，致吾心之良知焉耳。良知者，孟子所謂是非之心人皆有之者也；是非之心，不待慮而知，不待學而能，是故謂之良知。……然欲致其良知，亦豈影響恍惚而懸空無實之謂乎？是必實有其事矣，故致知必在於格物。物者，事也。凡意之所發，必有其事，意所在之事謂之物。格者，正也；正其不正，以歸於正之謂也。正其不正者，去惡之謂也；歸於正者，爲善之謂也。夫是之謂格，書言格於上下、格於文祖、格其非心；格物之格，實兼其義也。……今焉於其良知所知之善者，即其意之所在之物而實爲之，無有乎不盡，於其良知所知之惡者，即其意之所在之物而實去之，無有乎不盡，然後物無不格；而吾良知之所知者無有虧缺障蔽，而得以極其至矣。……故曰物格而后知至，……。〔註129〕

王守仁解「格」爲「正」乃爲善去惡，亦即端正之意；解「物」爲「事」，是意念所指向之事物；解「致」爲「至」乃推行實踐，亦非一般到達之意；解「知」爲「良知」，合取孟子「是非之心智之端也」與「良能良知」之義；解「知至」爲「良知所知者極其至」，則此「至」爲「極至」之意；而「致知」

〔註128〕朱熹此處用「知識」二字，或者專指道德知識，或者兼含一般知識，尚可再議。

〔註129〕〔明〕王守仁，《王陽明傳習錄及大學問》（臺北市：黎明，1992年），頁190～191。

與「知至」的關係也是手段與目的，或過程與結果的關係。

依此，王守仁對「格物」「致知」「知至」三者及其關係之直接解釋大約是：端正意念所向之事物，用以推行實踐良知，則能使良知所知者達到極至。由此再進一步，就能詮釋成王守仁所敘述之內容。

朱熹和王守仁對《大學》之詮釋焦點，集中於「格物致知」二條日上，其所受到之評論也大多從此處開始。蔡仁厚先生認為依照朱熹格物致知之工夫，「知之眞切」、「無不盡」，未必能與「意之誠」直接相貫通，如此與《大學》文本之論述不能充分契合；他認為「這是朱子講《大學》最本質的『弱點』所在」。〔註130〕而至於王守仁，蔡先生則認為無此問題；推致良知所知之善惡，自然好善而惡惡，亦《大學》所言「毋自欺」之意旨，此即「誠其意」。然而，他同時認為王守仁對「致知」之看法是「以孟子義注入大學」，如此則未必合於《大學》之本意。〔註131〕

此外，還可以另從一個觀點來說明朱熹和王守仁二人詮釋之得失。《大學》文本以「先」「後」次序關係，兩度排列八條目，這種次序關係之屬性為何，朱熹與王守仁各有不同的解讀。朱熹解為：若能格物，則能致知；這是認為若能達成即物窮理，就足以達成推極知識。亦即是以格物為致知之充分條件。王守仁則在此處似乎分為兩解，一方面認為：欲致良知，必在格物；這是說想要推行良知，必須依意指之事而實為之。亦即是以格物為致知之必要條件。另一方面卻又認為：若能格物，則能知至；這是認為若能完全依意指之事而實為之，就足以使良知所知者達到極至。亦即是以格物為知至之充分條件。而既然知至為致知之目的或結果，必先致知始得知至，那麼，完成格物時必定需要同時完成致知，才能接著完成知至。這樣一來，格物在這層意義上也可說是致知之充分條件。綜合兩解來看，王守仁顯然將格物視為致知之充分必要條件，如此則反之亦然；這也就是說，格物與致知在邏輯上等價，亦即在道理上同眞同假。事實上他也的確認為：

> 蓋身心意知物者，是其工夫所用之條理；雖亦各有其所，而其實只是一物。格致誠正修者，是其條理所用之工夫；雖亦皆有其名，而其實只是一事。……蓋其功夫條理，雖有先後次序之可言，而其體

〔註130〕蔡仁厚，《儒家心性之學論要》，頁222。又，蔡先生於課堂中亦曾多次講解，「或許將『弱點』改為『軟點』會更好」，用以表示朱熹於此處之難以著力；莫怪乎於臨終前仍要念茲在茲，為誠意章作最後之改定。
〔註131〕蔡仁厚，《儒家心性之學論要》，頁222。

之惟一，實無先後次序之可分。〔註132〕

然而，若是從全體八條目之內容來看其內在關係，則似乎應以必要條件之屬性來看待為宜。試想，治國在先，平天下在後，如果兩者關係是治國為平天下之充分條件，則意味著若能達成治國，就足以達成平天下；稍有世間常識者都能看出，這裡面並沒有必然性。依此類推，能齊家者並不必然能治國，能修身者並不必然能齊家，能正心者並不必然能修身，能誠意者並不必然能正心，能致知者並不必然能誠意，能格物者並不必然能致知。那麼，八條目裡之先後關係即非充分條件關係，自然，也就不會是充分必要條件關係。

據此，較為符合《大學》文本論述和世間常識之關係說明應該是：治國是平天下之必要條件；想平天下者必須要先治國。依此類推，想治國者必須要先齊家，想齊家者必須要先修身，想修身者必須要先正心，想正心者必須要先誠意，想誠意者必須要先致知，想致知者必須要先格物。這也就是說，八條目裡之先後關係乃是必要條件關係。由此看來，朱熹和王守仁對八條目次序關係屬性之理解，還有討論之餘地。

二、格之古文字研究

關於《大學》之「格物」「致知」以及相關「知至」之理解，最引發解釋爭議的是「格」字；這不但是因為「格」字本身意義不夠明確，也因為「格物」位居八條目次序之首，這一字意義之更改不同，往往就會牽動其它概念意義或多或少的改變。

解釋漢字意義淵源之傳統經典《說文解字》，解「格」為「木長貌，從木各聲。」〔註133〕這一解釋無法直接幫助吾人理解「格物」之真正意涵。為此，嘗試求解於更早的文字證據，應是必要的工作。今日對於解釋傳統文獻中之許多疑義，從出土證據之考察上，獲有以往學者所不曾得過的便利。關於《大學》「格物」概念真正意涵之理解，或許也可能由此面向得到助益。根據當前對甲骨文、金文、以及後出之經傳典籍相關考證研究，「格」字在典籍中許多難解之處，似乎都為假借字；其本字當為「各」字，故其真實意義亦應由「各」字之本義尋繹。

〔註132〕〔明〕王守仁，《王陽明傳習錄及大學問》，頁190～192。
〔註133〕〔漢〕許慎撰，〔清〕段玉裁注，《說文解字注》，頁254。

　　首先是甲骨文研究。以下引錄眾學者對甲骨文中「各」字之考證研究結論，以見其與「格」字之關係，並推尋其本義。「各」字在甲骨文中有諸多不同字形結構法：{……}〔註 134〕

1、羅振玉：各，……案，各从 {…}，象足形自外至；从口，自名也。此爲來格之本字。〔註 135〕

2、于省吾：按許說臆測無據，自來說文學家皆附會許說，不煩引述。……{…} 字象人之足趾向下陷入坑坎，故各字有停止不前之義。典籍各字通作格，《小爾雅・廣詁》訓格爲止。此外，典籍每訓格爲至爲拒，均與止之義訓相因。〔註 136〕

3、王襄：古各字與格通。〔註 137〕

4、孫海波：此从 {…}，象足形自外至；从口，自名也。孳乳爲〔彳各〕〔註 138〕爲格。《方言》〔彳各〕至也，〔彳各〕《說文》所無。經典通用格，《書・堯典》格于上下，《傳》格至也。〔註 139〕

5、楊樹達：从夊从 {…}，當釋各。示足有所至之形，爲來格之格本字，〔彳各〕〔辶各〕〔註 140〕皆後起加義旁字。〔註 141〕

6、陳夢家：……尚書西伯戡黎「格人元龜」，史記殷本紀引作「假」。堯典「格于上下」，說文引作「假」。「各」「叚」古音同，惟各收入聲。方言一「〔彳各〕，登也。」爾雅釋詁「假，陞也。」方言一「假〔彳各〕，至也。」說文「徦，至也。」凡此可證「〔彳各〕」「假」（徦）同訓，〔彳各〕假訓登訓陞，……

〔註 142〕

〔註 134〕 本文以 {…} 表示省略一個古代字形，以 {……} 表示省略超過一個以上古代字形。

〔註 135〕 1、羅振玉，《殷墟書契考釋》（臺北縣：藝文印書館，1969 年），卷中第六十四。2、羅振玉考釋，《殷墟文字類編》（臺北市：文史哲出版社，1979 年），頁 42。

〔註 136〕 于省吾，《甲骨文字釋林》（臺北市：大通書局，1981 年），頁 398。

〔註 137〕 參閱：李孝定編述，《甲骨文字集釋》，第二卷（臺北市：中央研究院歷史語言研究所，1965 年），頁 399。

〔註 138〕 本文以〔彳各〕表示左「彳」右「各」之合體字。

〔註 139〕 參閱：李孝定編述，《甲骨文字集釋》，第二卷，頁 399。

〔註 140〕 本文以〔辶各〕表示左「辶」右「各」之合體字。

〔註 141〕 參閱：李孝定編述，《甲骨文字集釋》，第二卷，頁 399～400。

〔註 142〕 參閱：李孝定編述，《甲骨文字集釋》，第二卷，頁 401。

7、陳夢家：卜辭言「御各日王受又」，各日即落日。〔註143〕

8、李孝定：按説文「各，異辭也。從口夂，夂者有行而止之，不相聽也。」卜辭亦用爲格。……金文作｛……｝……亦用爲格，或從彳，或從辵，義同。〔註144〕

9、李孝定：孫海波文編六卷二葉上收此作格，以爲各字重文。按説文「格木長兒，從木，各聲。」經傳格多訓至，釋詁曰「格，至也。」抑詩傳亦曰「格，至也。」尚書「格于上下」「格于皇天」均此義也。金文多假「各」爲之，「各于周康召公」「各于大室」是也。許書彳部「徦，至也。」方言「徦〔彳各〕，至也。」徦〔彳各〕格各音並同，卜辭亦以各爲之。〔註145〕

10、馬薇廎：以上諸字無論口在上或在下，均象足跡向洞口而來，來之意也；均爲格字本義，爲來爲至。……各爲格之初文。金文……與契文同。〔註146〕

11、陳濟：從倒止，從口，或又從彳，示走向穴居一落腳點，應是落字初文。古文部落之落或作各。部落指部族聚居落腳之地。……卜辭用作：一、來也，降也，用如典籍之格。〔註147〕

12、陳濟：卜辭用各爲格。〔註148〕

　　根據上引眾多甲骨文資料研究顯示，卜辭中用如後世之「格」字之處，概皆作「各」；而後世書面文獻如書經等，多處文字作「格」者，在甲骨文中可以發現相對應之文字資料，亦一概皆作「各」。實則「各」字爲「格」字之本字本義。

　　其次是金文研究。除了甲骨文外，開始得更早的金文研究，也因甲骨文之出土，而有了更多佐證的資料。以下引錄眾學者對金文中「各」字之研究結論，以更見其與「格」字源流相續之關係。

13、勞榦：説文口部「各，異辭也，從口夂。夂者有行而止之，不相聽也。」又木部「格，木長兒，從木，各聲。」凡經典中之

〔註143〕參閱：李孝定編述，《甲骨文字集釋》，第二卷，頁402。

〔註144〕李孝定編述，《甲骨文字集釋》，第二卷，頁402～403。

〔註145〕李孝定編述，《甲骨文字集釋》，第六卷，頁1977。

〔註146〕馬薇廎，《薇廎甲骨文原》（雲林縣：馬薇廎印行，1971年），頁638。

〔註147〕陳濟編著，《甲骨文字形字典》（北京：長征出版社，2004年），頁66。

〔註148〕陳濟編著，《甲骨文字形字典》，頁351。

格字，在金文中俱作各。〔註149〕

14、勞榦：按此處所引金文之格，原文並作各。但亦有異文，……再加一彳以爲形意。從此一彳形之義符觀之，各字在彝器中含義具有來或至之解釋者，更爲顯著。因此从木之格雖本義或爲法式之意，而詩書中之格字，若以金文證之實本皆作各；來或至爲本義，其釋正釋感釋扞皆其一再引申之義也。〔註150〕

15、勞榦：……而各字則未必从口，从口者口字小而方，各字所从則其形大而扁，且有作 {…} 不爲口形者。察其原意爲來爲至，引申之義爲準則爲法式爲校正，皆與口說無關。是其從口者，由於甲骨轉寫至吉金以後，下部之扁平形變爲方形，與口無異；故許氏不得不以从口釋之。若認爲从口，則不得不爲曲說，雖至羅氏〔振玉〕，亦無如何也。若捨从口之設想，則其命意自較易於理解；蓋依金文所述，各字除來與至而外，尚有就位之意，則其下部所从，當是席位。古者一般席位，多非專席，此口形乃就坐位之區畫而言者。因其代表席位，故除訓來訓至訓準則訓校正而外，且含有各別之義。若以口爲釋，則各別之義將無所依據矣。此格物之正解，而考亭陽明之是非，亦可由此判之也。〔註151〕

16、周名煇：……說文無〔彳各〕字，揚子方言「假〔彳各〕，至也。邠唐冀竞之間曰假，或曰〔彳各〕。」，又曰「〔彳各〕，來也。」集韻或作佫峈，通作格。……今考定爲各字孳乳。名煇案，格訓至，假借字也；古文當作各，〔彳各〕則各之或體。何以言之？……其實从 {…} 从 {…} 取象人之脛踵，自外而至；故周金文中，凡王格于大室，王格于某廟，字多作各，即用其本字也。孳乳爲〔彳各〕，从彳則于意形已複，于古文中當爲俗字。〔註152〕

17、楊樹達：各字甲文作 {……} 象足抵區域之形；此經傳格字訓

〔註149〕參閱：周法高主編，《金文詁林》，卷二（香港：香港中文大學，1974年），頁686。

〔註150〕參閱：周法高主編，《金文詁林》，卷二，頁688～689。

〔註151〕參閱：周法高主編，《金文詁林》，卷二，頁691～692。

〔註152〕參閱：周法高主編，《金文詁林》，卷二，頁692～693。

來訓至者之初字也。卜辭云……金文……此皆用各字本義者也。〔註153〕

18、楊樹達：余謂 {…} {…} 並象區域之形，而足抵之，故其義爲來爲至。……金文……他器銘用各字者至多，皆用各字本義者也。經傳作格，同音借字也。……釋金文者不知各爲本字，往往以借字之格讀之，可謂適得其反矣。〔註154〕

19、高鴻縉：各……象腳行至門口之形，故有來至意。此本字也，後借用爲異辭，故典籍叚格爲之。〔註155〕

20、高鴻縉：按各字初意爲行到，經典多叚格爲之。原象 {…}（足向內）在門口，向內行之狀。由文 {…} 生意，故託足內行之形，以寄行到之意；動詞。……各與格非一字，經典作格者，同音通叚也。〔註156〕

21、高田忠周：按說文無〔彳各〕字，經傳皆借格爲之。……許氏以壁經無〔彳各〕字，即兼於格，其意可見。然凡金文皆唯作各，此眞古文，要〔彳各〕亦爲晚出古文也。〔註157〕

金文通行於周朝之時，亦正是《大學》成書年代。由以上所引眾多研究，可以得見格物之「格」在周朝時應是作「各」，後來經過秦火，至漢代後出典籍才改作「格」。

再次是其他相關研究。在甲骨文中，字形可與「各」相互比對參照的字有「出」，其甲骨文作 {……} 等等。〔註158〕馬薇臟認爲其意義「象足從洞內向外行，出之意也。」〔註159〕陳濟則認爲是「像自穴居外出之形。」〔註160〕而楊樹達說：「出字甲文作 {…}，象人在坎陷中，足欲上出之形。與各字形正相反，而其義則可以互證也。」〔註161〕張日昇更有直接的比較：「甲骨文出

〔註153〕參閱：周法高主編，《金文詁林》，卷二，頁694。

〔註154〕參閱：周法高主編，《金文詁林》，卷二，頁696～697。

〔註155〕參閱：周法高主編，《金文詁林》，卷二，頁695。

〔註156〕參閱：周法高主編，《金文詁林》，卷二，頁695。

〔註157〕參閱：周法高主編，《金文詁林》，卷二，頁697。

〔註158〕參閱：壹、陳濟編著，《甲骨文字形字典》，頁359。
　　　　　　　貳、馬薇臟，《薇臟甲骨文原》，頁637。

〔註159〕馬薇臟，《薇臟甲骨文原》，頁636～637。

〔註160〕陳濟編著，《甲骨文字形字典》，頁359。

〔註161〕參閱：周法高主編，《金文詁林》，卷二，頁696。

作 {……} 諸形，正足與各作 {……} 相比較。古人穴居，{…}{…} 正象其居所。足背穴，乃離家外出之象；足向穴，乃自外臨至之象。」〔註162〕由此可見，「各」字本義應當與「出」字本義具有相反而相成的關係。

另外，有了出土資料作爲證據基礎，文獻中許多記載也可能可以獲得理解上的突破。在匯集古文字意義之重要經典《爾雅》裡，記錄了被學者奉爲圭臬的「格」字使用意義，但卻也同時留下了追尋其本義之寶貴線索：

《爾雅·釋詁第一》記載：「迄，臻，極，到，赴，來，弔，艐，格，戾，懷，摧，詹，至也。」邢昺疏云：「……屆，格，戾，懷，摧，詹，皆方俗語。……案方言云，假（音駕），〔彳各〕（古格字），懷，摧，詹，戾，艐（古屆字），至也。邠唐冀兗之間曰假，或曰〔彳各〕，……皆古雅之別語也，今則或同是也。」〔註163〕

《爾雅·釋詁下》記載：「騭，假，格，陟，躋，登，陞也。」郭璞注云：「方言曰，……梁益曰格。……」邢昺疏云：「方言曰者，案彼云，躡，郅（音質），跂（音企），〔彳各〕，躋，〔足龠〕〔註164〕（音躍），登也。……梁益之間曰〔彳各〕。或曰，跂，騭，郅，格，〔彳各〕，音義同。」〔註165〕

《爾雅·釋言第二》記載：「格，懷，來也。」郭璞注云：「書曰，格爾來眾庶。」邢昺疏云：「謂招來也。注書曰格爾眾庶者，商書湯誓文也。」〔註166〕

依以上文獻記載顯示，「格」字解爲「至」或「來」、「陞」，只會是引申義，而不會是本義；其本義要透過「古格字」〔彳各〕來理解。而根據上述出土資料研究，〔彳各〕正就是「各」之異體字。

綜合上列論點，從木部首從各偏旁的「格」字，在先秦經典中之使用，即使不是全部也應是絕大部分，其意義乃是從「各」而來。至於「各」字之本義，根據其甲骨文字形以及上引眾多學者之詮解，可以用更具普遍性的概念來界定之：「回歸本位」，「歸其位」，「歸位」。這個定義既足以涵蓋當前相關學術研究之諸多成果，用在「格物」概念之解釋上，又得以發展出新的《大學》理解思路。

〔註162〕參閱：周法高主編，《金文詁林》，卷二，頁699。
〔註163〕〔晉〕郭璞注，〔宋〕邢昺疏，《爾雅注疏》，卷一，第五葉。
〔註164〕本文以〔足龠〕表示左「足」右「龠」之合體字。
〔註165〕〔晉〕郭璞注，〔宋〕邢昺疏，《爾雅注疏》，卷二，第七葉。
〔註166〕〔晉〕郭璞注，〔宋〕邢昺疏，《爾雅注疏》，卷三，第一葉。

三、格物致知新解

　　《大學‧經一章》雖僅兩百零五字，但其中明白揭櫫了儒家爲學之道之次第，以及儒家學問之終極理想。姑且不論其後朱熹重訂爲傳十章之內容，是否能深刻詮釋〈經一章〉之全部意涵，單就〈經一章〉本身之內容而言，其具備獨立自足的思惟脈絡，應可得到肯定。

　　以此肯定爲基礎，當嚴格檢視〈經一章〉之內容時，可以發現其中有幾項令人困惑的問題。而在朱熹和王守仁等傳統學說之解釋裡，並未看見令人滿意的答案。其中與此處所討論主題相關的問題，一是關於「至善」；另一是關於「八條目」。

　　首先，《大學》之「三綱領」作爲儒家學問之終極理想，其實踐方法乃由「八條目」揭示其次第。「三綱領」與「八條目」連接一起，既然佔據著關係脈絡上之首要位置，當然也應該在義理脈絡上具備引導的作用。這其中，「明明德」之義理脈絡位置直接記述於文本中：「古之欲明明德於天下者，先治其國。……致知在格物。」這是將「明明德」之義理蘊含於八條目之依序完成。至於「親民」，無論是否如程朱之解爲「新民」，「親民」之義理顯然至少能夠表達於「齊家」「治國」「平天下」三者。「三綱領」中唯有「止於至善」，彷彿在「八條目」中沒有著落；此實爲〈經一章〉思想脈絡上之一大缺憾。然而，仔細尋繹，在文本之中卻又似乎並非全無線索。值得特別注意的，除了「知止而后有定，……物有本末，事有終始，知所先後，則近道矣。」另外就是「知至」了。

　　「知止」之「止」指的是「止於至善」之「止」，這一點應該沒有疑義。既已云「知止」，那麼，關於如何知道「至善」之說明，沒有理由認爲《大學》之編著者會省略不述。究竟言之，「物有本末，……則近道矣。」與「知至」，即是對「至善」之進一步解釋。這一點需要先從「至善」之意涵看起；所謂「至善」應即是「至高之善」、「最上之善」。而既云「至高」、「最上」，則表示善在此有許多層次或等級，相互比較之後，才會得出「至高」、「最上」等判斷。這也就是說，想要知道「至善」，必須先要知道善之眾多層次或等級，然後才能進一步實行比較判斷。那麼，怎樣才能知道善之眾多層次等級？文本已然清楚交代：「物有本末，事有終始，知所先後，則近道矣。」明白事物之本末終始，知道事物之先後次序，在這其中加入價值高低之判斷，尤其是道德判斷，就能夠瞭解了善之眾多層次等級；若能做到如此，則即是接近了

「大學之道」。而何謂「大學之道」？「止於至善」是也！

　　基於此，「知至」云者，「知道極至」也，亦即「知道至善」之謂也。這一點可由上文所論證之「格」字當代新解，獲得澄清。如前所述，「格」字若本文爲「各」字，「格物」之本義應即爲「各物」，根據上述全新的理解，其意涵乃是「令萬事萬物回歸本位」；而依《大學》之論述宗旨，亦即應爲「令萬事萬物回歸其在價值上應佔之本位」。當此工作達成之時，一如上述，也就是瞭解了善之眾多層次等級，才有可能知道「至善」何在，亦即「知至」。而「致知」之「致」，則應依王陽明解爲推行實踐；如此，也唯有在萬事萬物回歸價值本位之後，才有可能推行實踐所知之善，亦即「致知」。由此再進一步，唯有能夠推行實踐所知之善，才有可能誠實其意念，亦即「誠意」。

　　其次，《大學》僅兩百零五字之〈經一章〉，所謂「八條目」竟然重複了兩次；第二次的敘述「物格而后知至，……國治而后天下平。」一共四十三字，分量佔了全章五分之一強。這裡所呈現的問題是：《大學》編著者爲何如此辭費？所謂「八條目」之名稱與次序關係，由「古之欲明明德於天下者，……致知在格物。」豈不已經充分表達？敘述完由後到先，再重複由先到後敘述一次，若非別有深意，豈不顯得累贅？除非，所謂「八條目」者，非如此重複兩次，不足以將其名稱與次序關係表達完盡！

　　此一問題之解答關鍵仍在「知至」上。傳統所謂「八條目」指的是「格物、致知、誠意、正心、修身、齊家、治國、平天下」。雖然明白地在文本中第二次敘述所謂「八條目」時，少了「致知」而代之以「知至」，但各家學派都把「知至」認定爲「致知」之某種變化，兩者意涵互有某種關連。例如朱熹和王守仁，皆將「致知」視爲手段或過程，皆將「知至」視爲目的或結果。然而，這樣理解之結論，在關於爲何《大學》編著者必須如此費辭地重複敘述兩次「八條目」此一問題上，似乎無法充分令人滿意。因爲所謂「八條目」彼此之間，意涵上也都有著某種關連，這一理由使得加入「知至」後之「九條目」，比所謂「八條目」更具意義上的完整性。有趣的是，這樣一來，《大學》編著者不直接敘述「九條目」，卻迂迴地敘述兩次「八條目」，又更顯得故弄玄虛。

　　根據文本中其他內容敘述之嚴謹，可以推斷這裡既非思想上的泄沓累贅，也非文字上的故弄玄虛，而是表達上的不得不然。從「格物」解爲「各物」，使得「知至」更深刻的意涵可以顯露，「知至」在所謂「八條目」裡

之地位也就更形重要。將「知至」理解爲「知道極至」、「知道至善」，其與「致知」之關係並非手段與目的，也非過程與結果；「知至」與「致知」應是同一層次裡的兩個面向，兩者之間的關係無分先後或本末終始，但卻相輔相成。

　　「知至」是「知道極至」，亦即「知道至善」，「致知」是「推行所知」；前者是「心」之知，後者是「心」之行。知與行在此乃一體兩面，無論在發生順序或價值高低上，都毋須區分。兩者在此同屬「心知」之活動，但「知至」乃「心」對物之認知活動，「致知」乃「心」對所知之實踐活動。這樣的理解表面上看來似乎仍然具有發生順序上的先後關係，彷彿是必須先有認知之後才有實踐。然而，由於此處所謂實踐是針對著認知之內容，依王守仁之思考理路，實踐活動乃是確定認知內容真實與否之方式，兩者乃相輔相成之一體兩面。所以，即使表面上「知至」與「致知」有著發生上之先後關係，實質上卻毋須如此看待。

　　據此，所謂「八條目」之不得不重複敘述兩遍，其中道理已經昭然若揭。由於「知至」與「致知」應屬同一層次之兩個面向，在《大學》所揭櫫實踐學問之道之次第中，僅應佔一個條目的位置。兩者與其他七個爲學次第的層次合爲「八條目」。但又由於「知至」與「致知」應屬同一層次之兩個面向，爲了充分揭櫫實踐學問之道之次第，需要將此兩者相繼表露。於是，可以推斷《大學》編著者在這般兩難的困境裡，決定了將所謂「八條目」重複敘述與記錄兩遍。

　　第一遍反過來從最後的「平天下」開始，「古之欲明明德於天下者，……」，向先前的條目回溯。至「誠意」時，「……欲誠其意者，……」，再向先前即銜接到「知至」與「致知」這一層次，此時需要考慮該由哪一個代表這一層次之條目。根據上述討論，實質上無分本末終始之「知至」與「致知」，卻有著表面上發生順序之先後關係，依一般可能之理解，「致知」似應在「知至」之後。所以，由「致知」立即銜接上「誠意」，作爲這一層次之條目，「……先致其知，……」，然後就轉入最先前的層次「格物」，「……致知在格物」。

　　第二遍則從最先前的「格物」開始，接下來就銜接「知至」與「致知」這一層次，也需要考慮由兩者之一作爲代表條目。而既然「知至」在表面的發生順序優先於「致知」，自然以「知至」立即銜接於「格物」之後爲恰當，

「物格而后知至，……」，再轉入後一層次「誠意」，「……知至而后意誠，……」。

相連兩遍所謂「八條目」之陳述，由後到先帶引出「致知」，由先到後帶引出「知至」，非如此不足以將這一層次之一體兩面表達完盡。

四、新解之檢討

在這個全新的理解內容裡，一個最可能受質疑的問題是關於「知至」兩字之詞性位置。所謂「八條目」第二遍陳敘的方式與第一遍之差異，除了先後次序相反以外，還有條目詞性位置顛倒。第一遍的「格物」在第二遍以「物格」出現，「誠意」以「意誠」出現；「正心」以「心正」出現；「修身」以「身修」出現；「齊家」以「家齊」出現；「治國」以「國治」出現。動詞與名詞之位置相互對反，第二遍的其他條目皆以名詞在上動詞在下之形式表示。依此類推，「知至」兩字之詞性位置似乎也應比照其他條目，即「知」為名詞，「至」為動詞。如此，這將與我們所提出的理解內容有所扞格。

回答這個可能的質疑，上述所提出的「知至」新解乃從其正面立說，以便清楚瞭解它與「致知」合為同一條目層次之意涵。當對其意義有了正面理解之後，再根據中文使用習慣改變詞性位置時，仍能正確解讀其原有意義。這也就是說，依照第二遍敘述所謂「八條目」之內容時，應有名詞在上動詞在下之一致性，「知至」亦可以依相同形式解讀。其意義之陳述改變為「所知極至」，亦即「極至所知」，而既然「所知」是關於「物格」之後萬事萬物之價值高低，那麼當達於極至時，「至善」之內容也就自然可知。

順著這般思考，若要求所有條目皆以動詞在上名詞在下之形式表示，則「格物」後之第二層次條目應當為「至知」與「致知」。前者與我們以上敘述對「知至」之理解相比，在意義解釋上需要稍做調整，但在最終實質內涵上則並無二致。所以，無論以「知至」或「至知」之面貌出現，都無妨於我們以全新的理解來重新詮釋《大學》所謂「八條目」裡之「格物」、「知至」、「致知」三者之間之微妙關係。

最後，《大學》裡最引爭議的「格物」「致知」「知至」條目，其正確意義之解釋不僅與三者間之相互關連有關，也與所謂「八條目」之其他條目以及「三綱領」有關。其中除了必須解釋三者各自之意涵外，還必須解釋三者之間相互的關係。

　　朱熹主張「格物」是「窮至事物之理」，「致知」是「推極知識」，「知至」是「所知無不盡」。「格物」皆爲「致知」與「知至」之充分條件，「致知」與「知至」之關係是手段與目的或過程與結果。王守仁主張「格物」是「端正意念所在之事」，「致知」是「實踐良知」，「知至」是「良知所知極其至」。「格物」皆爲「致知」與「知至」之充分必要條件，「致知」與「知至」之關係也是手段與目的或過程與結果。

　　上述所提出的新解則主張「格物」之「格」之初文乃「各」，根據當前甲骨文、金文及其他相關研究之成果，其意義應爲「回歸本位」，所以「格物」應是「回歸萬事萬物之價值本位」。「致知」是「推行實踐所知之善」；「知至」應當參考「止於至善」之綱領，其意義應是「知道極至」或「所知達於極至」，亦即「知道至善」。依照所謂「八條目」應有一致性之內在關連，我們認爲「格物」皆是「致知」與「知至」之必要條件。根據我們對所謂「八條目」重複敘述兩遍乃不得不然之理解，「知至」與「致知」實爲同一層次之兩個面向，兩者乃屬同一條目層次之一體兩面。

五、綜述

　　從上述「格物」「致知」「知至」之探討，可以獲得《大學》關於實踐德行之觀點。《大學》之「格物」是回歸事物之價值本位，「致知」是推行實踐所知之善，「知至」是所知達到極至，亦即知道至善。「格物」作爲「致知」和「知至」之必要條件，其意爲：先要回歸事物之價值本位，才可能知道至善，也才可能推行實踐所知之至善。

　　由此即可看出孔子與《大學》之發展脈絡關係：孔子以下學「仁」等眾德來實踐「性」，而能夠證知「天命」，發展爲《大學》以回歸價值本位來確保實踐至善之可能、知道至善之可能。

第六節　結語

　　哲學史之研究不但需要深入哲學思想闡揚之內涵底蘊，還更需要探索哲學觀念發展之脈絡源流。兩者個別來看已非易事，要能兩者兼擅，合而論之，實需莫大的才學積累，方足以致其功。本文在探討孔子「心」「性」概念及其體系之基礎上，爲省察論述結果是否能契合學術源流，粗略地討論了先秦儒

家其他四部重要經典；目的在進一步檢視孔子思想與其後儒家思想發展之脈絡關係，希望能更多地察覺本文論述之利弊得失。至於孔子思想流傳後代儒者所造成影響之實質內容，則實非本文之研究所能完整討論。

從本章上文所完成之探討來說，本文所論述之孔子「心」「性」概念及其體系，與其後之孟子、《中庸》、《易傳》、《大學》之核心思想概念間，有的彼此彷彿，有的在概念內容略有轉折，大體上都能保持相互和諧，不致於產生難以容受之矛盾衝突。更進而言之，本文之主張還能呈現獨特的先秦儒家思想源流觀，由孔子思想之新詮釋，連接到孟子、《中庸》、《易傳》、《大學》思想之新理解，本文提供了一種基本上合理而又不偏離文本之新觀點。如果這種新觀點裡面之諸多論證，能夠有效地回答某些學術問題，或提供有用的解決學術問題之方案，那麼，這即是本文足以令人欣慰之價值。

第捌章　結　論

　　孔子思想之理解研究，自孔門親炙弟子起迄今，二千五百多年來未曾中斷。歷朝各代傑人輩出，每一番理解孔子思想之嘗試努力，都成就一種彰顯聖門精神之崇論閎議。當代學界面對現代思潮衝擊，一方面力圖繼承發揚儒家義理，一方面希冀消化吸收西方哲思。徐復觀先生、唐君毅先生、牟宗三先生、蔡仁厚先生四位大家相繼奮勵，各闢天地。諸賢對孔子思想之系統化論述，各自以其哲理性思惟展現至聖之教。

第一節　諸賢大家之成就

　　徐復觀先生認為孔子以「仁」在人之生命中開闢出一「內在地人格世界」，轉化了春秋時代以「禮」為代表之「客觀地人文世界」。孔子以「仁」融和主客觀世界，「將客觀世界乃至在客觀世界中的各種成就」「賦予以意味、價值」；而人在其中「自有其主宰性與自由性。」〔註1〕徐先生主張《論語》之「命」皆指「運命」，而孔子之「天」、「天命」、「天道」則指「道德的超經驗地性格」，表徵其「道德的普遍性、永恆性」之真實內容。而孔子「知天命」之「知」，乃是「不斷地下學而上達，從經驗的累積中，從實踐的上達中，證知了道德的超經驗性。」〔註2〕

　　於是，徐先生認為孔子之「仁」是「一個人的自覺地精神狀態」，是「要求成己而同時即是成物的精神狀態」；「一方面是對自己人格的建立及知識的

〔註 1〕　徐復觀，《中國人性論史：先秦篇》，頁 69～71。
〔註 2〕　徐復觀，《中國人性論史：先秦篇》，頁 83～86。

追求，發出無限地要求」，「另一方面，是對他人毫無條件地感到有應盡的無限地責任」。〔註3〕進一步徐先生論證孔子「實際是認為性是善的」，而「善的究極便是仁」，因此「仁是作為生命根源的人性」。而「仁」既是「先天所有」，又是「無限地超越自己生理欲望的限制」，所以「仁⋯⋯實同於傳統所說的天道、天命」；孔子之「證知」「天命」，亦即是「證驗到了仁的先天性、無限地超越性」。孔子「證驗到性即是仁」，而「仁⋯⋯即是天道」，「使他感到性與天道，是上下通貫的。」〔註4〕

唐君毅先生論證孔子之「性」指「自然生命之生長之可能」，其「教之所重者，則在人之所志所學」，「為仁由己，使心不違仁，是為質；見於禮樂，為文章。」目的在教人「由下學時習之功，以自成其性者」，「所以上達客觀而超越之天命天道」。〔註5〕唐先生並將「孔子言仁之旨」區分為「對人之自己之內在的感通」、「對他人之感通」、「對天命鬼神之感通」三方面；其所謂「感通」乃是「以通情成感，以感應成通」，從精神上來說，這三方面即是「主觀的精神」、「客觀的精神」、「絕對的精神」之感通。〔註6〕

接著，唐先生分列孔子之「求仁之工夫之節次」為三。「第一步在志於道、志於仁、志於學」，此即孔子「十有五而志于學」，乃在求「與他人或天下之感通」。「而其第二步，則為於志道之外，求實有據於德，以依仁而行道」，此即孔子「三十而立」、「四十而不惑」，其「要在立於禮」，以及成就智德之「對外對內之感知和感通之二面」。「孔子由下學而求極其上達之功夫之最後一步」，即「五十而知天命」，乃是「仁者之智之極」，可得見「仁者之生命與天命或天之感通」；而其同時「亦知天之知之」，所以也有「與鬼神之感通」。本於此之「仁者之樂且不憂，則純自仁者之內在的感通上說」。至於其後之「六十而耳順」與「七十而從心所欲不踰矩」，「則是知命功夫純熟後之自然效驗。」〔註7〕

牟宗三先生認為「原始之王道」是由《周書・召誥》所揭櫫之「道德之總規」，亦是「三代王道之政規」。此「總規」「政規」可用「王其德之用，祈天永命。」一語為代表，此即是由「主觀方面之敬德」和「客觀方面之

〔註 3〕 徐復觀，《中國人性論史：先秦篇》，頁 91。

〔註 4〕 徐復觀，《中國人性論史：先秦篇》，頁 98～99。

〔註 5〕 唐君毅，《中國哲學原論：原性篇》，頁 32。

〔註 6〕 唐君毅，《中國哲學原論：原道篇》卷一，頁 78。

〔註 7〕 唐君毅，《中國哲學原論：原道篇》卷一，頁 148～149。

帝、天、天命、天道」所共同規定之「道之本統」；其道與德之表現乃在「王者團聚群體以開物成務」和「原始的綜和構造」中，「作用地關聯著天之大命」。然而，「真正之本統」卻是「孔子之仁教」所成就之「道之本統之重建」。〔註8〕

進而，牟先生闡述「天命天道是超越的存有」，而「性字所代表者是比較內在而落實的存有」，兩者皆屬「神祕而奧密」之「客觀的自存潛存」。孔子「不在這裡費其智測」，而是「從德行盡仁而開闢了精神領域」。〔註9〕「孔子之仁教」即是「踐仁以知天」，乃是「環繞聰明、勇智、敬德而統之以仁，健行不息以遙契天命」。孔子將「三代王道之政規」轉為「踐仁以知天之道範」，其道與德之表現乃在「個人之進德修業」和「進進不已之開合構造」中，「開闢精神領域之理想、價值之源」。〔註10〕

蔡仁厚先生認為「春秋時代的許多道德觀念，幾乎都由禮加以統攝。」孔子「攝禮歸義」，將「禮」之「秩序性」基礎歸於「義」之「正當合理性」；進一步「攝禮歸仁」，因為「人之所以要求正當合理，是由於人能立公心」，而「立公心是仁」。〔註11〕在孔子思想中，「仁是超越一切德目之上，而又綜攝一切德目的。所以仁是全德之名。」〔註12〕蔡先生又引牟先生之講法：「仁有兩大特性，一曰覺，二曰健。」和「仁以感通為性，以潤物為用。」他說明「覺」「是指點道德心靈的」「不麻木」，而「健的含義，乃是精神上的創生不已。」〔註13〕

再者，蔡先生闡述「不管是那一種善，那一種德，實在都只是道德心（仁）隨順事宜而顯發的具體表現。」因此可說「德目無窮，皆由仁出。」「所以仁是道德之根，是價值之源。」〔註14〕另一方面，「天命天道的意義」「是一個道德秩序」，而「天命下貫而為性」是一老傳統，但孔子卻「從主觀方面開闢了仁智聖的生命領域。」「在宗教人文化的演進中」，「孔子踐仁知天，以仁印證天道」，從「超越的遙契」過渡到「內在的遙契」，「由著重客體性過渡到重

〔註8〕 牟宗三，《心體與性體》（一），頁 225～226。
〔註9〕 牟宗三，《心體與性體》（一），頁 228～229。
〔註10〕 牟宗三，《心體與性體》（一），頁 230～231。
〔註11〕 蔡仁厚，《孔孟荀哲學》，頁 50～55。
〔註12〕 蔡仁厚，《孔孟荀哲學》，頁 68。
〔註13〕 蔡仁厚，《孔孟荀哲學》，頁 79～80。
〔註14〕 蔡仁厚，《孔孟荀哲學》，頁 84～85。

主體性」，這便是「孔子所證現的天人合德的人格型範」。〔註15〕

第二節　本文之成果

　　諸賢大家對孔子心性之學所作義理之疏解，精闢確當，皆能把孔子思想之菁華條分縷析，達至闡精發微之論述目的。彼此之間縱然或有小異，也是因發揚同一宗旨之路徑取向有別，致使各家和而不同，但終能殊途同歸。本文立論旨趣唯求平實，何敢望其項背，只在孔子「心」「性」概念之理解探究上，願效綿薄。以下即根據本文第壹章所設定之研究目標，將文內所達成的探討論證結果，分項敘述之。

　　第一研究目標：系統運用語言文字探討和概念分析之研究方法，以最少理論負載的論述觀點，形成可以重複操作檢驗的論證，進行詮釋文獻文本之可能意義。

　　本文從第貳章至第陸章之研究內容，完全立基於《論語》章句文本；旁及可為證據之其他文獻，亦不取代《論語》章句之核心地位。奠基於《論語》中「心」「性」字詞之意義探討，從其本義、引申義、乃至字詞使用上的可能意涵，可以有效地儘可能還原孔子「心」「性」概念內容之原貌。

　　本文論述觀點來自概念分析，所運用之說明語詞皆為學界一般通行接受之內容，不採特定理論學派之專用術語，避開涉入理論見解爭議之詮釋困境。雖然如此，本文之論述並未犧牲哲學所需要的邏輯嚴謹性，舉凡概念內容之說明、推理過程之敘述、和文本意義之解釋，莫不力求字字句句皆有來歷。

　　本文於每一章節中之論斷皆導自所建構之論證，其中部分論證尚且環環相扣。但若追本溯源，率皆建立於《論語》文本之上。對本文之論點存有不同見解之異議者，儘可一樣依據《論語》文本，循跡追蹤，解構本文所建立之論證，或另行組構不同論證，用以質疑本文之論點；最終能共同增進學人正確瞭解孔子之思想。

　　本文詳盡探究《論語》裡使用「心」「性」之章句文獻，根據「心」「性」字詞意義之討論、思惟概念內容之分析、和所建立論證之推理，導出必然的或最具可能性的結論；再依此結論重新詮釋《論語》章句文獻之意涵。

〔註15〕蔡仁厚，《孔孟荀哲學》，頁 100～114。

如此得到的文獻意涵詮釋，固然還不能說已是必然的最終解讀，但足以令吾人在今日學界之證據確切性要求下，獲有進可延伸主張、退可辯護立場之見地。

第二研究目標：回顧檢視傳統及現代經典理論，依據文獻分析進行評論，進一步建構關鍵問題之解決方案，以闡明孔子「心」「性」概念之內容意涵。

本文第貳章探討孔子「心」概念之內容。《論語》之〈為政第二〉、〈雍也第六〉、〈憲問第十四〉、〈陽貨第十七〉、〈堯曰第二十〉五篇中，各有一章記載了「心」字。朱熹集注在這五章中之注語，說明了他至少間接認同：孔子表達「心」概念具有「之」、「通」、「欲」、「私欲」、「博弈」等功能，而且「心」可以表現而擁有德行；另外非出自孔子之口之「心」，亦具有「忘」、「不忘」、「閒」、「欲」等功能。

牟先生主張孔子由「不安」指點「仁」，所以落實而言，「仁」即是「心」。然而，設使「安」便是「心安」，則「仁」只是指「心」於居親喪時食稻衣錦應「不安」，何況「安」更可能是指「安適」；所以，未必能說「仁」即是「心」。

蔡先生主張孔子以「不安」指點「仁」，乃是就「心」而言「仁」。此為正解，孔子於此乃是以「心」概念來說明「仁」概念，而非相反。蔡先生並且論證孔子之說「心」含有「道德心」和「認知心」兩層面。此正可為本文論述孔子「心」概念之起點。

於〈陽貨第十七〉之章句，分析博弈者之用心，可知孔子之「心」概念具有「認知力」和「判斷評價力」。於〈雍也第六〉之章句，分析顏回三月不違仁之心，可知孔子之「心」概念具有「為仁」之「意志力」。於〈為政第二〉之章句，分析孔子自道七十歲之境界，可知孔子之「心」概念具有「欲求力」。於〈憲問第十四〉之章句，分析孔子回應荷蕢者之評論，孔子之「心」概念具有「意向力」。於〈堯曰第二十〉之章句，分析《尚書》之文，可為孔子接受之「心」概念，一則亦具有「認知力」和「判斷評價力」，一則展現了「意向力」與「欲求力」之緊密關連。

於〈為政第二〉之章句，分析孔子自道五十歲之境界，可知孔子認為「心」概念之「認知力」能夠直接認識形上界事物。於〈雍也第六〉之章句，分析顏回三月不違仁之心，可知孔子認為「心」概念之「為仁」之「意志力」需

要持續在時間進程中發揮作用。

於〈陽貨第十七〉之章句，分析孔子評論博弈者之用心，可知孔子認為「心」概念所具有之「認知力」和「判斷評價力」，運用得愈多愈精熟則愈有道德上之價值和意義。於〈雍也第六〉之章句，分析孔子評價顏回三月不違仁之心，可知孔子認為培養鍛練「心」概念所具之「意志力」，才是「為仁」最核心的層面。於〈為政第二〉之章句，分析孔子自道七十歲之境界，可知孔子認為「心」概念所具有之「欲求力」能夠自然合乎道德規範，即是一生修養之最高目標。

綜合言之，孔子之「心」概念內容具有「認知力」、「判斷評價力」、「意志力」、「欲求力」、「意向力」等作用能力。其中「認知力」能夠直接認識形上界事物；「認知力」和「判斷評價力」運用得愈多愈精熟則愈有道德上之價值和意義；「意志力」才是「為仁」最核心的層面，需要持續在時間進程中發揮作用；「欲求力」能夠自然合乎道德規範，即是一生修養之最高目標。

本文第參章探討傳統與現代解釋孔子「性」概念之經典理論。《論語》之〈公冶長第五〉和〈陽貨第十七〉二篇中，各有一章記載了「性」字。以朱熹為代表之傳統經典理論大率皆從「氣」談孔子之「性」，明顯不符孔子之思想範疇。

朱熹在這兩章句之注語，及所引用二程之話語，表達了一種獨特的觀點。他們以義理之性和氣質之性兩方面之區分，來解釋孔子「性」概念。朱熹在「性相近也」一章認為孔子之「性」兼含義理之性和氣質之性，二程則認為全屬氣質之性。此一獨特觀點從「氣」來談孔子之「性」，明顯不符孔子思想論述之範疇。即使孔子說「相近」之意即實為「相近」，亦未必其「性」概念中含有「氣」之成分。其次，依照朱熹的解釋，孔子之「性」概念將涵蓋「習」而區分成兩個發展階段，其間有著善惡之巨大差別。如此，孔子之「性」或將有善有惡，或將屬善而能惡。另外，朱熹使用「美惡」來形容氣質之性乃是一極其嚴重之語病，混淆了價值判斷與道德判斷；或者會更坐實孔子之「性」飄蕩於善惡之間，或者會使孔子之語成為跳躍式思考表述。而在子貢之語一章，朱熹之注語表明此處之「性」全屬義理之性，所引二程話語則表明此處之「性」絕非單指氣質之性；這使得他們在此兩章中所解釋之孔子「性」概念，內容都不一致。

徐先生主張孔子之「性」相關於春秋時代「性」字具有「欲望」「本質」

「生」等之意義用法，而且應以朱熹解釋孟子之「相近」爲「同然」來瞭解孔子之「性相近」，他的意思即是「性相同」。他批評程朱在注解孔子時卻直說「相近」，因而有所矛盾。徐先生由此論證孔子之「性」只能是善。另一方面他認爲「天道」等同於「天」、「天命」，又因爲當時「性」字之意義對孔子之影響，於是在孔子而言，「性」當然是善。他進一步推論善之究極是「仁」，而「仁」具有先天性和無限超越性，實等同「天道」，所以孔子之「性」即是「仁」。

然而，以朱熹注解孟子之語來瞭解孔子，這可能遭受「理解未必準確」、「年代差距過遠」、「印證順序顛倒」三項質疑。於是，程朱注解孔子直說「相近」便未必矛盾。其次，徐先生對子貢之語的詮釋尚有可議之處。再次，他論證「性」即是「仁」，可能會有三項爭議：血氣心知之偏不足以駁斥程朱，「人之生也直」一語不足以證明「性相同」，將「性」等同「天道」在《論語》文獻研究上會引發其他問題。

唐先生主張孔子之「性」繼承古義，指自然生命生長變化之可能，孔子之所重在於人之志向與學習。孔子之「天命」「天道」亦繼承古義，指上天所示人之道而命于人者。由此可以理解子貢之語，孔子以學以教貫通「性」與「天道」，表現在可聞之禮樂文章；並非以言以理通之，所以無此言可聞。唐先生並論證「天命」「命」乃等同之物，但未必即等同「天道」「道」。而孔子有「義命合一」之旨，「義」之所在即「命」之所在。所以在孔子而言，志士仁人應依「義」而「自命」，自成其志、自求其仁，此處亦即可知「天命」。

然而，在孔子前之文化是否已經成熟地發展出如此豐富抽象的「性」概念，不無可疑。又即使確實如此，這種「性」概念很難說在人與人之間有何差別而可說「相近」。而「性相近」所表示人人之本性有所差異之推論，更有待進一步解釋。唐先生爲解決孔子敬畏天命之問題，區隔了「天命」「命」與「天道」「道」，卻將會削減孔子「性」概念中與「天道」密切相關之內容。他主張孔子之「義」相對較多關連於「天命」，相對較少關連於「天道」，這也將會因「性」與「義」之相關，而更加削減孔子「性」概念與「天道」連結之內容。

牟先生主張在孔子前已有一「生之謂性」之老傳統，無論「性」之內容如何，總屬「存有之秘密」，因而奧密難解。孔子不以理智測度，而是以「仁」

之德行實踐消化超越之。牟先生設定以孟子所說「相近」之意為「相同」來瞭解孔子之「相近」，但孔子之「性」超越了老傳統，其真精神乃是在於「仁」。他認為「性」與「天道」是自存潛存而客觀的實體存有，孔子卻以「踐仁」表現德行，另行開闢了精神領域的價值之源。

　　然而，即使牟先生只以設定之態度來運用孟子之語以瞭解孔子之語，上述三項質疑依舊尚未完全消除，仍然值得再加探討。另外，引入西方「存有之秘密」觀點，可能帶來新的問題；「天」、「命」、「道」、「天命」等概念都與「天道」密切相關，應該與「性」一樣奧密難解，但孔子卻有著大量的談論。

　　蔡先生主張可以用孟子說「相近」之意為「相同」來瞭解孔子之「相近」，並指出朱熹注語使用「兼」字，表示朱熹亦察覺到直解為「相近」之不妥。蔡先生將「聞」字區分出耳聞、見聞、知聞三個層次，以此解釋了子貢之語。他認為孔子之「天道」包含人格神和形上實體兩方面意義，孔子以「仁」之體證，從敬畏人格神轉移到證知形上實體，從超越的遙契轉移到內在的遙契，從著重客體性轉移到著重主體性。

　　然而，朱熹使用「兼」字，也可能正表示他認為孔子之「性」包含義理之性和氣質之性兩者，所以孔子才說「相近」。如此，以孟子之語瞭解孔子之語，仍然還有討論餘地。蔡先生不引用「存有之秘密」觀點，但上述孔子談論「性」極少，但談論與「天道」相關概念極多之問題，還是值得進一步深究。

　　本文第肆章探討理解孔子「性」概念內容之關鍵問題。從《論語》記載「性」字之〈公冶長第五〉和〈陽貨第十七〉二篇各一章中，可以發現四項關鍵問題：一、孔子對「性」與「習」兩種事物，分別說「相近也」「相遠也」之實指意義為何？二、孔子在此同時談及「性」與「習」，兩者之間的關係如何？三、為何子貢既已明說「夫子之『言』性與天道」，卻仍表示「不可得而聞也」？四、子貢在此提到「夫子之文章」與「夫子之言性與天道」，兩者之間的關係如何？

　　朱熹和二程之觀點在第一項關鍵問題上，他們無法妥善回答。在第二項關鍵問題上，二程沒有表示意見，朱熹之回答則將會引發更複雜麻煩的問題。在第三項關鍵問題上，他們之回答導致了自身觀點之矛盾。在第四項關鍵問題上，他們都缺少進一步深入地說明。

徐先生之觀點在第一項關鍵問題上，並無妥善地回答。在第二項關鍵問題上，沒有回答。在第三項關鍵問題上，會引發進一步難解的問題。在第四項關鍵問題上，還不能充分回答。

唐先生之觀點在第一項關鍵問題上，難以妥善地回答。在第二項關鍵問題上，將會產生進一步的重大困難。在第三項關鍵問題上，難以面對進一步的探究。在第四項關鍵問題上，則引出了可能的矛盾。

牟先生之觀點在第一項關鍵問題上，還未能十分妥善地回答。在第二項關鍵問題上，沒有涉及。在第三項關鍵問題上，還有著需要進一步澄清之處。在第四項關鍵問題上，可能引出對自身的質疑。

蔡先生之觀點在第一項關鍵問題上，還需要繼續處理相關議題。在第二項關鍵問題上，沒有涉及。在第三項關鍵問題上，頗具說服力。在第四項關鍵問題上，足以妥適解決。

本文第伍章建構一個新解決方案，用以妥善回答上述關於孔子「性」概念內容之四項關鍵問題。解釋《論語》章句文本最困難之處在「性相近也」一語；若將「相近」理解爲「相同」容易遭受許多質疑，而若依傳統直解爲「相近」則主要難以處理孔子之「性」可能部分屬惡之推論。更進一步看，「近」「遠」作爲形容詞，需要比較之參照標準，然而章句內孔子所說話語卻無所表示。

對此難題實可從另一角度思考，「近」「遠」作爲動詞用法，在《論語》中還稍多於作形容詞用法者。「相」字作爲虛字用法，考諸文獻及相關研究，其後連接動詞爲一般常態。而《詩經》有「胥遠」一詞，其意即爲動詞用法之「相遠」。另可參考學界對「也」字用法之研究，在句尾處作爲語義及語氣完成之功能語詞，乃是其主要作用。但若將「近」「遠」理解爲形容詞，則「性相近也」一語之「也」將只有語氣之完結而無語義之完成；而若理解爲動詞，則此處之「也」就同時表達語義和語氣之完成。

再根據眾多文獻之相互參照考證，「相近」「相遠」實可理解爲動詞；並依「也」字研究，「性相近也。習相遠也。」其意實即「性相近之。習相遠之。」如此句意之直解，仍覺有所扞格。設若將此二句之眞正主詞理解爲「人」，一切便如水到渠成。句法字面上彷彿居於主詞地位之「性」「習」，其實並不然；句子之眞正主詞隱而不顯，乃是與「性」「習」共同相關之「人」。這般句法在《論語》中另有三例可爲內證：「射不主皮」、「老者安之，朋友

信之，少者懷之。」、「驥不稱其力，稱其德也。」而在《詩經》中至少有均匀分佈之十四例，可爲孔子言說語法之可靠外證：包括《國風》之七國風各一篇、《小雅》三篇、《大雅》一篇、《周頌》一篇、《魯頌》一篇、《商頌》一篇。

於是，本文所提新解決方案即是：「性相近也。習相遠也。」應理解爲「人因性而相互親近；人因習而相互疏遠。」正由於人之「性」全然相同，所以能使人相互親近；正由於人之「習」有所不同，所以會使人相互疏遠。

以此新解決方案之觀點，在第一項關鍵問題上：本方案妥善回答爲何孔子在「性」處說「相近」，在「習」處說「相遠」。在第二項關鍵問題上：本方案主張「習」之意指後天所學並重複施爲所獲之能力，對舉之「性」則指不學而能、不思而得之先天本性。在第三項關鍵問題上：本方案認同蔡先生之見解，「聞」應有耳聞、見聞、知聞三個層次，能妥善回答子貢之語。在第四項關鍵問題上：本方案亦認同諸賢大家之理解方向，「夫子之文章」與「夫子之言性與天道」乃是實踐與理論之關係。進而本方案主張孔子之「性」概念乃是人之本質之單純思考，孔子思想之創造性部分並不在此，而是在與「性」密切相關之其他概念；職是之故，孔子才少言罕言「性」，卻多言常言其他相關概念。

第三研究目標：基於孔子「心」「性」概念內容和《論語》章句文本，建立孔子「心」「性」概念體系之架構模型，並詳述體系內概念相互間之關係。

本文第陸章基於對孔子「心」概念內容之分析、對孔子「性」概念內容所提之解決方案、和《論語》相關概念章句之研究，建立一概念組織架構模型，用以描摹孔子「心」「性」概念體系。此一體系以「心」「性」爲雙核心；「心」分別連結著「天命」和「學」，而「天命」連結著「學」；「性」分別連結著「天道」和「習」；「天命」透過「天」、「命」、「道」結合著「天道」，「學」則結合著「習」；然後「學」又關連著以「仁」爲首之包含智、勇、孝、忠、義、禮、信……等等眾多德行。

孔子之「心」能夠經由人之努力，以其「認知力」瞭解「天命」；當此連結確立時，人之「心」即會連帶對「天命」產生敬畏之感。「心」之「意向力」可發揮在「學」上，並運用附屬有「記憶力」之「認知力」及「判斷評價力」進行「學」。孔子一生修養之起點即在「學」，而其修養終極目標「從

心所欲，不踰矩」之一部分即在「心」。「學」之一事貫串孔子一生，爲孔子終身自許自勉，並普受當時人所注意。孔子對「天命」之「知」亦是經由「學」而達成。

孔子之「性」關乎人先天之本質，亦即不學而能、不思而得者，其內容乃得之於「天」。「夫子之文章」是爲德行之實踐，「夫子之言性與天道」即爲德行之理論。孔子認爲人人先天普遍擁有實踐德行之潛能，此亦即是「性」之一部分。「性相近也。習相遠也。」之意實指：人會因先天德行潛能而相互親近，而會因後天重複慣習而相互疏遠。由此可知，孔子之「性」可能不屬道德判斷領域，若是定要加以區分，則此潛能乃得之於「天」而關乎實踐德行，故而應全然屬善。

孔子之「天命」「天道」概念皆從「天」「命」「道」衍生而成。孔子之「天」意指「上天」，具有類似「人格天」和「形上天」兩面向。「人格天」面向猶如擁有極高權威影響人間之主宰；「形上天」面向即是能夠規範人間秩序而爲人所效法之形上存有者。「命」之意指「生命」、「命令」、「命定」，孔子所重在後二者。「天命」即是「人格天」面向之「天」與「命令」「命定」義之「命」結合而成，正因「命令」需出自比擬具有意志之「人格天」，再衍生爲「天」之「命定」。「道」由本義「道路」引申出多種意義，孔子所重在「軌範」義。孔子之「道」意指一種蘊涵極高理想之「軌範」；「天道」即是「形上天」面向之「天」與「理想軌範」義之「道」結合而成，正因「軌範」乃如「形上天」一般，爲可作事物秩序準則之抽象存有。

由於孔子之「心」概念具有「認知力」、「判斷評價力」、「意志力」、「欲求力」、「意向力」、「記憶力」等諸多功能，乃是動態功能之特質，自然會與比擬爲人格意志行使之「天命」結合。而孔子之「性」概念是指人不學而能、不思而得之先天本質中，能夠實踐德行之潛能，乃是靜態潛能之特質，自然會與視爲形上理想之「天道」結合。孔子將「心」連結「天命」，將「性」連結「天道」，實非偶然。

另一方面，孔子之「學」不但關連「天命」，也同時分別關連著「天」、「命」、「道」、「天道」。而與「學」相關之「習」則有兩層面意涵：「習」自孔門所「傳」所「學」者，概皆應屬善；夾有後天重複施爲所積累之「習」，則可能部分屬善部分屬惡。是故孔子云：「習相遠也。」實爲一警示。所以，孔子重視「學」與「眾德」之關係，諸多德目德行之實踐，都要透過「學」

之過程始能完成。

　　孔子以「仁」為「眾德」之首，乃「眾德」之最高層次，亦是「眾德」之最高境界。其重要性與「道」並列，其地位與「聖」相當。「仁」在孔子，實是需要以一生生命去維護及成就之最高價值。

　　綜上所述，孔子之「心」「性」概念體系，乃是以「心」「性」為樞紐，以「學」「習」為關鍵，以「仁」為首之「眾德」為門徑，以「天」「命」「道」「天命」「天道」為堂奧。孔子自身之體證和其所教人者，即在基於人人本具共同之「心」「性」，經由一生不斷之正確「學」「習」，努力於日常生活之人間實踐以「仁」為首之「眾德」，藉以向上通達窺知「天」「命」「道」「天命」「天道」；此一窺知乃須透過親身體證才能達至，是即所謂「證知」。如此修為之最終目標與境界，乃在徹底實現「性」中之德行潛能，進而求臻至「從心所欲，不踰矩。」之完美人格。

　　相對照於徐先生之觀點，他認為孔子之「性」即是「仁」，而「仁」即是「天道」，孔子以「仁」融和主客觀世界，「仁」實是一種精神狀態，是對自己人格、知識、對他人責任之無限要求；本文則主張孔子之「性」是先天實踐德行之潛能，乃得之於「天」，為「天道」之一部分，而「仁」乃是眾德之首、眾德之最高境界，其地位等同於「聖」。徐先生認為孔子在下學上達之「仁」之實踐經驗中，證知了「天命」之道德普遍性；本文則主張孔子之「學」乃在實踐以「仁」為首之眾德，目標在經由親身體證以通達窺知「天命」。

　　相對照於唐先生之觀點，他認為孔子之「性」是指自然生命成長之可能，人應學習使心不違「仁」，以成就其「性」、上達客觀超越的「天道」「天命」，而「仁」是對自己、他人、天命鬼神之感通；本文則主張孔子之「性」是先天實踐德行之潛能，其中「仁」乃是眾德之首、眾德之最高境界，實踐「仁」德即是實現「性」，而此「性」得之於「天」，故實踐「仁」亦即實現「天道」。唐先生認為求「仁」之工夫有三階段，第一是求與他人或天下之感通，第二是求對外對內之感知和感通，第三是求與天命或天之感通；本文則主張孔子之「仁」既是最高層次的德目德行，其境界也相當於「德」之總名，依層次境界層層進展，最終能成就完全之「德」，亦即「聖」。

　　相對照於牟先生之觀點，他認為孔子之「心」落實而言即是「仁」，孔子並以「心」之不安指點「仁」，而「性」與「天道」是客觀的自存潛存，孔

子乃將其生命轉向德行面，實踐「仁」而開闢精神領域；本文則主張孔子之「心」具有諸多功能，其中包含實踐「仁」之意志力，孔子之「性」乃是先天實踐德行之潛能，實踐「仁」即是以「心」之功能實現「性」之內容。牟先生認為孔子之「仁教」是踐「仁」以知「天」，是以「仁」統合聰明、勇智、敬德，健行不息而遙契「天命」；本文則主張孔子之「仁」為眾德之首，層次及境界最高，人應一生學習實踐成就之，終而能通達窺知「天命」「天道」。

相對照於蔡先生之觀點，他認為孔子以「心」之不安指點「仁」，乃是就「心」而言「仁」，「仁心」亦即道德心，而孔子之「性」與「天道」是客觀的自存潛存，二者實質內容相同，但「性」是就個體而說，「天道」是就天地萬物總體而說；本文則主張孔子之「心」具有為「仁」之意志力等諸功能，而孔子之「性」所具備先天實踐德行之潛能乃得之於「天」，亦即「天道」之一部分。蔡先生認為孔子以「仁」印證「天道」，「仁」是道德和價值之根源，踐「仁」知「天」是從超越的遙契過渡到內在的遙契；本文則主張孔子之「仁」地位相當於「聖」，亦即完全之德，實踐「仁」之目標之一即在上通「天命」「天道」。

由以上之對照可以得見，本文之研究成果與諸賢大家之相應觀點雖然略有不同，但大概仍可和諧共存，不致於相互矛盾，此亦可說是和而不同。若能有再進一步的深入對照，如本文第柒章探討孔子「心」「性」概念體系對後繼儒家思想之影響，或許還可能發現本文之研究實與諸賢大家殊途而同歸。

第三節 附言

本文之研究目標定於孔子之「心」「性」概念，對其可能內容進行基於文獻之分析及綜合，不敢自負已能充分探索孔子「心性之學」全貌。有所不足之處正所以希望拋磚引玉，祈請學界先進賜教指正。然而本文之立論原旨，在於運用文本之語言文字探討、概念分析方法，推導還原孔子思想之原意。其流於瑣碎之弊實難避免，但卻能有立論精確有據之效；或許正可謂失之東隅，收之桑榆。

在全文之思考論述中，所獲致之直接研究成果已如上述；此外，可能尚有數項間接的研究成果，可為本文意外的收穫。首先，牟先生曾分判朱熹之

理論在儒家傳統中應屬「別子為宗」，〔註16〕此一分判頗在學界引發爭議。在本文之探究下，朱熹對孔子「性」概念之理解並不正確，甚至可說相距極遠。錯解孔子之「性」，而能另闢開闊的性理之學，本文之探討正可以從另一面向顯示牟先生對朱熹之論斷至為允當。其次，徐唐牟蔡四位先生之論點各有所長，本文在各處之論述亦都或多或少呼應四位先生之某部分觀點。若能獨立本文該部分之討論，擴充為首尾連貫之完整論證，亦可錦上添花，做為補充四位先生成就之旁證。

　　若是以上本文之論證推理及綜合結論大致無誤，則未來當可將此作為基礎，更進一步在此孔子「心」「性」概念體系模型上深入研究。以此模型架構為骨骼，繼續填補骨髓與血肉，甚至皮膚毛髮，使孔子「心性之學」之真精神能藉由一具體而準確的論述，以另一種不同於以往之展現方式，活潑生動地傳揚世間。

〔註16〕　參閱：牟宗三，《心體與性體》（一），第一部第一章，頁 3～64。牟先生分判之要點，簡單言之，程頤和朱熹之思想是「以《大學》為主導」、「是本體論的存有之系統」、「只存有而不活動」、「為橫攝系統」、「為順取之路」，工夫重在「格物致知」。相對於周敦頤、張載、程顥、胡宏、陸九淵、王守仁、劉宗周之思想是「以《論》、《孟》、《中庸》、《易傳》為主導」、「是本體宇宙論的實體之道德地創生的直貫之系統」、「即存有即活動」、「為縱貫系統」、「為逆覺之路」，工夫重在「逆覺體證」。後者實為「宋、明儒之大宗」、「先秦儒家之正宗」，而程頤「是《禮記》所謂『別子』」，朱熹則「是繼別子為宗者」，「其取得正宗之地位，實只是別子為宗也。」
　　另，蔡仁厚先生有兩篇文章對牟先生此一分判作精闢的疏解，一是〈檀島「國際朱子會議」後記〉（1982 年 8 月 5 日），收入其著作《宋明理學：南宋篇·附錄三》（台北市：臺灣學生，1983 年，頁 367～417）；另一是〈「繼別為宗」與「別子為宗」〉，刊於《鵝湖》第 26 卷第 6 期（2000 年 12 月），頁 14～17。

參考文獻

一、中文文獻

（一）古籍

1. 〔漢〕毛亨傳，〔漢〕鄭玄箋，〔唐〕陸德明音義，〔唐〕孔穎達疏，《附釋音毛詩注疏》（臺北市：臺灣中華書局，1966年，據阮刻本校刊）。

2. 〔漢〕許慎撰，〔清〕段玉裁注，《說文解字注》（臺北市：蘭臺書局，1974年，經韻樓藏版）。

3. 〔漢〕趙岐注，〔宋〕孫奭疏，《孟子注疏》（臺北市：臺灣中華書局，1966年，據阮刻本校刊）。

4. 〔漢〕鄭玄注，〔唐〕孔穎達疏，〔唐〕陸德明音義，《附釋音禮記注疏》（臺北市：臺灣中華書局，1966年，據阮刻木校刊）。

5. 〔漢〕鄭玄注，〔唐〕陸德明音義，〔唐〕賈公彥疏，《附釋音周禮注疏》（臺北市：臺灣中華書局，1966年，據阮刻本校刊）。

6. 〔漢〕鄭玄注，〔清〕孫詒讓疏，《周禮正義》（臺北市：臺灣中華書局，1966年，據清光緒乙巳本校刊）。

7. 〔魏〕王弼注，〔晉〕韓康伯注，〔唐〕孔穎達正義，《周易正義》（臺北市：臺灣中華書局，1966年，據阮刻本校刊）。

8. 〔魏〕何晏集解，〔梁〕皇侃義疏，《論語集解義疏》（臺北市：世界書局，1963年，《論語注疏及補正》）。

9. 〔魏〕何晏注，〔宋〕邢昺疏，《論語注疏》（臺北市：臺灣中華書局，1966年，據阮刻本校刊）。

10. 〔晉〕郭璞注，〔宋〕邢昺疏，《爾雅注疏》（臺北市：臺灣中華書局，1966年，據阮刻木校刊）。

11. 〔宋〕朱熹集注，《四書集注》（臺北縣：漢京文化，1983 年，吳志忠刻本）。

12. 〔明〕王守仁，《王陽明傳習錄及大學問》（臺北市：黎明，1992 年）。

13. 〔清〕劉寶楠正義，《論語正義》（臺北市：臺灣中華書局，1966 年，據南菁書院續經解本校刊）。

14. 〔清〕王引之，《經傳釋詞》（台北市：河洛圖書，1980 年）。

（二）專著

1. 于省吾，1981，《甲骨文字釋林》，台北市：大通書局。

2. 方東美，1979，《生生之德》，台北市：黎明文化。

3. 方東美，1980，《中國人生哲學》，台北市：黎明文化。

4. 方東美，1983，《新儒家哲學十八講》，台北市：黎明文化。

5. 方東美，1987，《原始儒家道家哲學》，台北市：黎明文化。

6. 方東美，2005，《中國哲學精神及其發展》，台北市：黎明文化。

7. 王曉波，1972，《先秦儒家社會哲學研究》，台北市：幼獅。

8. 王曉波，1983，《儒法思想論集》，臺北：時報文化。

9. 成中英，1974，《中國哲學與中國文化》，台北市：三民書局。

10. 成中英，1985，《中國哲學的現代化與世界化》，台北市：聯經。

11. 成中英，1996，《知識與價值：成中英新儒學論著輯要》，北京市：中國廣播電視。

12. 成中英，2001，《合內外之道：儒家哲學論》，北京市：中國社會科學院。

13. 成中英，2003，《道與心：成中英自選集》，濟南市：山東教育。

14. 成中英等著，1994，《中西哲學的會面與對話》，第二屆當代新儒學國際學術會議論文集，台北市：文津。

15. 牟宗三，1953，《荀學大略》，台北市：中央文物。

16. 牟宗三，1968～69，《心體與性體》，台北市：正中書局。

17. 牟宗三，1970，《生命的學問》，台北市：三民書局。

18. 牟宗三，1976，《中國哲學的特質》，台北市：臺灣學生。

19. 牟宗三，1978，《道德的理想主義》，台北市：臺灣學生。

20. 牟宗三，1979a，《名家與荀子》，台北市：臺灣學生。

21. 牟宗三，1979b，《從陸象山到劉蕺山》，台北市：臺灣學生。

22. 牟宗三，1983a，《中國文化的省察》，台北市：聯合報。

23. 牟宗三，1983b，《中國哲學十九講：中國哲學之簡述及其所涵蘊之問

題》，台北市：臺灣學生。

24. 牟宗三，1985，《圓善論》，台北市：臺灣學生。

25. 牟宗三，1987，《智學直覺與中國哲學》，台北市：商務印書館。

26. 牟宗三，1990，《中西哲學之會通十四講》，台北市：臺灣學生。

27. 牟宗三等著，1979，《中國文化論文集》，台北市：幼獅。

28. 牟宗三等著，1982，《中國文化：的危機與展望：文化傳統的重建》，台北市：時報文化。

29. 牟宗三等著，1991，《當代新儒學論文集》，台北市：文津。

30. 牟宗三等著，楊祖漢主編，1994，《儒學與當今世界》，第二屆當代新儒學國際學術會議論文集，台北市：文津。

31. 李孝定編述，1965，《甲骨文字集釋》，台北市：中央研究院歷史語言研究所。

32. 李明輝，1990，《儒家與康德》，台北市：聯經。

33. 李明輝，1991，《儒學與現代意識》，台北市：文津。

34. 李明輝，2001，《孟子重探》，台北市：聯經。

35. 李明輝，2003，《儒家經典詮釋方法》，台北市：喜瑪拉雅研究發展基金會。

36. 李明輝編著，1995，《孟子思想的哲學探討》，台北市：中央研究院中國文哲研究所籌備處。

37. 李明輝編，2002，《中國經典詮釋傳統：儒學篇》，台北市：喜瑪拉雅研究發展基金會。

38. 李明輝，邱黃海主編，2010，《理解、詮釋與儒家傳統》，台北市：中央研究院中國文哲研究所。

39. 余英時，1987，《中國思想傳統的現代詮釋》，台北市：聯經。

40. 余英時，1992，《內在超越之路：余英時新儒學論著輯要》，北京市：中國廣播電視。

41. 余英時，1998，《現代儒學論》，上海市：上海人民。

42. 何淑靜，1988，《孟荀道德實踐理論之研究》，台北市：文津。

43. 李瑞全，1999，《儒家生命倫理學》，台北市：鵝湖。

44. 杜維明，1990，《儒家自我意識的反思》，台北市：聯經。

45. 杜維明，1991，《儒家思想新論：創造性轉換的自我》，江蘇省：江蘇人民。

46. 杜維明，1992，《儒家傳統的現代轉化：杜維明新儒學論著輯要》，北京市：中國廣播電視。

47. 杜維明，1996，《現代精神與儒家傳統》，台北市：聯經。

48. 杜維明，1997，《儒家思想：以創造轉化為自我認同》，台北市：東大圖書。

49. 杜維明著，段德智譯，1999，《論儒學的宗教性：對「中庸」的現代詮釋》，武漢市：武漢大學。

50. 杜維明著，錢文忠，盛勤譯，2000，《道，學，政：論儒家知識分子》，上海市：上海人民。

51. 杜維明著，陳靜譯，2002，《儒教＝Confucianism》，台北市：麥田。

52. 杜維明著，彭國翔編譯，2006，《儒家傳統與文明對話》，石家庄，河北人民。

53. 林安梧編著，1995，《論語：走向生活世界的儒學》，台北：文海學術思想研究發展文教基金會。

54. 周法高主編，1974，《金文詁林》，香港：香港中文大學。

55. 林義正，1987，《孔子學說探微》，台北市：東大圖書。

56. 林義正，2007，《孔學鉤沈》，台北縣：巨凱數位服務。

57. 唐君毅，1966～75，《中國哲學原論》，香港：新亞研究所。

58. 唐君毅，1974，《中國人文精神之發展》，台北市：臺灣學生。

59. 唐君毅，1978，《中國哲學原論：導論篇》，台北市：臺灣學生。

60. 唐君毅，1979，《中國文化之精神價值》，台北市：正中。

61. 唐君毅，1984，《中國哲學原論：原性篇》，台北市：臺灣學生。

62. 唐君毅，1985，《道德自我之建立》，台北市：臺灣學生。

63. 唐君毅，1986a，《中國哲學原論：原道篇》，台北市：臺灣學生。

64. 唐君毅，1986b，《文化意識與道德理性》，台北市：臺灣學生。

65. 唐君毅，1989，《中國哲學思想之比較研究集》，上海市：上海書店。

66. 唐君毅，1990，《哲學論集》，台北市：臺灣學生。

67. 徐復觀，1969，《中國人性論史：先秦篇》，台北市：臺灣商務印書館。

68. 徐復觀，1974，《中國思想史論集》，台北市：臺灣學生。

69. 徐復觀，1980，《學術與政治之間》，台北市：臺灣學生。

70. 徐復觀，1982，《中國思想史論集：續編》，台北市：時報文化。

71. 馬薇廎，1971，《薇廎甲骨文原》，雲林縣：馬薇廎印行。

72. 張君勱，1955，《義理學十講綱要》，台北市：華國。

73. 張君勱，1986，《新儒家思想史》，台北市：弘文館。

74. 梁漱溟，1982，《中國文化要義》，台北市：里仁。

75. 梁漱溟著，李淵庭整理，1993，《梁漱溟講孔孟》，北京市：中國和平。

76. 梁漱溟著，曹錦清編選，1994，《儒學復興之路：梁漱溟文選》，上海市：上海遠東。

77. 陳濟編著，2004，《甲骨文字形字典》，北京：長征。

78. 馮友蘭，1985，《中國哲學簡史》，北京市：北京大學。

79. 馮友蘭，1991，《中國哲學史新論》台北市：藍燈。

80. 馮友蘭，1995，《新原道》台北市：臺灣商務。

81. 傅佩榮，1985，《儒道天論發微》，臺北：學生書局。

82. 傅佩榮，1993，《儒家哲學新論》，臺北：業強。

83. 勞思光，2003，《新編中國哲學史》，台北：三民書局。

84. 勞思光著，梁美儀編，1998，《中國文化要義：新編》，香港：香港中文大學。

85. 勞思光著，黃慧英編，2000，《大學中庸譯註新編》，香港：中文大學。

86. 勞思光著，張燦輝，劉國英合編，2001，《哲學問題源流論》，香港：中文大學。

87. 曾春海，1989，《儒家哲學論集》，台北：文津。

88. 曾春海，1992，《儒家的淑世哲學：治道與治術》，台北：文津。

89. 曾春海，2010，《先秦哲學史》，台北市：五南。

90. 曾春海，2012，《中國哲學史綱》，台北市：五南。

91. 賀麟等著，1978，《儒家思想新論》，台北市：正中。

92. 楊祖漢，1987，《儒學與康德的道德哲學》，台北市：文津。

93. 楊祖漢，1992，《儒家的心學傳統》，台北市：文津。

94. 楊祖漢，1998，《當代儒學思辨錄》，台北市：鵝湖。

95. 熊十力，1960，《讀經示要》，台北市：廣文。

96. 熊十力，1976，《明心篇，二篇》，台北市：臺灣學生。

97. 熊十力，1988a，《十力哲語》，台北市：畢昇。

98. 熊十力，1988b，《原儒》，台北市：明文。

99. 熊十力，1988c，《論六經》，台北市：明文。

100. 熊十力，1990，《十力語要，初續》，台北市：明文。

101. 裴學海，1973，《古書虛字集釋》，台北市：泰順。

102. 蔡仁厚，1971，《儒家哲學與文化真理》，香港九龍：人生。

103. 蔡仁厚，1984，《孔孟荀哲學》，台北市：臺灣學生。

104. 蔡仁厚，1986，《儒學與禮法》，新加坡：東亞哲學研究所。

105. 蔡仁厚，1987a，《荀子與朱子心性論之比較》，新加坡：東亞哲學研究所。

106. 蔡仁厚，1987b，《儒家思想的現代意義》，台北市：文津。

107. 蔡仁厚，1988，《中國哲學史大綱》，台北市：臺灣學生。

108. 蔡仁厚，1990a，《儒家心性之學論要》，台北：文津。

109. 蔡仁厚，1990b，《儒學的常與變》，台北：東大圖書。

110. 蔡仁厚，1993，《孔門弟子志行考述》，台北市：臺灣商務印書館。

111. 蔡仁厚，1994，《中國哲學的反省與新生》，台北市：正中。

112. 蔡仁厚，1998，《孔子的生命境界：儒學的反思與開展》，台北：臺灣學生。

113. 蔡仁厚，2001，《哲學史與儒學論評：世紀之交的回顧與前瞻》，台北：臺灣學生。

114. 蔡仁厚，2009，《中國哲學史》，台北：臺灣學生。

115. 劉述先，1997，《新儒學的開展》，台中市：東海大學通識教育中心。

116. 劉述先，2000，《儒家思想之現代闡釋論集》，台北市：中央研究院中國文哲研究所籌備處。

117. 劉述先，2001，《儒家思想開拓的嘗試》，北京市：中國社會科學。

118. 劉述先著，景海峰編，1992，《儒家思想與現代化：劉述先新儒學論著輯要》，北京市：中國廣播電視。

119. 劉述先編，1987，《儒家倫理研討會論文集》，新加坡：東亞哲學研究所。

120. 劉述先編，1995，《當代儒學論集：挑戰與回應》，台北市：中央研究院中國文哲研究所籌備處。

121. 劉述先編，1995，《當代儒學論集：傳統與創新》，台北市：中央研究院中國文哲研究所籌備處。

122. 錢穆，1964，《論語要略》，台北市：臺灣商務。

123. 錢穆，1974，《孔子與論語》，台北市：聯經。

124. 錢穆，1977，《中國思想史》，台北市：臺灣學生。

125. 錢穆，1978，《四書釋義》，台北市：臺灣學生。

126. 錢穆，1988，《論語新解》台北市：東大。

127. 錢穆，1991，《荀子研究》上海市：上海書店。

128. 謝仲明，1991，《儒學與現代世界》，台北市：臺灣學生。

129. 魏元珪，1987a，《孟荀道德哲學》，台北市：谷風。

130. 魏元珪，1987b，《荀子哲學思想》，台北市：谷風。

131. 羅振玉，1969，《殷墟書契考釋》，台北縣：藝文。

132. 羅振玉考釋，1979，《殷墟文字類編》，台北市：文史哲。

133. 譚家哲，2006，《論語與中國思想研究》，台北市：唐山。

134. 譚家哲，2010，《孟子平解》，台北市：唐山。

135. 譚家哲，2013，《論語平解選篇》，台北市：漫遊者。

（三）論文

1. 王曉波，1967，〈先秦儒家倫範思想概述〉，《出版月刊》，第 25 期，頁 11
～17。

2. 王曉波，1975，〈孔子思想的形成及其意義〉，《中國文化復興月刊》，第
8 卷第 9 期，頁 75～84。

3. 成中英，1967，〈論孔子的正名思想〉，《出版月刊》，第 22 期，頁 7～11。

4. 成中英，1988，〈孔子哲學中的創造性原理：論生即理與仁即生〉，《東方
雜誌》，第 21 卷第 7 期，頁 20～27。

5. 成中英，1998，〈論義利之辨與天人合一〉，《中國社會科學院研究生院學
報》，第 1 期。

6. 成中英，2004，〈儒家和道家的本體論〉，《人文雜誌》，第 6 期。

7. 成中英，2005，〈中國古代哲學的邏輯、語言和本體論批評〉，《洛陽師範
學院學報》，第 1 期。

8. 李明輝，1999，〈焦循對孟子心性論的詮釋及其方法論問題〉，《臺大歷史
學報》，第 24 期，頁 71～102。

9. 杜保瑞，2000，〈中國哲學的基本哲學問題意識反省〉，《哲學與文化》，
第 27 卷第 9 期，頁 837～851。

10. 杜保瑞，2001，〈儒道互補價值觀念的方法論探究〉，《哲學與文化》，第
28 卷第 11 期，頁 997～1011。

11. 何淑靜，2003，〈論現代研究中國哲學的一種可能途徑——以孟子哲學為
例〉，《韓國中國學會第 23 次中國學國際學術大會論文集》，第 6 卷。另
轉載於《鵝湖學誌》，第 31 期，頁 175～199。

12. 何淑靜，2004，〈論荀子對「性善說」的看法〉，中央研究院中國文學哲
學研究所「理解、詮釋與儒家傳統」第二次小型研討會，台北市：中央
研究院中國文哲研究所。

13. 李瑞全，1985a，〈孟子「性命對揚」章釋義〉，《中國文化月刊》，第 64
期，頁 31～43。

14. 李瑞全，1985b，〈荀子論性與論人之為人〉，《東海學報》，第 26 期，頁
209～224。

15. 李瑞全，1990，〈孟子哲學中「性」一詞的意義分析〉，《鵝湖學誌》，第 4 期，頁 31～42。

16. 林安梧，2003，〈「道」「德」釋義：儒道同源互補的義理闡述──以「老子道德經」「道生之、德蓄之」暨「論語」「志於道、據於德」爲核心的展開〉，《鵝湖》，第 28 卷第 10 期，頁 23～29。

17. 林義正，1987，〈孔子論人之研究〉，《國立臺灣大學哲學論評》，第 10 期，頁 211～239。

18. 林義正，1988，〈論孔子思想中的「道」〉，《國際孔學會議論文集》，頁 343～354，台北市：國際孔學會議大會秘書處。

19. 林義正，2005，〈孔子的天人感應觀：以〈魯邦大旱〉爲中心的考察〉，「新出土文獻與先秦思想重構」國際學術研討會，台北：臺灣大學哲學系、中央研究院中國文哲研究所、輔仁大學文學院、東吳大學哲學系合辦。

20. 傅佩榮，1984a，〈孔子天論研究（上）〉，《哲學與文化》，第 11 卷第 10 期，頁 27～36。

21. 傅佩榮，1984b，〈孔子天論研究（下）〉，《哲學與文化》，第 11 卷第 11 期，頁 38～43。

22. 傅佩榮，1984c，〈孟子天論研究（上）〉，《哲學與文化》，第 11 卷第 12 期，頁 35～39。

23. 傅佩榮，1985a，〈孟子天論研究（下）〉，《哲學與文化》，第 12 卷第 2 期，頁 26～30。

24. 傅佩榮，1985b，〈荀子天論研究〉，《哲學與文化》，第 12 卷第 3 期，頁 41～47。

25. 傅佩榮，1985c，〈人性向善論：對古典儒家的一種理解〉，《哲學與文化》，第 12 卷第 6 期，頁 25～30。

26. 傅佩榮，1985d，〈兩種人性論的比較〉，《國立臺灣大學創校四十週年國際中國哲學研討會論文集》，臺北：國立臺灣大學哲學系。

27. 傅佩榮，1986，〈中國哲學的關鍵概念──天：我對「儒道天論」研究的總結〉，《哲學與文化》，第 13 卷第 1 期，頁 57～60。

28. 傅佩榮，1988a，〈天人合德論：對古典儒家人性論最高理想之詮釋〉，中國哲學之人性論研討會，臺北：國立臺灣大學哲學系。

29. 傅佩榮，1988b，〈儒家論人的自律性：從自律性到人性論〉，《哲學與文化》，第 15 卷第 6 期，頁 20～30。

30. 傅佩榮，1988c，〈儒家新詮釋：人性向善論的有效性〉，儒學的挑戰與展望，新加坡：新加坡大學。

31. 傅佩榮，1989，〈儒家的邏輯與認知方法〉，人性與社會科學的哲學基

礎,臺北:國立政治大學。

32. 傅佩榮,1991,〈人性向善論的理據與效應〉,中國社會的價值觀國際研
討會,臺北:漢學研究中心。

33. 傅佩榮,1993,〈重新詮釋孔子的「仁」〉,《哲學雜誌》,第 6 期,頁 68
～81。

34. 傅佩榮,1996,〈孔子論人性與群我關係〉,《東吳哲學學報》,第 1 期,
頁 1～11。

35. 傅佩榮,1998a,〈解析孔子的「善」概念〉,《哲學雜誌》,第 23 期,頁
172～187。

36. 傅佩榮,1998b,〈解析孔子的人性觀點〉,《哲學與文化》,第 25 卷第 2
期,頁 106～121。

37. 傅佩榮,2000,〈朱注《論語》的商榷〉,朱子學的回顧與二十一世紀的
展望研討會,臺北:中國哲學會、輔仁大學。

38. 傅佩榮,2001,〈對孔子「天」概念的再評價〉,《天人之際與人禽之辨》,
《新亞學術集刊》,第 17 期,頁 93～106。

39. 傅佩榮,林安梧,1993,〈「人性向善論」與「人性善向論」:關於先秦儒
家人性論的論辯〉,《哲學雜誌》,第 5 期,頁 78～107。

40. 勞思光,1961a,〈孟子及儒學之發展〉,《大學生活》,第 7 卷第 10、11
期。

41. 勞思光,1961b,〈荀子與儒學之歧途〉,《大學生活》,第 7 卷第 13 期,
頁 4～15。

42. 曾春海,1975,〈論語中禮義與仁的關係〉,《哲學論集》,第 5 期,頁 42
～56。

43. 曾春海,1976,〈由論語、孟子看「仁」的自覺〉,《鵝湖》,第 2 卷第 2
期,頁 43～44。

44. 曾春海,1978,〈孟子的性命觀與德修養論〉,《哲學論集》,第 11 期,頁
39～59。

45. 曾春海,1981,〈荀子思想中的「統類」與「禮法」〉,《輔大哲學論集》,
第 13 期,頁 71～85。

46. 曾春海,1999,〈儒家人文生命的實踐:由「敬」的工夫入路省察〉,《東
吳哲學學報》,第 4 期,頁 149～164。

47. 曾春海,1999,〈莊、孟的生死智慧及其對中國知識分子的影響〉,《歷史
月刊》,第 139 期,頁 47～52。

48. 曾春海,2000,〈荀學禮文化的知識理論〉,《輔仁學誌·人文藝術之部》,
第 27 期,頁 27～50。

49. 曾春海，2004，〈墨學與荀學中的知識原理與方法〉，《哲學與文化》，第31卷第7期，頁59～78。

50. 楊祖漢，2003，〈牟宗三先生對孔子的理解〉，《鵝湖》，第28卷第10期，頁15～22。

51. 蔡仁厚，1971，〈孟子心性論研究〉，《孔孟學報》，第22期，頁103～104。

52. 蔡仁厚，1972，〈孟子的修養論〉，《孔孟學報》，第24期，頁155～170。

53. 蔡仁厚，1975，〈荀子的思想體系〉，《華學月刊》，第48期，頁15～36。

54. 蔡仁厚，1982，〈孔子理論的形成與引申〉，《華學月刊》，第124期，頁38～45。

55. 蔡仁厚，1983a，〈心的性質及其實現〉，《鵝湖月刊》，第94期，頁2～8。

56. 蔡仁厚，1983b，〈荀子天論與性論之研究〉，《東海學報》，第24期，頁23～38。

57. 蔡仁厚，1984a，〈荀子的心論〉，《東海學報》，第25期，頁187～201。

58. 蔡仁厚，1984b，〈荀子論道德修養〉，《華學季刊》，第5卷第4期，頁1～12。

59. 蔡仁厚，1987，〈從先秦儒到宋明儒〉，《中國文化月刊》，第94期，頁42～55。

60. 蔡仁厚，1988，〈荀子與朱子〉，《鵝湖學誌》，第1期。

61. 蔡仁厚，1989，〈天道與上帝〉，《國際東西哲學比較研討會論文集》，台北市，頁353～371。

62. 蔡仁厚，1993，〈心性理與才情氣：儒家生命觀〉，《亞非國際學術會議論文集》，香港。

63. 蔡仁厚，1998，〈儒家倫理基軸之省察〉，《東海哲學研究集刊》，第5期，頁1～19。

64. 劉述先，1997，〈論孔子思想中隱涵的「天人合一」一貫之道：一個當代新儒學的闡釋〉，《中國文哲研究集刊》，第10期，頁1～23。

65. 劉述先，2001，〈哲學分析與詮釋：方法的反省〉，《鵝湖》，第318期，頁11～25。

66. 謝仲明，1986a，〈儒家心靈哲學（上）〉，《中國文化月刊》，第75期，頁52～73。

67. 謝仲明，1986b，〈儒家心靈哲學（下）〉，《中國文化月刊》，第76期，頁39～70。

二、英文文獻

（一）專著

1. 杜維明，1989，*Confucianism in A Historical Perspective*, Singapore: Institute of East Asian Philosophies.

2. 杜維明，1993，*Way, Learning and Politics: Essays on the Confucian Intellectual*, Albany: SUNY.

（二）論文

1. 成中英，1968，"Confucianism and Its Development in the Chan-Kuo Period", *The Bullentin of the Institute of History and Philology*, Vol. XL. Taiwan: Academia Sinica.

2. 成中英，1973，"Theory and Practice in Confucianism", *Journal of Chinese Philosophy*, 1: 2.

3. 成中英，2000，"Self-Cultivation and Free Will in Classical Confucianism", *Confucian Moral Philosophy*.

4. 成中英，2004，"A Theory of Confucian Selfhood: Self-Cultivation and Free Will in Confucian Philosophy", *Confucian Ethics-A Comparative Study of Self, Autonomy, and Community*, Cambridge: Cambridge University Press.

5. 傅佩榮，1984a，"Mencius' Concept of Heaven"，第一屆國際中國哲學研討會，臺中：東海大學、中國哲學會。

6. 傅佩榮，1984b，"The Concept of T'ien in Classical Confucianism"，《國立臺灣大學文史哲學報》，第 33 期，頁 327～462。

7. 傅佩榮，1985a，"On Human Nature as Tending toward Goodness-An Understanding of Classical Confucianism", International Symposium on the Philosophical Foundations of Moral Education in China, Catholic Univ. of America and Fu Jen Catholic Univ., Taipei.

8. 傅佩榮，1985b，"Theory of Human Nature in Classical Confucianism", Assembly of the World's Religions, International Religions Foundation, McAfee, New Jersey, U.S.A..

9. 傅佩榮，1988，"Heaven and God-A Primordial Comparison", International Confucian-Christian Conference, Chinese Univ. of Hong Kong, Hong Kong.